reinhardt

D1617962

Mathias Schwabe

Zwang in der Heimerziehung?

Chancen und Risiken

Mit einem Vorwort von Reinhard Wüst und Almut Wiemers

Mit einem Geleitwort von Burkhard Müller

Unter Mitarbeit von Rüdiger Ernst, Thomas Evers, Peter Höflich und David Vust

Ernst Reinhardt Verlag München Basel

Prof. Dr. *Mathias Schwabe*, Lehrstuhl für Soziale Arbeit an der Evangelischen Fachhochschule für Sozialarbeit und Sozialpädagogik, Berlin

Cover unter Verwendung eines Fotos von corbis GmbH, Düsseldorf

Bibliografische Information der Deutschen Nationalbibliothek

Die Deutsche Nationalbibliothek verzeichnet diese Publikation in der Deutschen Nationalbibliografie; detaillierte bibliografische Daten sind im Internet über <http://dnb.d-nb.de> abrufbar.
ISBN 978-3-497-01936-6

Reihenkonzeption Umschlag: Oliver Linke, Augsburg
Satz: ew print & medien service gmbh, Würzburg

Ernst Reinhardt Verlag, Kemnatenstr. 46, D-80639 München
Net: www.reinhardt-verlag.de   E-Mail: info@reinhardt-verlag.de

Inhalt

Vorwort

„Zwang in der Heimerziehung" – schon der Titel dieses Buches wirft Fragen auf, die kontrovers diskutiert werden dürften. Stellen nicht Sozialpädagogik und Zwang zwei miteinander unvereinbare Pole dar, und ist nicht Sozialpädagogik gerade die Alternative zur Anwendung von Zwang? Oder gehören auch Zwangselemente zum (sozial)pädagogischen Handeln, gibt es eine konstruktive, die Entwicklung junger Menschen fördernde Anwendung von Zwang? Und spezieller: Kann, darf und soll es überhaupt – noch oder wieder – Zwangskontexte im Rahmen der institutionellen Heimerziehung geben?

Die Diskussion um Zwangselemente in der Erziehung im Allgemeinen und der Heimerziehung im Speziellen kann und darf weder geschichtslos noch ohne den Blick auf gesellschaftlich-politische Rahmenbedingungen und Debatten geführt werden. Der kritische Blick bleibt dort zu wahren, wo allzu schnell ein härteres Durchgreifen und mehr Zwang gegenüber „schwierigen" Kindern und Jugendlichen gefordert werden, statt gesellschaftliche Desintegrationsprozesse und die Lücken im Netz der Hilfen wahrzunehmen. Zudem gibt die Geschichte der Heimerziehung Anlass genug, bei der Anwendung von Zwangselementen einrichtungsintern und auch extern äußerst wachsam zu sein. Die Schicksale ehemaliger Heimkinder, die derzeit den Petitionsausschuss des Bundestages beschäftigen, zeigen leider anschaulich, welche seelischen Wunden institutioneller Zwang gepaart mit individuellem Machtmissbrauch hinterlassen kann.

Im Eckart, dem Evangelischen Fachverband für Erziehungshilfen im Diakonischen Werk der Evangelischen Kirche von Westfalen, ist die Frage der Anwendung freiheitsbeschränkender und freiheitsentziehender Maßnahmen über lange Zeit intensiv und kontrovers diskutiert worden. Mit Kreativität und Professionalität waren im Bereich der Erziehungshilfen vielfältige neue Hilfeformen entstanden. Zwang als Strukturelement schien überwunden, individuelles Verstehen und heilsame Beziehungen rückten in den Mittelpunkt. Nicht als Rückschritt, sondern gerade als Weiterentwicklung dieser Praxis stellte sich jedoch für einige Einrichtungen die Frage neu, ob eine kontrollierte, fachlich fundierte Anwendung von Zwangselementen in bestimmten Fällen eine hilfreiche methodische Ergänzung sein könnte.

Von April 2004 bis Oktober 2006 wurde daher unter Beteiligung von drei diakonischen Mitgliedseinrichtungen ein Praxisforschungsprojekt durchgeführt, das von Mathias Schwabe und seinem Team des Institutes für Innovation und Beratung von der Evangelischen Fachhochschule Berlin wissenschaftlich begleitet wurde. Ziel war es, zu erproben und zu untersuchen, ob mit Konzepten, die auch institutionelle Zwangselemente enthalten, Kinder und Jugendliche pädagogisch erreicht werden können, an denen bereits andere Heimgruppen gescheitert waren oder bei denen häufige Wechsel zwischen Heim und Psychiatrie vermieden werden sollten. Neben der Frage der Chancen stand dabei immer auch die Frage der Risiken sowie der notwendigen Qualitätsstandards solcher Settings mit zur Diskussion.

Im Verlauf des Prozesses wurde sehr schnell deutlich, dass einfache Antworten nicht zu erwarten waren und sind. Immer wieder beschäftigte uns die Definition von Zwangskonzepten auf verschiedenen Ebenen: was ist Freiheitsbeschränkung, was Freiheitsentzug im juristischen Sinne; wo sind die Grenzen und Übergänge zwischen Gewalt und Zwang, zwischen Zwang und Grenzsetzung im pädagogischen Handeln? Zentral war und blieb zudem, in welchen pädagogischen Kontext Zwangselemente eingebettet werden müssen, um positive Wirkung entfalten zu können und um nicht mangelndes Fallverstehen und mangelnde Kreativität der Fachkräfte und der Institutionen vorschnell zu ersetzen. Wichtig war immer die Frage der Transparenz und Kontrolle von Zwang, um die dem Zwang innewohnende Gefahr des Machtmissbrauchs zu begrenzen. Und entscheidend war schließlich, immer wieder die Perspektive der Kinder und Jugendlichen und ihre Wahrnehmung der angewandten Zwangselemente in den Blick zu nehmen.

Anhand dieser Fragen hat der Prozess der Auseinandersetzung um die Anwendung von Zwangselementen unter den beteiligten Einrichtungen und mit weiteren Fachkräften innerhalb und außerhalb des Fachverbandes eine neue Qualität erhalten. Weniger die Frage der gesetzlich geregelten sog. „Geschlossenen Unterbringung“, sondern vielmehr die Anwendung von Zwang unterhalb der gesetzlich definierten Schwelle des Freiheitsentzuges, rückte in den Blick der fachlichen Diskussion. Und deutlich wurde zumindest, dass offensichtlich in der Praxis die Heimerziehung heute faktisch oft nicht ohne Anwendung von Zwang in unterschiedlichen Formen auskommt – sei er konzeptionell beschrieben oder manchmal auch nur Teil des individuellen pädagogischen Handeln der einzelnen Mitarbeitenden. *Nicht die Tabuisierung des Zwangs, sondern dessen Benennung, Dokumentation und Reflexion ermöglicht die Überwindung eines „Graubereichs“ pädagogischer Hilflosigkeit und Willkürhandlung.*

Die Praxis der Anwendung von Zwang – jenseits einer ideologisch polarisierenden Diskussion – einem fundierten fachlichen Blick zugänglich zu machen, ist ein Erfolg des Projektes. Dies ist ganz wesentlich auch der klugen theoretischen und empirischen, manchmal aber auch sehr lebenspraktischen Begleitung durch das Team von Mathias Schwabe zu verdanken. Dass die Autoren dieses Buches nun einen wesentlichen Teil der Erkenntnisse der allgemeinen Fachdiskussion zugänglich machen und damit hoffentlich zu einer Weiterführung einer differenzierten fachlichen Diskussion in Theorie und Praxis beitragen, freut uns sehr. Möge diese Diskussion jenseits ideologischer Polaritäten und mit offenem Blick für die konkrete Praxis der Erziehenden geführt werden. Möge sie gleichwohl den gesellschaftlichen Kontext und insbesondere die Rechte und Interessen der Kinder und Jugendlichen immer im Blick haben. Das wünschen wir uns.

Reinhard Wüst und Almut Wiemers
Eckart, Evangelischer Fachverband für Erziehungshilfen
in Westfalen-Lippe, im Januar 2008

Geleitwort

Mathias Schwabe ist ein mutiger Mann. Ich bin mit seinem Buch nicht in allem einverstanden. Aber ich bewundere, wie er es wagt, Worte wie Zwang als Bestandteil von Heimerziehung auszusprechen, statt ausschließlich von Hilfen, Dienstleistungen und Freiwilligkeit zu reden. Mut braucht das, weil er damit zwangsläufig riskiert, missverstanden zu werden. Einerseits von denen, die denken: „Endlich sagt mal einer, dass man nicht so zimperlich sein, sondern Disziplin fordern soll und schon auch mal zulangen darf, wenn's denn sein muss". Andererseits von denen, die ihre Parteilichkeit für Klienten vor allem dann betonen, wenn sie persönliche Konfrontationen mit ihnen vermeiden können.

Jeder weiß zwar, dass öffentliche Ersatzerziehung immer auch und oft mit Kindern und Jugendlichen zu tun hat, die Gewalt – erlittene und praktizierte Gewalt, strukturelle und manifeste Gewalt – als „normalen" Teil ihres Lebens erfahren haben. Sie verhalten sich entsprechend und erwarten Entsprechendes. Alle wissen auch, dass es oft nicht leicht und manchmal unmöglich ist, solchen Erfahrungen der Gewalt und Gegengewalt eine andere Wirklichkeit gegenüberzustellen: Also auf glaubwürdige und verlässliche Weise eine andere Welt zu verkörpern als jene Welt, in der Zuschlagen oder Sich-Entziehen die einzigen Überlebensstrategien jenseits von bloßer Unterwerfung sind. Schließlich wissen auch alle, dass auch die hilfewilligste Praxis der Jugendhilfe ihre Abschiebepraxis hat, wenn es in Extremfällen zu den Zwangsmitteln von Kinder- und Jugendpsychiatrie oder Polizei und Justiz keine Alternative gibt.

Dennoch herrscht nach wie vor fast einhelliger Konsens in der sozialpädagogischen Fachdebatte, über Freiheit einschränkende Maßnahmen (geschlossene Unterbringung) oder gar über Mittel physischen Zwanges (womit natürlich nicht Körperstrafen gemeint sind), dürfe nur grundsätzlich ablehnend, aber nicht pragmatisch abwägend diskutiert werden. Die Diskrepanz zwischen jener Wirklichkeit und diesem Fachdiskurs muss sowohl für die PraktikerInnen als auch für die Jugendlichen selbst zunehmend als heuchlerisch wirken. Die wissenschaftliche Sozialpädagogik trägt viel dazu bei. Sie behandelt den Zwangsgebrauch aus Schwäche als zwar unprofessionell, aber verzeihlich, den Zwangsgebrauch mit fachlich verantworteter Begründung und Begrenzung dagegen als unverzeihlich. Die Diskussion der Juristen darüber, was das Gebot, „mildere Mittel" zu bevorzugen, im konkreten Fall bedeutet, wird in der Heimerziehung leider noch kaum geführt. Man will lieber immer nur selber milde sein und hofft heimlich auf die Härte der Anderen. Denn es ist keineswegs erwiesen, dass durch diesen Verzicht auf Zwangsmittel die betroffenen Jugendlichen weniger Zwang erleiden müssen. Eher das Gegenteil ist oft wahrscheinlich. Die SozialpädagogInnen sind oft nur in der Rolle des „good cop", der sich auf seinen Gegenpart des „bad cop" verlässt.

Schwabes Buch ist demgegenüber zunächst ein Plädoyer für mehr Ehrlichkeit. Ehrlichkeit heißt hier zweierlei: Erstens ehrlich zu beschreiben, welche Praktiken wie angewandt werden, ohne die vermutlich inakzeptablen in Dunkelfeldern zu verstecken. Dies verlangt, die in den Konzepten vertretenen Zwangsmittel auch so zu benennen und nicht zu beschönigen, aber auch die „heimlichen Lehrpläne" offen zu legen. Wenn die physische Angst der MitarbeiterInnen vor den Jugendlichen hinter klinischen Diagnosen versteckt werden, wenn Einrichtungen heimlich die Kapos unter den Jugendlichen mitregieren lassen, um selbst weniger in der Schusslinie zu sein, dann sind das auch Zwangsmittel. Zweitens verlangt Ehrlichkeit, glaubwürdig zu begründen, auf welche Weise und in welchen Fällen eine legitimierbare Anwendung begrenzter Zwangsmaßnahmen von bloßer Gewaltanwendung unterschieden werden kann. Dazu braucht es nicht nur jene Diskussion über die Möglichkeiten „milderer Mittel" und über auszuschließende Mittel, sondern auch eine über Ziele.

Eine solche Debatte über Formen, Bedingungen und Grenzen für, Folgen von und möglichen Alternativen zu (auch physischen) Elementen von Zwang in der Heimerziehung fordert Mathias Schwabe. Und er fordert, die Schönrednerei und die Geisterdebatten über Hilfen zur Erziehung, die nur von Dienstleistungen und Nutzerorientierung reden und Zwangselemente nur als Fehlverhalten kennen, einzustellen, weil sie Wunschdenken und Schuldbewusstsein, aber keine bessere Praxis produzieren. Er lässt aber auch keinen Zweifel daran, dass Erziehungsziele im strengen Sinn nicht durch Zwang erreicht werden können und dieser jedenfalls in der Jugendhilfe nur legitim und wirksam sein kann, wo er neue Chancen der Kooperation mit dem Ziel selbstbestimmter Lebensführung schafft. In all dem kann ich ihm nur zustimmen.

Nur eine Art seiner Begründung finde ich zumindest sehr missverständlich. Mathias Schwabe argumentiert nicht nur pragmatisch im Sinn einer Verantwortungsethik, sondern auch grundsätzlich: Er schließt aus legitimen Zwangselementen in der Familienerziehung kleiner Kinder, dass es auch in der öffentlichen Ersatzerziehung entsprechende Formen von Zwang geben könne. Sicher gibt es Momente, in denen auch liebevolle Eltern die Debatten mit ihren Kindern beenden und kraft ihrer auch physischen Überlegenheit als Erwachsene Realität definieren sollten – freilich mit Kompromissbereitschaft und Humor. Supernanny sollte uns darüber nicht belehren müssen. Ob aber daraus eine grundsätzliche Rechtfertigung von erzieherischen Zwangselementen im Allgemeinen und in Erziehungshilfen im Besonderen abzuleiten ist, scheint mir zweifelhaft.

Denn überhaupt scheint mir das Grundsätzliche hier die Sackgasse zu sein. Sowenig aus dem allgemeinen Erziehungsziel einer möglichst autonomen Lebenspraxis in der gegebenen Gesellschaft zu folgern ist, dass Zwangselemente auf dem Weg dorthin grundsätzlich auszuschließen seien, sowenig ist der umgekehrte Schluss zulässig, dass gemäßigter Zwang und Erziehung grundsätzlich zusammengehören. Wie absurd solche Grundsatzdebatten sind, kann man z. B. an der aktuellen Auseinandersetzung über „Disziplin" in der Erziehung sehen. Ob ich Zwang in der Erziehung „grundsätzlich" rechtfertige oder „grundsätzlich" ablehne: Beides unterläuft die nicht aufhebbare Ungewissheit und Paradoxie, die mit aller Erziehung verbunden ist. Einerseits „durch Erziehung eine Intention verfolgen zu wollen, es aber eigentlich nicht zu können, weil, was gewollt ist, nur vom Anderen selbst hervorgebracht werden kann" (Wimmer 1996, 425f). Menschen zu ihrem Glück zwingen kann man nicht. Andererseits kann Erziehung nur zur orientierungslosen Schönwetterpädagogik degenerieren, wenn sie nur unter Konsensbedingungen handlungsfähig ist und hilflos bleibt, sobald sie auf Ablehnung oder massiven Widerstand stößt. Zwangselemente in der Erziehung sind also „grundsätzlich" ebenso wenig zu legitimieren wie Zwangsverbote. Denn beides sind Fragen des Abwägens, des Für und Wider, die nur kontextgebunden und kasuistisch zu beantworten sind. Das bedeutet keine Beliebigkeit, wohl aber Begründungspflichten, über deren Art und Instanzen man sich allerdings streiten kann und muss. Dabei ist das, was die Kinder oder Jugendlichen sagen, wollen und – als Reaktion auf das Handeln der PädagogInnen – in ihrem Verhalten zeigen, eine wesentliche Rechtfertigungsinstanz – aber eben nicht die einzige. Weder sie, noch eine andere, bürokratische oder sonstige Instanz, hebt die pädagogische Eigenverantwortung für jeweilige Entscheidungen auf.

Man kann deshalb z. B. schon, wie Schwabe das tut, argumentieren, dass begrenzt und gekonnt ausgeübter physischer Zwang bei Jugendlichen, die seelisch immer wieder in Zustände narzisstischer Panik und/oder Wut geraten, von diesen als eine Erfahrung des Gehaltenwerdens erlebt werden kann. Wobei ErzieherInnen, die sich darauf einlassen, jedenfalls auf der Ebene des unmittelbaren Erlebens in elternähnliche Rollen kommen. Das Problem ist nur, dass eine solche Begründung ebenso richtig wie ungenügend ist. Denn erstens kann dies die Wut erst richtig in Fahrt bringen. Dann vor allem ist die Konfrontation nicht nur eine Frage der Begründung, sondern zuerst eine des Könnens. Schwierige Jugendliche sind leider erheblich stärker und zugleich seelisch komplizierter als wütende kleine Kinder. Sie oder sich selbst in der Konfrontation nicht zu verletzen ist schwieriger als auszuweichen. Zweitens sind die ErzieherInnen ja gleichzeitig und objektiv Nicht-Eltern. Sie können das Familienähnliche ihrer Arbeit, wie Oevermann (1996) sagt, nur im Modus der Abstinenz wahrnehmen. Wenn sie Erfolg haben wollen, müssen sie mit den Jugendlichen vor und nach der Konfrontation zu einigermaßen sachlich funktionierenden Arbeitsbeziehungen, Regeln und Perspektiven der Verselbstständigung kommen bzw. daran arbeiten. Und schließlich müssen die Ebenen der körperlichen Konfrontation, der emotionalen Beziehung und der sachlichen Arbeitsbeziehung in ein plausibles Verhältnis zueinander gebracht werden. All das lässt sich nur in einer Für-und-Wider-Diskussion von Zwangselementen in Erziehungshilfen nicht klären. Es braucht, gerade auf der Ebene der körperlichen Konfrontation und für Strategien der Deeskalation technische Könnerschaft; es braucht hohe Grade der Selbstreflexion und sicher auch Supervision.

Aber vielleicht helfen diese Einsichten ja, solche Fachdebatten gar nicht mehr grundsätzlich zu führen, sondern, wie andere Professionen das auch tun, von den konkreten Fällen auszugehen. Genau das aber ist sicher das zentrale Anliegen dieses Buches. In diesem Sinn sind ihm viele aufmerksame und kritische Leser zu wünschen.

Burkhard Müller — Berlin, im Januar 2008

1 Zwang im Rahmen von Hilfeprozessen. Eine erste Klärung von Begriffen und Zusammenhängen

von Mathias Schwabe, Thomas Evers und David Vust

Das Thema *Zwang* wird im Rahmen der Sozialen Arbeit einerseits tabuisiert und andererseits mit großen Hoffnungen aufgeladen, weshalb es immer wieder kurzfristige Konjunkturen erlebt. Die Tabuisierung erfolgt überwiegend intern von Seiten der Profession. Als Sozialpädagoge will man den Klienten helfen, Ressourcen und/oder emanzipatorisches Potential anregen, sie in erzieherischen Zusammenhängen phasenweise auch kontrollieren, aber Zwang ausüben möchte man als Sozialpädagoge auf keinen Fall. Man fürchtet damit das Eigentliche der Profession zu verraten; dann hätte man auch gleich zur Polizei gehen können.

Die großen Erwartungen an die Verwendung von Zwang werden überwiegend aus der Bevölkerung und der Politik an die Soziale Arbeit herangetragen. Kriminelle Kinder und Jugendliche sollen „zwangs-erzogen", Eltern sollen frühzeitig und schneller zur Annahme von Hilfe gezwungen werden etc. Sozialarbeiter werden verdächtigt – auf Grund eigener Schwäche oder fehlender politischer Überzeugungen – mit Zwang zu zimperlich zu sein.

In diesem Buch wollen wir beiden Positionen entgegentreten und für einen nüchternen und reflektierten Umgang mit Zwang im Rahmen der Sozialen Arbeit, genauer in den Arbeitsfeldern der Erziehungshilfe werben (Neumann 2003). Dazu gehört zunächst ein genauer Blick auf das, was von verschiedenen Seiten unter Zwang verstanden wird. Es wird deutlich werden, dass sich hinter diesem scheinbar eindeutigen Begriff recht unterschiedliche und heterogene Phänomene verbergen, für die der Ausdruck Zwang eine zwar pointierte, aber auch erklärungsbedürftige Klammer bildet. Zwang ist in allen seinen unterschiedlichen Formen – so wird sich im Laufe des Buches herausstellen – weder ein Allheilmittel für alle schwierigen Fälle, noch muss er sich traumatisch auswirken, weil er das Individuum bricht oder unterwirft. Bestimmte Formen von Zwang können bei ein und derselben Zielgruppe (z. B. dissozial agierenden Jugendlichen) hilfreiche Impulse zur Verhaltensanpassung geben und infolgedessen dazu beitragen, die Chancen zur sozialen Teilnahme junger Menschen zu erhöhen, aber auch wirkungslos bleiben oder von jungen Menschen als Demütigung erlebt werden und sie zur Flucht aus der Jugendhilfe provozieren. In welchem zahlenmäßigen Verhältnis, werden wir sehen (Kap. 3 und 4).

Klar ist, dass bestimmte Formen von Zwang im Rahmen von Erziehungsprozessen in Familien, Schulen und Heimen bis vor etwa 30 bis 40 Jahren viel zu oft, viel zu rigide und viel zu unreflektiert angewandt wurden. Kinder und Jugendliche wurden sowohl im Westen als auch im Osten Deutschlands – häufig im Namen hehrer pädagogischer Ziele – von Sozialpädagogen geschlagen, in Arrestzellen gesperrt, öffentlich gedemütigt etc. Die Hölle, die solche auf Zwang gestützte Herrschaft über Kinder in deren Erleben bedeutet, spricht sowohl aus den Berichten ehemaliger Heimzöglinge aus den fünfziger, sechziger und siebziger Jahren des letzten Jahrhunderts (Almstedt 1982; Autorenkollektiv 1972; Arbeitsgruppe Heimreform 2000; Brosch 1975; Ulrich 1994; Wensierski 2006) wie auch aus Romanen des 19. Jahrhunderts wie z. B. denen von Charles Dickens, insbesondere „Oliver Twist" und „David Copperfield". Die Anwendung von Zwang ist und bleibt in die Tradition einer *schwarzen Pädagogik* verstrickt (Rutschky 1977) und wird deshalb mit allem Recht unter Verdacht gestellt. Das gilt es nie aus den Augen zu verlieren.

Betrachtet man jedoch die Praxis der Erziehung in Familien genauer, wird man bald darauf stoßen, dass kaum ein Erziehungsprozess gänzlich ohne Zwang auskommt und Zwangsmomente im Rahmen von Sozialisationsprozessen eine bedeutsame, konstruktive Rolle spielen können. Neben negativen Erfahrungen erinnern sich etliche Individuen in ihren Erziehungsgeschichten durchaus auch an Episoden von strikter Grenzsetzung und Zwang, die sie als hilfreich oder sinnvoll erlebt haben. Zudem begegnen Sozialpädagogen im Bereich öffentlicher Erziehung häufig Kindern und Jugendlichen, deren Leben sich immer tiefer in Gewalt oder destruktive Formen von Drogenkonsum oder Sexualität verstrickt, die sich aber zugleich von den herkömmlichen, auf Freiwilligkeit setzenden Hilfeangeboten nicht (mehr) erreichen lassen (Neumann 2003; Schwabe 2001b). Bei der Frage, ob man in diese dramatischen *Verlaufskurven* (Schütze 1996) eingreifen soll, muss nicht das Prinzip der *Normalisierung* im Vordergrund stehen. Das Unglück, das diese jungen Menschen sich selbst (und anderen) antun, teilt sich den Beobachtern häufig auch in emotionaler Weise mit und kann Grund genug sein, um intervenieren zu wollen. Klar ist, dass man dabei die verborgenen Gewinne und geheimen Aufträge nicht übersehen darf, die diese Jugendlichen an diesem selbst- und fremddestruktiven Leben festhalten lassen. Klar ist auch, dass die Jugendhilfe an der Entstehung dieser prekären Lebenslagen selbst mit beteiligt ist. Oftmals wurde versäumt, entweder frühzeitig niedrigschwellige und präventive oder rechtzeitig eingreifende, kostenintensive Formen von Hilfe zur Verfügung zu stellen (Ader/Schrapper 2003). Einer langen Phase von Wegsehen und Abwarten auf Seiten der Jugendamtsmitarbeiter folgten häufig hektische und invasive Eingriffe, welche das Kind und/oder die Familie wiederum Distanz zum Hilfesystem suchen ließ. So konnte eine ungute „Verfolgungs"-Geschichte in Gang kommen, bei der Hilfe nicht als Unterstützung erlebt werden konnte.

Aber solche Rekonstruktionen helfen im Moment des Erlebens von Not nicht weiter: Man muss sich der Frage stellen, was das kleinere Übel darstellt: auf Freiwilligkeit und vorsichtige, beziehungsanbahnende Angebote mit Attraktionscharakter zu setzen, mit dem Risiko, dass das Kind sie nicht annimmt, und weiter selbst- und fremdgefährdend agiert? Oder bewusst mit Formen von Zwang zu intervenieren, welche das Agieren zwar einschränken oder zumindest an andere Orte verlagern können, mit dem Risiko, dass das Kind bzw. der Jugendliche dies als Missachtung seiner Person und seiner Autonomiewünsche erlebt und sich der erzwungenen Hilfe, so bald sie können, wieder entziehen. Bei manchen Kindern bzw. Jugendlichen mögen sich aus der Analyse des bisherigen Lebenslaufes eindeutige Präferenzen für die eine oder die andere Form der Intervention ableiten lassen, vor allem entlang der Fragestellung, welche der beiden Optionen ein neues Element im Leben dieser jungen Menschen darstellen könnte und welche eher mehr desselben bedeuten würde (Schwabe 2003, 44ff). In vielen Fällen wird es allerdings für beide Möglichkeiten gute Argumente geben, ohne dass diese den Entscheidungsprozess zwingend in die eine oder andere Richtung lenken könnten. Alternativen mit unterschiedlichen, aber gleich hohen Risiken kann man nur entscheiden, ein Stück Kontingenz wird bleiben (Schwabe 2005, 24ff). Zudem wissen wir, dass der Sozialraum Großstadt oder Provinz mit den jeweiligen unterschiedlichen politischen und medialen Strukturen von hoher Bedeutung für den Ausgang dieser Entscheidung sind (Birtsch et al. 1993).

Zu Formen von Zwang in der Erziehung bzw. den Erziehungshilfen wird man sich als Fachkraft nur entscheiden können, wenn man selbst positive Erfahrungen damit gemacht hat: am eigenen Leib oder im Kontakt mit Klienten bzw. Adressaten von Hilfe (Stiels-Glenn 1997). Wer die Wirkungen von Zwang im Laufe des weiteren Entwicklungsprozesses mehrerer Kinder oder Jugendlicher aufmerksam beobachtet hat, wird allerdings zugeben müssen, dass die damit kombinierten Hilfeprozesse in einigen Fällen zufrieden stellend verliefen, in anderen enttäuschend oder ambivalent. Ob das an der Anwendung von Zwang an sich liegt, an der konkreten Art und Weise, wie er praktiziert oder erlebt wurde, oder an anderen wichtigen Settingelementen, auf deren Mitwirken Zwang angewiesen ist, um seine konstruktiven Potentiale entfalten zu können, muss derzeit offen bleiben (Schwabe 2001b). Längerfristig angelegte vergleichende Evaluationsstudien können, bezogen auf diese Fragen, sicherlich Teilantworten liefern. Angesichts der Komplexität vielfältiger, sich bald verstärkender, bald gegenseitig neutralisierender Kräfte, die im Hilfesetting gleichzeitig und nacheinander auf junge Menschen einwirken, und angesichts der unterschiedlichen Ausgangslagen, die diese in die Erziehungshilfen mitbringen, darf man sich von Forschung aber auch nicht zu viel an Klarheit erwarten.

1.1 Zwang – eine erste Definition

Zwang wird in einer Situation angewandt, in der ein hochgradig eskalierter Konflikt besteht: Ein System (z. B. eine Person) ist entschlossen, den eigenen Willen gegen den eines anderen Systems (einer anderen Person) durchzusetzen. Dazu wurden in den meisten Fällen bereits unterschiedliche Mittel und Wege ausprobiert, die jedoch erfolglos blieben. Eine scheinbar letzte Möglichkeit besteht nun in der Anwendung von Zwang, der in zwei Formen ausgeübt werden kann: Entweder kann die eine Partei die andere überwältigen und damit *direkte Kontrolle über den Körper* des anderen gewinnen. Der Gezwungene kann sich nicht mehr frei bewegen und muss deshalb das Ziel seiner Handlung aufgeben. Er wird gehindert, seinen abweichenden Willen durchzuführen. Zusätzlich muss er sich zur Wiedererlangung seiner Bewegungsfreiheit häufig dem Willen des Mächtigeren fügen und dessen Forderungen erfüllen.

Die andere Form der Durchsetzung besteht darin, etwas Beängstigendes anzudrohen, worüber man *Zugriff auf die „Seele“* des anderen gewinnt. Voraussetzung dafür ist, dass der Zwingende Einfluss auf etwas besitzt, von dem sich der Gezwungene in existenzieller Weise abhängig weiß oder fühlt. Wenn er bei der Fortsetzung seiner Weigerung fürchten muss, dass ihn wichtige Bezugspersonen verlassen, sozial bedeutsame Gruppen ausstoßen oder Mächtige die Existenzgrundlage entziehen, wird er – nicht immer, aber zumindest häufig – einlenken und deren Forderungen erfüllen. Eine erste Unterscheidung könnte deswegen von „körpergestütztem“ bzw. **physischem** und „seelischem“ bzw. **psychischem Zwang** sprechen.

Formen von Zwang, die jemanden abhalten, etwas zu tun, was er ursprünglich tun wollte, könnte man negativen oder **Verhinderungszwang** nennen. Formen von Zwang, die jemanden dazu bringen, etwas zu tun, was er vorher strikt abgelehnt hat, könnte man als positiven Zwang oder **Zwang zur Ausführung** bezeichnen (Neumann 2003).

In den meisten Fällen erreicht der Zwingende seinen Zweck – das Nachgeben des Gezwungenen – alleine durch die Androhung der Zwangsausübung, ohne dass diese zur Ausführung gelangen müsste. Häufig gibt der Gezwungene nach, bevor er körperlich überwältigt oder ihm etwas existenziell Wichtiges tatsächlich entzogen wird. Allerdings setzt das Wirksamwerden der offenen oder auch nur angedeuteten Androhung zweierlei voraus:

- erstens, dass der Gezwungene zumindest einmal die tatsächliche Anwendung von Zwang erlebt hat, sich also vorstellen kann, wie es sich anfühlt;
- zweitens, dass er dem Zwingenden zutraut, das von ihm Angedrohte auch tatsächlich umzusetzen.

Fehlt eine dieser beiden Voraussetzungen, wird der von Zwang Bedrohte sich nicht beeindrucken lassen und sein Verhalten fortsetzen. Schon an dieser Stelle wird deutlich, wie ungenau der Begriff Zwang ist bzw. welche unterschiedlichen Phänomene damit verbunden werden: Der bereits Überwältigte und mit physischem Zwang Festgehaltene hat keinen Entscheidungsspielraum. Er wird direkt und *unmittelbar* gehindert zu tun, was er möchte. Der mit physischem oder psychischem Zwang Bedrohte dagegen, kann sich für das Nachgeben oder das weitere Festhalten an seinem Willen entscheiden. Noch ist die unmittelbare Zwangsanwendung nicht eingetreten. Wie hoch die Wahrscheinlichkeit dafür auch sein mag, eine Restunsicherheit bleibt, ob sich die Androhung von Zwang nicht als „hohl" erweist. So verbleibt dem Gezwungenen die Qual der Wahl, in der beide Optionen in hohem Maße unbefriedigend sind: Aufgabe des eigenen Willens oder Inkaufnahme von wahrscheinlich eintretenden, höchst unangenehmen Konsequenzen, die im Verlust der körperlichen Bewegungsfreiheit oder von existenziell bedeutsamen Sicherheiten bestehen können. Aufgrund dieser Wahlmöglichkeit bezeichnen wir diese Form als *mittelbaren Zwang*.

Zwang kann sowohl in privaten als auch in öffentlichen oder staatlichen Beziehungen zum Einsatz kommen. Das staatliche Gewaltmonopol besteht im Grunde in einem Monopol für die Anwendung von Zwang: Polizisten „dürfen" einen Menschen überwältigen und abtransportieren, der sich z. B. der gefährlichen Körperverletzung schuldig gemacht hat, oder ein Auto mit Hilfe von Straßensperren zum Halten zwingen, wenn sich dessen Fahrer einer Kontrolle entzogen hat. Jede Anwendung von Zwang in der Öffentlichkeit sollte durch Gesetze klar geregelt sein. Dennoch tun sich immer wieder Lücken auf, wie z. B. jüngst bei der Debatte um die zwangsweise Verabreichung von Brechmitteln an Drogen-Dealer deutlich wurde. Über weite Strecken ist jedes Individuum im Rahmen des Rechtsstaates vor willkürlich angewandtem Zwang geschützt, zumindest vor den Formen körperlichen Zwangs.

Auf der Grundlage der Gesetze lassen sich *legale von illegalen Formen* von Zwang unterscheiden: Delikte, die mit körperlichem Zwang in Zusammenhang stehen, sind z. B. Versuche, jemanden mit Hilfe der eigenen Körperkraft oder durch das Vorzeigen oder Anwenden von Waffen zu bestimmten Handlungen zu zwingen (so etwa bei einer Vergewaltigung, beim Raub oder der Erpressung im Rahmen einer Entführung). Diese Formen unterscheiden sich von spontanen Formen der Gewalt dadurch, dass sie instrumentell und berechnend eingesetzt werden. Unter Strafandrohung stehen ebenso Formen von Zwang, die auf das Hervorrufen existenzieller Ängsten zielen, beispielsweise wenn man jemandem mit der Weitergabe von Informationen droht, die seine Ehe oder seinen Arbeitsplatz gefährden würden und ihn dadurch „nötigen" möchte, bestimmte Forderungen des Erpressers zu erfüllen (z. B. Geld oder sexuelle Handlungen).

Rechtlich abgesichert sind spezifische Formen von Zwang dann, wenn sie dazu dienen, akute Situationen von „Selbst- und Fremdgefährdung" zu beenden, oder im Zusammenhang mit polizeilichen Aufgaben der Gefahrenabwehr oder der Verfolgung von Verbrechen stehen (s. Kap. 6).

In der Erziehung wird Zwang – wie wir noch ausführlich begründen – als eine Form der Grenzsetzung angewandt: als eine besonders drastische und effektive, punktuell sinnvolle und nötige, aber auch hoch riskante Form, die ihre grundsätzliche Affinität zu Gewalt behält und beinahe jederzeit in diese umschlagen kann (s. Kap. 2). Mit dem Thema Zwang sind deswegen immer auch rechtliche Fragestellungen verbunden: das Recht auf gewaltfreie Erziehung und die Achtung vor den Grundrechten eines Kindes und Jugendlichen kann mit dem fachlichen Anspruch einer energischen Grenzsetzung kollidieren. Mit der Abwägung, ob und welche Art von Zwang fachlich sinnvoll sein kann, stellt sich zugleich die Frage der Abwägung von Rechtsgütern (s. Kap. 6).

Eine weitere Komplizierung und Aufsplitterung des Zwang-Begriffes ergibt sich daraus, dass seine Anwendung je nach Alter, Lebenssituation und vorangegangenen Erfahrungen mit Zwang subjektiv sehr unterschiedlich erlebt und bewertet werden können. Das gilt sowohl für das, *was* als Zwang erlebt wird, als auch dafür, *wie* Zwang erlebt wird. Ein Kindergartenkind wird sich nur selten daran stören, dass die Eingangstüre der Kita am Vormittag abgeschlossen ist. Für das emotionale Empfinden eines Jugendlichen im Heim kann eine auch nur zeitweise abgeschlossene Tür einen erheblichen Eingriff in seine Autonomie und damit Zwang darstellen. Für denselben Jugendlichen mag wiederum die geschlossene Türe einer kinder- und jugendpsychiatrischen Station, auf der er sich z. B. für vier Wochen zur Entgiftung befindet, anders erlebt werden als die geschlossene Tür der Heimgruppe, die er zumindest ein Stückweit als sein „Zuhause" betrachtet (s. Kap. 5). Für den einen 12-Jährigen kann es eine traumatische Erfahrung bedeuten, nach einer Gewalttat gegenüber einem anderen Kind von Erziehern überwältigt und gegen seinen Willen aus dem Haus oder in sein Zimmer transportiert zu werden. Auch wenn es Gründe für diese Intervention gegeben hat, kann er diese eventuell auch Tage und Wochen später nur als Übergriff und Verletzung seiner Würde empfinden. Ein anderer 12-Jähriger kann auf die gleiche Situation unmittelbar mit heftiger Wut reagieren, sich aber später schnell beruhigen und den Zwang kurze Zeit danach als angemessene Antwort auf sein Verhalten oder sogar als eine auch für ihn persönlich hilfreiche Intervention akzeptieren; zum Beispiel deshalb, weil er sein Gefühl von psychophysischer Integration als durch seine eigene Wut bedroht erlebte und den Zwang stärker als „haltende“ Eingrenzung wahrnehmen konnte denn als „Brechen seines Willens“.

Phänomene von Zwang müssen also immer nach zwei Seiten hin untersucht werden: In Bezug auf ihre sachliche bzw. objektive Dimension stellt sich die Frage, ob bzw. inwiefern man das Geschehen Zwang nennen kann oder muss. Damit macht man sich auf die Suche nach begrifflichen Bestimmungselementen, bei deren Vorliegen man von Zwang sprechen muss, unabhängig davon, ob das äußere beobachtbare Fakten oder angenommene psychodynamische Prozesse sind. In Bezug auf die subjektive Dimension von Zwang stellt sich die Frage, welche Handlungen oder Konstellationen ein konkretes Individuum als Zwang erlebt hat und wie es diesen erlebt hat bzw. wie es diesen beurteilt. Hier muss man damit rechnen, dass Phänomene, die in sachlich-begrifflicher Weise Merkmale von Zwang enthalten, in emotionaler Hinsicht nicht als Zwang erlebt werden; aber auch, dass bestimmte Verhaltensweisen als Zwang wahrgenommen werden, obwohl sie – auf den ersten Blick – nicht in den begrifflichen Rahmen von Zwang zu passen scheinen. Erst eine genaue Untersuchung kann klären, ob das Kind/der Jugendliche Zwang nur behauptet und den Begriff als eine Art Waffe gegen die Erziehungsintention seiner Umwelt verwendet oder ob von einem unreflektierten Verhalten der Pädagogen ausgegangen werden muss, die sich der impliziten Zwangselemente ihrer Handlungen nicht bewusst waren (ob diese fachlich sinnvoll waren, steht auf einem anderen Blatt).

1.2 Drei Formen von Zwang im Rahmen der Sozialen Arbeit

Dem Thema Zwang begegnen Sozialpädagogen im Rahmen ihrer professionellen Tätigkeiten in mindestens drei verschiedenen Formen, die in den Diskussionen häufig begrifflich vermengt werden. Auch wenn diese drei Formen zahlreiche inhaltliche Berührungspunkte aufweisen und von der Organisation her miteinander kombiniert werden können, wollen wir sie um der analytischen Klarheit willen erst einmal getrennt behandeln.

1.2.1 Zwangsmomente und Zwangselemente

Die Beziehungen zwischen Eltern und Kindern sind – zumindest in befriedigenden Eltern-Kind-Beziehungen – über lange Zeiträume hinweg von Zuwendung und Versorgung, gemeinsamen Interessen und Formen der Wechselseitigkeit bestimmt. Dennoch kann es „passieren", dass Eltern in bestimmten Situationen zum Mittel des Zwangs greifen (s. auch Kap. 2): Beispielsweise hält die Mutter oder der Vater ein wütendes und wild strampelndes Kind im Supermarkt fest, nachdem er/sie diesem einen Schokoladenriegel aus der Hand entwunden hat, den das Kind unbedingt wollte, aber nicht bekommen sollte und schließlich eigenmächtig ergriffen hat. Das Kind kann in dieser Situation mit dem Mittel von körperlichem Zwang in mehrfacher Hinsicht an der Ausübung seines Willens gehindert werden: das erste Mal, als ihm der schon ergriffene Riegel wieder abgenommen wird, das zweite Mal, als es auf diese Einschränkung hin weglaufen möchte oder nach dem Elternteil treten will und dieser es mit Hilfe seiner körperlichen Überlegenheit daran hindert. So dramatisch die Ausübung von physischem Zwang vom Kind oder seinen Eltern in diesem Moment erlebt worden sein mag, so leicht ist es andererseits möglich, dass der betroffene Elternteil am Nachmittag mit dem Kind spielt oder sich bei einem später am Tag erfolgenden Spaziergang im Rahmen eines anderen Konfliktes mit dem Kind auf einen Kompromiss einlässt.

Eine andere **Zwangsform** würde darin bestehen, dass die Eltern einer 3-Jährigen den Spielplatz verlassen, nachdem sie das Mädchen einige Male aufgefordert haben, mit ihnen mit zu kommen. Sofern das Mädchen das Weggehen der Eltern als eine unmittelbar drohende Gefahr ansieht, alleine und schutzlos auf dem Platz zurückzubleiben, handelt es sich um die Anwendung von Zwang. Was dem Mädchen in diesem Moment in seinem inneren Erleben widerfährt, ist die unmittelbar drohende Möglichkeit, verlassen zu werden, bzw. die Preisgabe an eine elternlose Welt ohne Schutz und Orientierung. Auch wenn die Eltern ihm nur vor Augen führen wollen, dass sie nicht bereit sind, das Kind über ihre Zeit bzw. Präsenz bestimmen zu lassen, so berühren sie mit ihrer Aktion – willentlich oder nicht – existenzielle Ängste. In vielen Fällen sind diese irrational: die Eltern würden ihr Kind niemals dauerhaft verlassen, aber im Moment ihres demonstrativen Weggangs machen die Eltern nichts, um den irrationalen Charakter dieser Angst aufzuklären. Auch sie fühlen sich in existenzieller Weise von der Weigerung des Kindes betroffen: Sie haben es lange im Guten versucht; jetzt sind sie am Ende mit ihren Möglichkeiten. Sie fühlen eine Mischung aus Wut und Ratlosigkeit. Sie möchten nicht den Willen ihres Kindes brechen, aber sie wollen sich ihm auch nicht unterwerfen. Sie hoffen noch immer, dass das Mädchen angesichts des von ihm selbst für möglich gehaltenen Verlustes seiner Eltern einlenken und ihnen nachlaufen wird. Das Kind bringt die Eltern mit seiner Verweigerung an ihre Grenzen, aber auch sie bringen mit ihrem Weggehen das Kind an die Grenzen dessen, was es aushalten kann. Solche Grenzerfahrungen gehören zum Prozess der Erziehung mit dazu (Kron-Klees 1998).

Sicher gibt es Eltern, die zu viel Gehorsam von ihren Kindern verlangen oder aus Bequemlichkeit nicht bereit sind, immer wieder einmal auch dem Kind nachzugeben. Aber die Eltern, die wir im Auge haben, muten ihrem Kind die Grenze nicht oder zumindest nicht nur aus egoistischen Motiven zu. Vielleicht muss der Vater zur Arbeit oder eine Nachbarin kommt zu Besuch, weshalb auch die Eltern unter Druck stehen. Aber neben diesen Sachaspekten sind die Eltern auch über die Dickköpfigkeit ihres Kindes ernsthaft beunruhigt. Sie haben nicht das Gefühl, ihm durch weiteres Warten etwas Gutes zu tun. Im Gegenteil: Sie sehen, dass sich ihr Kind mit seinem Trotz in einer unguten Weise verrennt, der man nicht – zumindest nicht immer – nachgeben darf. Sie wollen mit ihrer entschiedenen Begrenzung ihr Kind davor schützen, maßlos oder kompromissunfähig zu werden, bzw. es dazu anregen, sich das nächste Mal mit ihnen in einen offeneren, gerechteren Aushandlungsprozess zu begeben. Letztlich hoffen sie, mit ihrer Intervention der Entwicklung ihres Kindes zu dienen.

In beiden geschilderten Situationen stellt die Anwendung von Zwang also nur ein Moment in der Erziehung dar. Dieses Zwangsmoment ist eingebettet in eine Menge erzieherischer Momente oder Situationen, von denen eine Vielzahl von Zuwendung, Bedürfnisbefriedigung, Mitbestimmung, aber auch der Durchsetzung des kindlichen Willens bestimmt sind.

Als **Zwangsmomente** werden demnach überwiegend spontan und ungeplant stattfindende Formen der Begrenzung im Rahmen der Familienerziehung bezeichnet, die auf das Mittel der körperlichen Überlegenheit oder die Demonstration existenziellen Angewiesenseins der Kinder setzen. Während die Form des körpergestützten Zwangs zumindest bei Kindern ab zwei bis drei Jahren bereits klar ersichtlich sein dürfte, weil diese sich gegen den physischen Zugriff wehren und es zu einer Art „Kampf" kommt, dürften Episoden, in denen die angstgestützte Zwangsform im Mittelpunkt steht, häufig im Dunklen bleiben. Die Eltern machen sich meist nicht vollständig klar, auf welche Ängste sie mit ihren oft nur angedeuteten Drohungen abzielen. Inhalt und Ausmaß der inneren Ängste bleiben für sie häufig verborgen; die Kinder folgen eben, und damit ist der Zweck erreicht. Wie er zustande kommt, braucht nicht ausgeleuchtet zu werden, vielleicht auch gerade weil ein „unbewusstes Wissen" darüber existiert (Bittner 1972).

Beide Formen von Zwang sind – wenn sie maßvoll angewandt werden – im Rahmen der Früherziehung in Ordnung und gehören zum Prozess des Aufwachsens in der Familie mit dazu. Auch wenn das physische Begrenzen mit der Anwendung von Körperkraft arbeitet, so verstößt es nicht gegen das Verbot der Anwendung von Gewalt in der Erziehung. Solange Eltern ihre Kinder physisch oder psychisch nicht schädigen, indem sie sie z. B. gezielt schlagen, billigt der deutsche Gesetzgeber den Eltern ein Recht auf Erziehung zu (s. Kap. 6). Zu Klienten der Sozialen Arbeit werden Eltern erst, wenn sie Zwang im Übermaß anwenden, sich also in körperlicher oder seelischer Hinsicht grausam verhalten, oder gar nicht in der Lage sind, ihrem Kind Grenzen zu setzen (Honig 1992; Kron-Klees 1994; Petri 1989; Wiesner 2003). Kinder lernen bei sinnvoller Anwendung von Zwang, den grundsätzlichen Machtüberhang der Eltern ohne allzu großen Groll und ohne allzu heftige innere Verletzungen zu akzeptieren, und internalisieren ihn (Wolf 1999). Sie übertragen ihn später – meist unhinterfragt – auf Kindergärtner oder Lehrer, d. h. sie unterstellen diesen neuen Erziehungspersonen, über ebenso potente Zwangsformen zu verfügen wie die Eltern, brauchen das aber in der Regel gar nicht mehr auszutesten oder geben sich mit weit weniger dramatischen Formen der Grenzsetzung zufrieden.

Die Anwendung von Zwangsmomenten mit erzieherischer Intention ist zunächst ein Privileg der leiblichen Eltern oder naher Angehöriger. Einem Kindergärtner wird man noch zubilligen, ein erregtes Kind durch den Einsatz seiner Körperkraft am Rennen auf die Straße zu hindern (Stoppel 2003, 218f; Landesjugendamt Rheinland 2006). Schon ein 2- oder 3-minütiges Festhalten eines wütenden Kindes zur Durchsetzung der Aufforderung zum Aufräumen mit irrationalen Ängsten nach dem Motto „Wenn Du nicht aufräumst, gehen wir anderen spazieren, Du musst alleine hier bleiben, und es ist unklar, wann wir wieder kommen“, dürfte ihm nicht von allen Eltern zugestanden werden. Auch die Kindergartenleitung wird solche Praxen fachlich hinterfragen. Lehrer in der Schule sind sehr vorsichtig darin, Hand an ein wütendes Kind zu legen, weil ihnen auch die unbeabsichtigte Verletzung eines Kindes als Übergriff ausgelegt werden könnte. Wenn Lehrer mit existenziellen Exklusionsängsten operieren, beispielsweise der Angst der Schüler, durchzufallen, so werden sie es eher subtil tun. Allzu offen dürfen solche Drohungen und damit der Versuch, Zwang anzuwenden, nicht erfolgen, da sie sonst fachliche Kritik von Eltern oder Kollegen auf sich ziehen würden. Zumindest gilt das für Eltern aus so genannten aufgeklärten, liberalen Kreisen. Eltern aus Unterschichts- und/oder Migrationszusammenhängen dürften sich dagegen häufiger rigidere Erziehungspraxen im Rahmen von Schule oder Kindergarten wünschen, weil sie diese selbst viel selbstverständlicher praktizieren, und sie den Verzicht auf Zwangsmomente dem Erziehungssystem und seinen Vertretern nicht selten als Schwäche auslegen (Kizhilhan 2006; Ohliger/Reiser 2005).

Wie man sieht, ist das, was als Zwangsmoment in der Familienerziehung bezeichnet werden kann, nicht ohne weiteres im Rahmen öffentlicher Erziehung anzuwenden. Gerade in Bezug auf diese früher beinahe selbstverständliche Übertragung des Elternrechts auf Zwangsausübung auf Lehrer und Kindergärtner hat sich seit den 1970er Jahren ein fundamentaler Wandel in der deutschen Öffentlichkeit vollzogen. Sicher werden Lehrer niemals wieder Kinder selbstverständlich züchtigen können, wie das noch in der Mitte des 20. Jahrhunderts möglich war. Und doch stellt sich in vielen Schulen die Frage, ob sie nicht auch über effektive Mittel der Verhaltensbegrenzung, notfalls auch mit Zwangscharakter, verfügen müssten, um einen geordneten Schulalltag bzw. das Abhalten von halbwegs ungestörtem Unterricht garantieren zu können.

In einigen Grund- und Hauptschulen Berlins werden Schüler, die den Unterricht wiederholt oder massiv stören, in einen so genannten Auszeitraum geschickt. In einem ausgewiesenen Raum sitzt ein Lehrer, der diese „Störer" in Empfang nimmt und beschäftigt. Dort sollen sie zur Ruhe kommen und sich bis zur nächsten Pause für einen neuen Start im regulären Unterricht sammeln. Wenn sich die Schüler weigern, der Weisung des Lehrers, der sie aus dem Unterricht schickt, Folge zu leisten, müssen sie zwar nicht damit rechnen, mit Einsatz von Körperkraft dort hin gebracht zu werden. Dennoch wird das Konzept Auszeitraum nur dann funktionieren, wenn es dem Lehrer zumindest auch möglich ist, Druck aufzubauen. Dem Lehrer steht ein ganzes Arsenal von Konsequenzen zur Verfügung, das von der Benachrichtigung der Eltern, dem Nachsitzen der Zeit am Nachmittag mit elterlicher Zustimmung, der Ableistung von Wiedergutmachungsstunden unter der Regie des Hausmeisters, bis zur Androhung eines Ausschlusses über mehrere Tage reicht. Von Zwang können wir sprechen, wenn der Ausschluss aus Klasse oder Schule in glaubhafter Weise droht und dem Schüler auch persönlich als existenzieller Verlust erscheint. Dabei muss die Angst um einen verbauten Schulabschluss und die möglicherweise verhinderte Berufslaufbahn nicht unbedingt im Vordergrund stehen. Eher kann es die Angst davor sein, mit dem Schulausschluss auch aus dem sozial attraktiven Zusammenhang der Peers herauszufallen und am Morgen keinen Ort zu haben, wo man hin gehen und „Leute treffen" kann, was vom Einzelnen als Grund zum Nachgeben erlebt wird. In vielen Fällen werden die Kinder auch mit drastischen Strafen seitens ihrer Eltern rechnen, wenn diese über den Eklat informiert werden, den die Kinder mit der Weigerung, das Klassenzimmer zu verlassen, provoziert haben. Diese Strafen können von körperlichen Züchtigungen bis hin zur Wegnahme des eigenen Handys oder einem Ausgangsverbot am Wochenende reichen. Das eine Mal wäre damit die körperliche Dimension von Zwang berührt, das andere Mal die Angst vor Exklusion, weil viele Kinder/Jugendliche irrationalerweise, aber dennoch tatsächlich befürchten, ohne das Statussymbol Handy oder ohne mit den anderen ausgehen zu dürfen, die Achtung der anderen zu verlieren und ausgegrenzt zu werden.

Nur wenn mit der Ansage des Lehrers zugleich Überlegungen und Gefühle mit einer existenziellen, persönlichen Dimension aktiviert werden und für die Entscheidung des Schülern zum Gehorsam eine zentrale Rolle spielen, kann man von Zwang sprechen. Andere Schüler werden beim Befolgen der Anweisung weder von existenziellen Ängsten noch von der

Angst vor Züchtigung gesteuert werden. Sie spüren, dass mit der Weigerung unangenehme Gespräche und Vorhaltungen auf sie zukommen, und dieser Druck reicht aus, um sie zum Verlassen des Raumes zu bewegen. Wieder andere Schüler werden der Ansage des Lehrers Folge leisten, weil sie den Auszeitraum zum Sich-Selbst-Beruhigen schätzen gelernt haben, weil ihnen eine Pause vom Unterricht ganz recht ist oder sie den Lehrer „eigentlich ganz gern" mögen und nicht weiter verärgern wollen. In vielen Situationen wird es ein **Gemisch aus verschiedenen, heterogenen Motiven** sein, in denen das Erleben von Zwang eine dominante oder bei- bzw. untergeordnete Rolle spielen kann.

Kähler spricht im Zusammenhang mit unfreiwilligen Klienten, denen eine Hilfe angetragen oder verordnet wird, von **Push- und Pull-Faktoren** (Kähler 2005, 47ff): Push-Faktoren bestehen in der Erwartungen unangenehmer Konsequenzen, die einen Klienten dazu bringen, sich auf das zunächst ungewollte Hilfeangebot einzulassen. Push-Faktoren schließen sich zu dem Gefühl von Druck zusammen. Pull-Faktoren stellen dagegen positive Anreize bzw. mit Hoffnungen aufgeladene Erwartungen dar, die mit dem Eingehen auf das fremde Ansinnen verbunden sein können: Diese können sich sowohl auf materielle Vorteile beziehen wie auch auf emotionale Gewinne oder psychische Entlastung. Bei ein und derselben Entscheidung für eine von außen erhobene Forderung setzen sich jeweils verschiedene Push- und Pull-Faktoren gegen die eigenen Vorbehalte, Befürchtungen und Unlustgefühle durch. Die Push- und Pullfaktoren können aber auch zu schwach, die eigenen Ängste oder die mit einer verordneten Hilfe verbundenen Kränkungen zu groß sein, so dass man sich gegen diese entscheidet, auch wenn das mit negativen Konsequenzen verbunden ist.

Deswegen kann man von **Zwangsmoment** in einer doppelten Weise sprechen: der Zwang stellt, **zeitlich und inhaltlich** betrachtet, nur einen Moment im Rahmen der gesamten Erziehungspraxis dar. Und er stellt im Erleben dessen, der gezwungen wird, häufig nur ein Moment **in einer komplexen inneren Dynamik** dar und wirkt dort nur als ein Faktor unter mehreren anderen, die das Verhalten der Person steuern.

Bei dem Auszeitraum der Schule und dem mit ihm verbundenen Procedere handelt es sich nicht um eine spontane Aktion eines überforderten Lehrers, sondern um eine vorher geplante und konzeptionell verankerte Maßnahme der Schule. Dazu wurde eine Konzeption erstellt, das Schulamt und Elternvertreter wurden hinzu gezogen, die zur Umsetzung notwendigen Handlungsschritte wurden schriftlich fixiert und Dokumentations- und Kontrollverfahren wurden eingerichtet. Solche mit Zwang verbundenen Interventionsformen nennen wir **Zwangselemente**, wenn bzw. weil sie relativ geplant in den Rahmen einer institutionellen Form von Erziehung eingebunden werden (Neumann 2003). Sie geschehen nicht mehr spontan und unreflektiert wie in der Familie, sondern stellen geplante Maßnahmen im Rahmen öffentlicher Erziehung dar. Im Bereich der Jugendhilfe können z. B. die Verlegung eines Kindes in eine andere Gruppe, nachdem dieses gewalttätig wurde, das Durchführen einer Zimmerdurchsuchung bei Verdacht auf Waffenbesitz, die verbindliche Aufforderung zur Urinabgabe bei Verdacht auf Drogenkonsum, das Heraustragen aus dem Haus bei Verweigerung des morgendlichen Schulbesuches Zwangsmaßnahmen darstellen. Zu institutionellen **Zwangselementen** werden sie, wenn bzw. weil sie zu einer offiziellen oder inoffiziellen, jedenfalls häufiger angewandten Praxis einer Einrichtung zählen, die zumindest von einigen Kollegen gebilligt oder sogar propagiert wird; dasselbe gilt, wenn sie konzeptionell verankert sind, mit Billigung der Leitung, der Jugendämter und anderer Kooperationspartner praktiziert und regelmäßig dokumentiert und evaluiert werden. Zwangselemente gehören zum Verhaltensrepertoir einer Einrichtung und bedürfen deswegen einer rechtlichen Reflexion bzw. Legitimation (s. Kap. 6).

Oftmals bezeichnen Eltern und Institutionen ihre verbindlich gemachten Erziehungsversuche mit anderen Begriffen wie Grenzsetzung oder Konsequenz, Ordnungsmaßnahme oder Druck machen, Verbindlichkeit oder Fördern und Fordern. Die Bandbreite dieser Euphemismen ist lang. Zum einen klingen diese Begriffe schöner als Zwang oder Zwangsmaßnahme, zum anderen müssen sie auch nicht unbedingt als Zwang bzw. auf Grund von Zwang wirken und so bezeichnet werden. Es gibt viele Formen der Grenzsetzung, die ohne Zwang auskommen oder sogar vor allem deswegen entwicklungsförderlich wirken, weil sie von Zwang absehen. Aber es gibt eben auch Grenzsetzung oder Orientierung mit der Anwendung von Zwang. Zu Elementen von Zwang werden sie erst dann, wenn ihre Durchsetzung – latent oder offen – entweder mit der Androhung des Einsatzes von Körperkraft verbunden wird oder mit einer Konsequenz, die das Kind oder der Jugendliche als existenzielle Verunsicherung bzw. Preisgabe erlebt. Die Konsequenz daraus heißt für das Individuum in jedem Fall Einsamkeit und Isolierung; sie muss aber nicht mit Ausstoßung verbunden sein. So macht es in der Regel einen Unterschied, ob ein Jugendlicher z. B. aus der Familie ausgestoßen oder aus einer Einrichtung entlassen wird bzw. ob in dieser Situation die innere und äußere Möglichkeit besteht, sich zur weiteren Perspektivenplanung an das Jugendamt bzw. einen gesetzlichen Vertreter zu wenden oder nicht.

Zwangsmomente und Zwangselemente stellen demnach Anwendungsformen von Zwang dar, die in einen umfassenden Prozess eingebettet sind und in der Familie aber auch im Heim oder der Schule erzieherische Funktionen übernehmen wollen. Mit ihnen geht es nicht – oder nicht nur – um Gefahrenabwehr oder die Sicherstellung von Aufsicht. Mit ihnen sind pädagogische Intentionen verknüpft: Sie wollen der Entwicklung von

Kindern und Jugendlichen dienen bzw. einen Bildungsimpuls darstellen. Zwang kommt an diesen Orten vor, aber Zwang beherrscht nicht den Alltag. Die Beziehung zwischen Eltern und Kind bzw. Erzieher und Zögling gründet in vielen anderen Erfahrungen und stützt sich in vielen anderen Situationen auf andere Erziehungsmittel denn auf Zwang.

1.2.2 Hilfe im Zwangskontext

Zwangskontext meint, dass Klienten von dazu befugter Seite zur Inanspruchnahme von Hilfe gezwungen werden (Gumpinger 2001; Kähler 2005; Lüssi 2001; Wagner/Russinger 2002; Wendt 1997). Bei der Bewährungshilfe ist das die Regel, auch wenn es von vielen Mandanten subjektiv nicht so erlebt wird (Stiels-Glenn 1997). Aber in den meisten Fällen geht dem Zwang zur Hilfe ein Konflikt über das Annehmen von Hilfe voraus. In einen solchen Kampf können Sozialarbeiter, aber auch Ärzte, Psychotherapeuten und Richter verwickelt werden. Während sie einen dringenden Hilfebedarf zu erkennen glauben, sei es für den Klienten direkt oder für seine Kinder, sieht der Klient die ihm angebotene Hilfe sowohl als unnötig und sinnlos an, wie auch als Bedrohung seiner Autonomie bzw. Selbstdefinition. Der Klient fürchtet – so seine momentane Überzeugung oder Angst –, durch das Involviert-Werden in einen für ihn unüberschaubaren Hilfeprozess mehr zu verlieren als zu gewinnen. Da die Sozialarbeiter ihn nicht selbst und unmittelbar zur Annahme der Hilfe zwingen können, wenden sie sich an ein Gericht, das nach sorgfältiger Prüfung der Tatsachen und Anhörung aller Beteiligten die Durchführung der Hilfe anordnen kann. In der Regel sind das Familien-, Vormundschafts-, Jugend- und Verwaltungsgerichte (s. Kap. 6).

Die Gerichte können dem Antrag der professionellen Helfer zustimmen und der Familie oder dem Einzelnen eine Weisung zur Annahme von Hilfe erteilen (bis hin zur Zwangseinweisung in eine Klinik). Sie können dieses Ansinnen aber auch ablehnen und dem Bürger gestatten, sein Leben auch weiterhin ohne professionelle Hilfe zu gestalten. Weil es sich um Eingriffe in Freiheitsrechte handelt, müssen Gerichte genau prüfen, ob diese gerechtfertig sind. In der Regel werden sie eine *Hilfe im Zwangskontext* nur anordnen, wenn bei den Klienten Selbst- oder Fremdgefährdung vorliegt. Diese Gefahren für den Erwachsenen oder dessen Kinder mit klaren, gut dokumentierten Fakten zu belegen und eine mit empirischen Daten gesättigte Prognose zu formulieren, ist die Aufgabe der professionellen Helfer oder der vom Gericht bestellten Gutachter (Wiesner 2003).

Bei aller notwendigen Zuarbeit dürfen die Helfer sich nicht anmaßen, die eigentliche Entscheidung zu fällen, die dem Richter obliegt. Dieser tritt zwischen die Helfer und die (potentiellen) Klienten, muss sich beide Seiten anhören, sich ein eigenes Bild machen und konkurrierende Rechtsgüter abwägen. Diese spezielle Form einer *hierarchischen Triangulierung* bleibt – falls es zwangsweise zur Einrichtung einer Hilfe kommt – für deren gesamte Dauer bestehen: Der professionelle Helfer ist für die Gestaltung des Hilfeprozesses mit dem Adressaten zuständig, der Richter für die Aufrechterhaltung des Zwanges bzw. die Frage, ob dieser noch nötig ist oder beendet werden kann (Trotter 2001). Dazu muss er sich in festgelegten Abständen mit beiden – dem Helfer und dem Adressaten – in Kontakt setzen und verständigen.

Wie schafft es der Richter, die Klienten zum zumindest vorläufigen bzw. formalen Mitmachen bei einer Hilfe zu bewegen? Der Zwang erfolgt durch die Androhung der Umsetzung anderer, noch unangenehmerer Konsequenzen für den Klienten als sie durch die Einwilligung in den Hilfeprozess gegeben sind. Diese Konsequenzen können darin bestehen, dass der Klient seine Freiheit verliert, also inhaftiert oder in eine Klinik eingewiesen wird. Oder dass ihm das Sorgerecht für seine Kinder entzogen wird und diese aus seinem Haushalt entfernt werden. In vielen Fällen mag auch die Angst vor Status- und/oder Prestigeverlust als eine unangenehme Konsequenz imaginiert werden und einen veritablen Push-Faktor darstellen (Kähler 2005, 43f). Wie steht man als Mutter vor Verwandten oder Kolleginnen da, der die Kinder abgenommen wurden? Wie wird man im Haus von den Nachbarn angesehen, wenn die Polizei die Wohnungstür aufbrechen muss und man gegen seinen Willen in die Klinik gebracht wurde?

Auch hier setzt die Zwangsandrohung entweder auf direkten physischen Zwang und/oder auf existenzielle Ängste wie den Verlust der körperlichen Bewegungsfreiheit oder den Entzug von Personen oder Gütern, von denen der Richter annimmt, dass sie der Person, die bisher die Hilfe verweigert, am Herzen liegen.

Der Hilfeprozess kommt durch die Androhung von Zwang zustande, beginnt also auf Grund von Zwang. In seinem weiteren Verlauf können aber durchaus ausschließlich oder zumindest überwiegend Formen der Beratung und Unterstützung bzw. der Begleitung und Anleitung stattfinden. Ein richterlich angewiesener Trainingskurs für jugendliche Straftäter kann z. B. nur aus attraktiven Angeboten wie Klettern und Fahrradtouren bestehen. Die Betreuer nutzen diese Gelegenheiten, um mit den jungen Menschen ins Gespräch zu kommen und hoffen darauf, dass sich aus dem „zwanglosen" Miteinander mit der Zeit ein Vertrauensverhältnis ergibt, in das die Jugendlichen freiwillig Probleme einbringen, um gemeinsam mit den Betreuern Lösungen zu entwickeln. Dem Richter geht es in erster Linie darum, dass die jungen Menschen regelmäßig mit potentiellen Helfern in Kontakt kommen. Dass diese Kontakte überwiegend als angenehm erlebt werden, mag die zur Nutzung gezwungenen Jugendlichen oder Außenstehende überraschen. Für den Jugendrichter wird es in Ordnung sein, wenn dadurch der anvisierte Zweck einer zeitlich zwar begrenzten, aber regelmäßigen Betreuung erreicht wird. Wenn diese gut verläuft, bleibt häufig auch im Anschluss an einen angeordneten Kurs der Kontakt erhalten: Die Jugendlichen wenden sich auch weiter an ihre Betreuer, wenn sie in Nöte geraten, oder nehmen weiter freiwillig an deren Angeboten teil.

Dasselbe gilt für die unter Zwang begonnenen Familienberatungsprozesse, wie sie von Kim-Berg geschildert werden (Kim-Berg 1992, 65ff; Pleyer 1996): Mit dem Motto „Wie können wir Ihnen helfen, damit Sie uns recht bald wieder los werden?“ wird die unangenehme Zwangssituation einerseits offen thematisiert, andererseits aber auch ein Ausweg aus ihr aufgezeigt. „Wir nehmen Ihren Wunsch ernst, ohne Hilfe bzw. Helfer leben zu wollen. Wir ziehen uns selbst wieder gerne zurück. Lassen Sie uns gemeinsam dafür sorgen, dass dies rasch geschieht. Dafür müssen wir die Gründe herausfinden, die andere veranlasst haben uns auf den Plan zu rufen. Für diese Gründe können wir Lösungen entwickeln, die Sie und uns befriedigen!“ Auf dieser Grundlage kann ein Arbeitsbündnis zustande kommen. Von den Inhalten und den beobachtbaren Kommunikationsformen her sind viele dieser Zwangsberatungen über weite Strecken nicht von denen zu unterscheiden, die unter der Bedingung von freiwillig zustande gekommenen Kontrakten eingegangen wurden.

Zwangskontext heißt also: Personen werden zur Hilfe gezwungen, nicht – jedenfalls nicht notwendigerweise – in der Hilfe. Dennoch überschattet der initiale Zwang den gesamten Hilfeprozess. Und zwar in zweierlei Hinsicht: Zunächst vom subjektiven Erleben her. Auch wenn der zur Hilfe Zwingende nicht der direkt mit den Klienten beschäftigte Sozialpädagoge selbst war, sondern das Familiengericht oder das Jugendamt, fällt etwas von dem Unwillen des Klienten gegenüber diesen Personen bzw. Ämtern auf ihn zurück. Der Helfer ist dem Klienten zugewiesen worden. Er erinnert einen immer wieder an die Drohung, die mit der Verweigerung von Hilfe verbunden war und somit auch an die Erfahrung der eigenen Ohnmacht gegenüber der zwingenden Macht des Gerichtes. Man konnte sich der Hilfe nicht entziehen. Eine eigene Motivation dafür hat man allerdings nicht. Andere haben ihre Definition von der Hilfsbedürftigkeit des Klienten durchgesetzt. Die Hilfe frisst aber seine Zeit und Energie, die er gerne in andere Aktivitäten investiert hätte. Zudem weiß der Klient, dass der Helfer mit der hilfeverfügenden Stelle in Kontakt steht und über ihn berichtet. Man muss sich also gründlich überlegen, was man dem Helfer erzählt oder besser für sich behält. Die Startchancen für diese Form der Hilfe sind demnach alles andere als gut und auch in den normalen Durststrecken jedes Hilfeprozesses werden diese Klienten ihre ambivalenten oder negativen Gefühle immer wieder auf den Zwangskontext beziehen. Möglicherweise bewirkt der Zwang auch eine Verstärkung der negativen Gefühle.

Dennoch gelingt es den Sozialarbeitern in vielen Fällen, ein gutes Verhältnis mit den Zwangsklienten zu etablieren. Viele zur Hilfe Gezwungene besaßen Vorurteile gegenüber Helfern oder waren ihnen gegenüber zumindest ambivalent eingestellt. Jetzt merken sie, dass Hilfe gar nicht so schlimm ist, wie sie befürchtet haben oder sogar, dass Hilfe ihnen tatsächlich helfen kann. Was zur Anbahnung einer tragfähigen Beziehung zwischen Klient und Sozialarbeiter im Zwangskontext zu beachten ist, haben Kim-Berg und Trotter hervorragend beschrieben (Kim-Berg 1992; Stiels-Glenn 1997; Trotter 2001).

Aber auch objektiv, d. h. von Seiten der institutionellen Strukturen, bleibt der Zwang während des gesamten Hilfeprozesses bestehen: Weigert sich der Klient mitzuarbeiten, kann und muss der Sozialpädagoge/Sozialarbeiter diesen Umstand bei den Hilfe verfügenden Stellen melden. Diese machen daraufhin ihre ursprüngliche Androhung wahr oder bestellen den Klienten ein, ermahnen ihn und geben ihm eine zweite oder dritte Chance. Manchmal reagieren die verfügenden Stellen aber auch nicht oder zögerlich bzw. in unklarer Weise oder mit großer Verspätung, d. h. der Klient erfährt, dass der Zwangskontext nicht so eng gestrickt ist, wie er bisher angenommen hat. Etliche Klienten bedürfen mehrerer offizieller Aufforderungen bis sie sich auf die Hilfe einlassen, andere bleiben unbelehrbar und riskieren die Umsetzung der ursprünglichen Androhung. Wieder andere schlüpfen durch die Maschen des zu grob gestrickten Zwangskontextes, ohne dass dies Konsequenzen hätte. Für sie verhärtet sich ihr inneres Bild von der eigenen Macht zur Verweigerung und der Schwäche der offiziellen Stellen. Kein Wunder, dass sie auch bei dem nächsten Versuch, sie von amtlicher Seite zur Annahme von Hilfe zu zwingen, wieder auf Zeit spielen und den Zwang zu unterlaufen trachten.

Wie auch immer die Geschichte ausgeht: Für den Klienten und den professionellen Helfer muss klar sein, dass der Hilfeprozess im Zwangskontext anders als freiwillig in Anspruch genommene Hilfen unter einer besonderen Beobachtung steht. Der Helfer hat Auflagen von einer dritten Stelle bekommen, die er zu beachten hat. Er ist verpflichtet, das Kommen bzw. Nicht-Kommen des Klienten zu dokumentieren, manchmal auch, was Gegenstand der Gespräche ist (Trotter 2001, 121ff). Dieser Pflicht kann er mehr oder weniger offen oder diskret nachkommen. Bei einem gut ins Laufen gekommenen Kontakt wird der Helfer nicht jedes Mal vor den Augen des Klienten die Anwesenheitsliste ausfüllen. Aber er wird z. B. die Berichte, die er an die Hilfe verfügende Stelle abgibt, mit dem Klienten besprechen und ihm auch auf diese Weise die institutionelle Struktur der Hilfe immer wieder vor Augen führen. Die Grenze zwischen einer sensiblen bzw. taktvollen und einer intransparenten, versteckten Kontrolle auf der einen und diejenige zwischen einer klaren und angemessenen bzw. brüskierenden und übertriebenen Kontrolle auf der anderen Seite müssen genau beachtet werden und dürften im Einzelfall immer wieder schwer zu ziehen sein (Trotter 2001, 121ff).

Ebenso leicht gerät der Helfer aber auch in eine andere Gefahr: Er kann den Zwangskontext auch verleugnen und so tun, als bestünde zwischen ihm und dem Klienten ein egalitäres und ungezwungenes Verhältnis. Vor allem im Kontext der Jugendarbeit und Jugendgerichtshilfe gibt es immer wieder Helfer, die sich eher als Kumpel der Jugendlichen verstehen oder gar als ihre parteilichen Anwälte und diese gegen die Ansprüche eines vermeintlich repressiven und ungerechten Rechtsstaates beschützen möchten. Sie verheimlichen dann zum Beispiel das Nicht-Kommen der Jugendlichen zu den Pflichtstunden oder unterschreiben Arbeitsstunden als abgeleistet, auch wenn der Jugendliche nicht da war oder nur sehr faul gearbeitet hat. Im Grunde ist das eine Haltung, die sich anmaßt, die eigene Beziehungsdefinition über die vom Gericht angeordnete zu stellen; diese Maßlosigkeit bzw. Unfähigkeit, sich in einen hierarchisch strukturierten Kontext zu stellen, korrespondiert häufig mit den dissozialen Tendenzen der Jugendlichen und verstärkt diese, auch wenn die Helfer dies nicht zu erkennen vermögen (Heinemann et al. 1992; Stiels-Glenn 1997). Häufig kippt das kumpelhafte Verhältnis mit der Zeit aber auch um, wenn die Jugendlichen die ersten persönlichen Kränkungen an die Adresse der Helfer richten. Manchmal wird dabei sogar deutlich, dass die Jugendlichen die Helfer verachten, weil sie verstanden haben, dass die Erwachsenen vor allem Angst davor haben, sich ihnen gegenüber als Kontrolleure und Befehlsempfänger des Staates darzustellen. Der Wut und dem Hass, die ein solches Kontrollmandat auslösen kann, meinen sich die Helfer entziehen zu können, wenn sie diese Verhältnisse verschleiern. Oftmals erleben sie sich durch diese Art der Aufgabendefinition beinahe ebenso gekränkt wie die Jugendlichen. Aber genau diese Kränkung gilt es zu verarbeiten.

Bei der Hilfe im Zwangskontext wendet der Helfer zwar keinen Zwang gegenüber dem Klienten an, aber der Zwang rahmt die Beziehung ein und kann sie über weite Strecken prägen. In der bisherigen Diskussion innerhalb der Sozialen Arbeit blieb offen, ob man nur die von einer dritten Stelle tatsächlich angeordneten Hilfen als *Hilfen im Zwangskontext* bezeichnen soll oder auch diejenigen, die auf die bloße Androhung hin, eine dritte Stelle einzuschalten, eingegangen wurden (Kähler 2005, 25ff und 57ff). Dies ist beispielsweise der Fall, wenn Jugendamtsmitarbeiter Eltern mehr oder weniger deutlich mit dem Gang zum Richter gedroht haben, und diese sich deswegen auf eine Familienhilfe eingelassen haben. Man könnte sogar solche Hilfen als im Zwangskontext definieren, die auf die bloße Vermutung der Klienten hin eingegangen wurden, dass mit der Nicht-Annahme der angebotenen Hilfe Nachteile unklarer Art verbunden sein könnten. Beispielsweise wenn Eltern in die Beratung des schulpsychologischen Dienstes gehen, weil der Lehrer es empfohlen hat, selbst aber noch keinerlei Drohungen damit verbunden hat. Nehmen die Eltern jedoch an, dass der Lehrer bei Nicht-Aufnahme eines Kontaktes zum Schulpsychologen das Kind benachteiligt, dann könnte man auch diese Beratung als Hilfe im Zwangskontext bezeichnen, zumindest können sich die Eltern so benehmen, als handele es sich um einen Zwangskontext. Zu unterscheiden wären demnach *klar institutionalisierte Zwangskontexte mit einem offiziellen Auftraggeber* – meist dem Gericht –, *Zwangskontexte im Vorfeld der Institutionalisierung bzw. ohne hierarchische Triangulierung* und *Quasi-Zwangs-Kontexte*, die vor allem von den Klienten so erlebt werden und mit denselben Ängsten und Aggressionen aufgeladen sein können wie echte Zwangskontexte (Conen 1999).

Auch beim Zwangskontext spielt das subjektive Erleben des Klienten eine wichtige Rolle: Einige fühlen sich schnell zur Hilfe gezwungen, auch wenn noch wenig Druck auf sie ausgeübt und eine dritte Stelle noch gar nicht mit der Prüfung beauftragt wurde, ob genügend Gründe für eine Hilfe im Zwangskontext vorliegen. Andere fühlen sich auch durch eine offizielle, gerichtliche Aufforderung zur Kontaktaufnahme mit einem Helfersystem noch immer nicht wirklich gezwungen, unabhängig davon, ob dies nun einer Unsensibilität gegenüber Zwang oder einer schlichten Verleugnung entspricht. Nicht selten müssen die Androhung von unangenehmen Konsequenzen und ein geduldiges Umwerben des Klienten durch den zukünftigen Helfer zusammen kommen, damit sich eine ausreichende Menge bzw. eine fallspezifisch passende Mischung von Push- und Pullfaktoren ergibt, die den Klienten zu einer ersten Kontaktaufnahmen mit dem Hilfesystem motivieren.

Hilfen im Zwangskontext werden häufig mit *zusätzlichen Kontrollaufgaben* versehen. Beispielsweise soll der Sozialarbeiter nicht nur regelmäßig in die Familie kommen und darüber Buch führen, wann ihr geöffnet wird und wann nicht, sondern jedes Mal die Wohnung inspizieren und darauf prüfen, ob sie ernste Gesundheitsrisiken für die minderjährigen Kinder aufweist wie herumliegenden Müll oder verdorbene Lebensmittel. Ein anderes Beispiel ist der Betreuer im Jugendzentrum oder Sportverein. Er soll darüber Buch führen, ob die vom Gericht auferlegten Arbeitsstunden im Rahmen der Institution ordentlich abgearbeitet werden. Die Durchführung solcher Kontrollaufgaben kann mit den Klienten auch vereinbart werden, d. h. sich auf ihre Einsicht stützen und insofern von ihrer Seite aus freiwillig erfolgen. „Mach das für mich, ich brauche jemanden, der mir in den Arsch tritt“, kann z. B. ein Jugendlicher sagen und seinen Betreuer so zu Kontrollaufgaben ermächtigen, unabhängig davon, ob das auch mit einer gerichtlichen Aufgabendelegation verbunden ist oder nicht (wobei die letztere nie geleugnet werden darf). Dennoch dürften Kontrollaufgaben von Helfern immer wieder von ambivalenten Gefühlen der Klienten begleitet werden, weil sie ja regelmäßig an die eigene Unfähigkeit erinnern.

Kontrollaufgaben können also sowohl in einem mehr oder weniger freiwillig eingegangenen wie auch in einem Zwangskontext zur Ausübung anstehen. Sie gehen für den Klienten im Zwangskontext mit einem weiteren Zwang einher und widersprechen so unserer Definition, dass man zur Hilfe gezwungen wird, aber nicht in ihr. Das Missverständnis löst sich auf, wenn wir an die Definition der Zwangselemente zurück denken. Bei diesen übt der Helfer direkt Zwang aus, wenn auch als eine Aktivität neben vielen anderen. Weil das eine (Kontrollaufgaben, Zwangselemente) ohne das andere (Zwangskontext) vorkommen kann, muss man, um begrifflich sauber zu bleiben, von *Hilfen im Zwangskontext* mit bzw. ohne Zwangselemente bzw. mit oder ohne Kontrollaufgaben sprechen. Ebenso kann es Zwangselemente auch in Hilfeformen geben, zu denen man sich als Klient selbst entschlossen hat. Beispiele hierfür sind eine Zwangsmedikation bei Hocherregung während eines selbstinitiierten Klinikaufenthalts oder die zwangsweise Verbringung in einen Auszeitraum in einem Heim, das man unter mehreren – auch solchen ohne Auszeitraum – selbst ausgewählt hat.

1.2.3 Erziehung unter der Bedingung von Unfreiheit

Eine dritte Form von Zwang ist diejenige, bei der der ursprüngliche, unmittelbare körperliche Zwang des Festhaltens auf eine mehrwöchige oder -monatige Dauer ausgedehnt und an Schließmechanismen bzw. Mauern oder Zäune delegiert wird. Hier wird den Betroffenen nicht mehr gedroht. Die angekündigten oder zumindest vorher bekannten Konsequenzen sind eingetreten: Sie sitzen fest. Die Türen sind verschlossen, man kann die Zelle oder das Gebäude nicht verlassen. Andere haben die mehr oder weniger vollständige Kontrolle über die eigene Bewegungsfreiheit gewonnen. Das deutlichste Symbol dafür sind die Schlüssel, die die einen haben und die andern nicht. Bei Zuwiderhandlung gegenüber bestimmten institutionseigenen Regeln und Gesetzen kann der Grad des Freiheitsentzuges – z. B. in Form von Einzelarrest – durch zusätzliche Zwangselemente noch weiter verschärft werden. Bestimmte Freiheitsrechte sind demnach permanent aufgehoben oder eingeschränkt, entweder auf Grund einer gesetzlichen Strafe wie im Jugendstrafvollzug bzw. Jugendarrest oder auf Grund einer richterlichen Weisung, die von einer drohenden Selbst- und/oder Fremdgefährdung ausgeht, wie bei der geschlossenen Unterbringung (GU).

Mit Blick auf die Zwangsmomente in der Familienerziehung oder die Zwangselemente eines Heimes könnte man davon sprechen, dass diese sich von der Kontinuität und Intensität her in hohem Maße verdichtet, wenn nicht sogar totalisiert haben. „Freiheitsentzug“ ist dafür der angemessene, nicht nur juristisch korrekte Begriff. Man kann davon ausgehen, dass diese neue Qualität zunächst alles Weitere, das in der Institution geschieht, überschattet, aber in einem noch viel stärkeren Maße als bei der Etablierung des Zwangskontextes in Bezug auf die Hilfeleistung. Während man dort zwar zur Hilfe gezwungen wird, aber ansonsten in seiner Lebensgestaltung relativ frei blieb und in der hilfefreien Restzeit tun und lassen kann, was man möchte, wird mit dem Freiheitsentzug das ganze Leben einem fremdbestimmten, institutionellen Reglement unterstellt.

Freilich gibt es auch in den „totalen Institutionen" Freiheitsspielräume, die von den Insassen umso findiger erkundet und ausgebaut werden, je geschlossener der äußere Rahmen erscheint (Goffman 1972): Das Pendeln von Zelle zu Zelle, die hartnäckige Existenz von Drogen in Gefängnissen oder die subkulturellen Zusammenschlüsse der Insassen, häufig entlang ethnischer Grenzen, die eine Art Gegenmacht formieren, die in bestimmten Aspekten sehr viel mächtiger sein kann als die offizielle Macht der Schließer und der Leitung, sind nur einige Beispiele dafür. Trotzdem bleibt die Fremdbestimmung für diese Art des Lebens objektiv dominant, auch wenn es subjektiv als mehr oder weniger bedrückend und schlimm empfunden werden kann.

Gefängnisse und Einrichtungen der GU von der Systematik her als eine Anwendungsform von Zwang zu behandeln, mag Unwillen erwecken. Zu deutlich steht beim Gefängnis, allen wohlklingenden Reformüberlegungen zum Trotz, der Sanktionscharakter in der Erwartung der Gesellschaft, aber auch im Bewusstsein der dort Beschäftigten stärker im Vordergrund als bei der GU, deren Alltag sehr viel deutlicher von sozialpädagogischen und therapeutischen Überlegungen gestaltet wird. Ganz sicher steht die Jugendarrestanstalt unter einem sehr viel höherem Druck, sich als ausbruchssicher zu erweisen, als Heimgruppen, die „freiheitsentziehende Maßnahmen" organisieren. Auch andere organisationssoziologische Unterschiede sollen nicht geleugnet werden (Bernfeld 1974). Der Vergleichspunkt liegt für uns bei dem Versuch, im Inneren von Mauern bzw. unter den Bedingungen von Freiheitsentzug Erziehung stattfinden zu lassen.

Gefängnis und GU wollen junge Menschen ausdrücklich nicht nur unter Aufsicht stellen und dazu zwingen, vor Ort zu bleiben, sondern auch erziehen bzw. resozialisieren. Dies gilt sowohl für Bildungsprozesse wie das Nachholen eines Schulabschlusses oder das Erlernen eines Berufs als auch für Lernprozesse, die das soziale Verhalten oder die Persönlichkeit des jungen Menschen in den Blick nehmen: Man denke z. B. an die „Anti-Aggressivitäts-Trainings", wie sie in der Jugendstrafanstalt in Hameln entwickelt wurden, an Theater- oder Kunst-Workshops oder an gruppentherapeutische Verfahren, in denen die eigene Biographie aufgearbeitet wird. Im Unterschied zum Gefängnis stellen sich die Mitarbeiter in der geschlossenen Unterbringung häufig auch die pädagogische Aufgabe, „Beziehungsaufbau" zu leisten: Jugendliche, die häufig bereits aus mehreren Heimen hinausgeworfen wurden, sollen im Rahmen von GU zur Ruhe kommen und erleben, dass sie von stabilen Bezugspersonen „gehalten" werden (Gläsel 2006, 46ff). Ob solche Ansprüche im Rahmen des gesetzlichen Auftrags und angesichts der relativen, kurzen Verweildauer erfüllbar sind, kann bezweifelt werden. Denn sobald sich der junge Mensch auf den Rahmen und die dort arbeitenden Personen eingelassen hat, entfällt die gesetzliche Grundlage für den erzwungenen Aufenthalt (Selbst- und Fremdgefährdung) und er muss auf einen Wechsel in eine „freiere" Gruppe und damit auf neue Bezugspersonen vorbereitetet werden. Diese angesichts der großen Aufgabe relativ kurzen Verweildauern im Rahmen von GU dürften deswegen immer auch mit Abbrüchen und Enttäuschungen verbunden sein, welche in vielen Fällen der eigenen Beziehungsfähigkeit nicht zuträglich sein werden. Dieser immanente Widerspruch ist bisher wenig reflektiert und schon gar nicht organisatorisch gelöst worden. Empirische Studien weisen darauf hin, dass in erster Linie nicht die Zeit in der GU das Problem darstellt, sondern die Anschlusshilfe, was freilich auf das primäre Setting zurück verweist (Menk/Schneider 2006; Stadler 2006).

Erziehung im Gefängnis und im Rahmen von GU soll aber nicht nur über personengestützte pädagogische Aktivitäten stattfinden, sondern auch durch die alltäglichen Routinen vermittelt werden. Auch wenn diese in erster Linie für Ruhe und Ordnung im Inneren der Mauern sorgen sollen, erhofft man von ihnen doch auch erzieherische Funktionen (Matt 2003, 494). Man geht davon aus, dass viele der jungen Menschen vorher unregelmäßig aufstanden oder schliefen, unpünktlich oder gar nicht zu ihren Terminen erschienen und sich in sozialen Zusammenhängen, in denen es auf Kooperation, Disziplin und respektvollen Umgangston ankommt, eher durchgemogelt oder mit Gewalt durchgesetzt haben (z. B. im Stadtteil, aber auch im Straßenverkehr oder in Beziehungen etc.). Die klaren Strukturen des Tagesablaufes in den geschlossenen Räumen sollen den jungen Menschen Orientierung für den Moment geben, sie zugleich aber auch an zukünftige Formen der Regelmäßigkeit gewöhnen. Auch was die Anerkennung von Machtverhältnissen, die Fähigkeit, sich von anderen dafür Befugten etwas sagen zu lassen, erwartet man sich häufig eine Art „Nachreifung" (Gratz 1999, 9). Wer angepasstes Verhalten zeigt, bekommt Vergünstigungen in Aussicht gestellt, die den Alltag mit Privilegien und somit mehr Lebensqualität versehen, oder zu einer Verkürzung der Haftzeit oder der GU führen.

In gewisser Weise stehen die Chancen für Erziehungs- und Bildungsprozesse unter den Bedingungen von Freiheitsentzug besonders günstig: Die jungen Menschen sind zuverlässig erreichbar für die, die sie erziehen wollen, sie können sich nicht entfernen. Auch im Konfliktfall können sie nicht weglaufen, sondern müssen sich den Konsequenzen ihrer Handlungen stellen und können dafür zur Rechenschaft gezogen werden.

Der Tagesablauf der Jugendlichen gestaltet sich in der GU bzw. im Gefängnis einigermaßen monoton und langweilig, die bisher gewohnten Ablenkungen des Lebens in Freiheit entfallen. Angesichts des Stumpfsinns in der Zelle erscheinen Arbeitsmöglichkeiten, Unterricht und Ausbildungslehrgänge geradezu attraktiv und können von der Gruppen- oder Gefängnisleitung häufig sogar als Belohnungen eingesetzt werden, die man sich verdienen muss (Matt 2003, 495). Schließlich können Privilegien und Belohnungen, die der Jugendliche sich „draußen" selbst aneignen kann – legal oder illegal – im Schutz der Mauern von den dazu Ermächtigten kontrolliert vergeben werden: Nur wer sich entsprechend bemüht hat und das erwünschte Verhalten zeigt, bekommt z. B. Ausgang bzw. den Status eines Freigängers, darf an Ausflügen teilnehmen oder erhält Zugang zu Computern und Internet etc. Insofern sind die jungen Menschen auf die günstige Beurteilungen durch Erwachsene angewiesen, ob diese nun durch Punkteprogramme objektiviert oder durch schriftliche Empfehlungen an die Gefängnisleitung organisiert werden. Solche Beurteilungen anderer blieben in ihrem bisherigen Leben häufig ohne Konsequenzen, nun müssen sich die Jugendlichen mit ihnen auseinandersetzen.

Allerdings bedrohen die Bedingungen von Freiheitsentzug, die Erziehung ermöglichen können, zugleich auch deren Ergebnisse. Denn alles, was im Gefängnis oder in GU gelernt wird, vollzieht sich in einem hoch künstlichen Arrangement, einer eigenen und separaten Welt, die wenig mit der realen Welt draußen zu tun hat. Was man in und für diese künstliche Welt gelernt hat, muss man keineswegs automatisch oder vollständig auf das spätere Leben in Freiheit übertragen können. Entweder sind die Unterschiede zwischen beiden Welten zu groß, so dass sich handfeste Transfer-Probleme ergeben. Oder aber man will es gar nicht. Schließlich fand das Lernen in einem Zwangsrahmen statt, weswegen Lernprozess und Lernergebnisse häufig mit untergründigen Ressentiments behaftet sind. Alles in Unfreiheit Gelernte kann schon im Moment der Rezeption oder auch erst, nachdem man die Einrichtung wieder verlassen hat, als notwendige strategische Anpassung definiert und sehr rasch wieder vergessen werden (Matt 2003, 496).

Freilich muss das nicht so sein: Das Mitmachen bei einem Trainingskurs aus Langeweile oder, weil man sich davon Vergünstigungen erhofft, kann irgendwann zu einer eigenständigen Lernmotivation führen, wenn man bemerkt, dass der Stoff auch eigene Interessen berührt. Auf eine erste strategische Anpassungsleistung im Rahmen eines Punkteprogramms kann über neue, positive Erfahrungen, die man mit dem veränderten Verhalten macht, durchaus so etwas wie eine spätere Internalisierung erfolgen. Und auch in einem von Pädagogen erzwungenen Konflikt bzw. dessen Klärung kann man sich persönlich und nachdrücklich angesprochen fühlen, sofern man mit Respekt und Fairness behandelt wurde.

Erziehung lebt an vielen Orten und in vieler Hinsicht davon, dass Lernprozesse künstlich und/oder ungünstig beginnen, aber im weiteren Verlauf an Lebensnähe und Attraktivität gewinnen und so zu brauchbaren Ergebnissen führen. Freilich ist das keineswegs garantiert: Der initiale Zwang beim Zwangskontext bzw. der Freiheitsentzug im Jugendarrest oder in der GU bieten lediglich eine Chance bei gleichzeitig fort existierenden Risiken. Diese zu leugnen, wäre ebenso dumm, wie die kleine Chance nicht zu nutzen. Am Ende wird es darauf ankommen, wie viele Personen davon eher profitiert haben und wie viele nicht. So gerne wir das anhand von Zahlen klar belegen würden und – wie genau auch immer – zu belegen versuchen müssen, so unklar werden die Wirkungen letztlich bleiben, weil schnelle Erfolge von späteren Rückfällen gefolgt werden können oder ein erstes, vermeintliches Scheitern zu spät einsetzenden positiven Langzeitwirkungen führen kann (Thomas et al. 1998). Zu denken gibt, dass die Teilnehmer von Anti-Aggressivitäts-Trainings in der Jugendstrafanstalt Hameln kein deutlich verändertes Rückfallverhalten im Bereich Gewaltkriminalität zeigten als die Gruppe derer, die dieses Training nicht durchlaufen hatten. Eindrucksvoll klingt dagegen, dass von 82 Mehrfachauffälligen im frühen Erwachsenenalter zehn bis fünfzehn Jahre später nur noch 24 Erwachsene ihre kriminelle Karriere fortgesetzt haben, während 58 von ihnen aus dieser eindeutig oder zumindest „schleichend" ausgestiegen sind. Wie viel davon auf direkte oder indirekte Formen von Erziehung im Gefängnis zurückzuführen ist und wie viel sich anderen Faktoren verdankt, beispielsweise dem Ende der verlängerten Adoleszenz, muss offen bleiben (Thomas et al. 1998, 111).

Eine Möglichkeit, die Chance für Lernprozesse zu erhöhen, besteht darin, den Freiheitsentzug so kurz wie nötig zu halten – wie schwierig das konzeptionell und im Einzelfall sein mag – bzw. so viele Elemente der realen Welt wie möglich in den Alltag der geschlossenen Unterbringung oder der Haftanstalt zu integrieren. Gefängnisse können ihren Insassen nach Verbüßung eines Teils der Strafe anbieten, zu Freigängern zu werden. Junge Menschen aus geschlossenen Gruppen erhalten oft schon nach wenigen Tagen die erste Möglichkeit zu einem „begleiteten Ausgang" und zumindest bei halbwegs angepasstem Verhalten nach wenigen Wochen die Chance, stundenweise alleine nach draußen zu gehen. Das kann noch im Rahmen einer schlichten „Kuhhandel-Pädagogik" stattfinden – „tausche Anpassung gegen Privilegien" –, kann aber auch darüber hinaus weisen: Im Rahmen der GU kann man mit der Gewährung von Ausgang trotz möglicher Fluchtgefahr – anders als es von den rechtlichen Bedingungen im Gefängnis möglich ist – den jungen Menschen zeigen, dass man auf ihre Einsicht und Motivation zur Selbstveränderung baut und selbst um die engen Grenzen dessen weiß, was Freiheitsentzug bewirken kann. Nicht immer, aber auch nicht selten kommt auf diese Weise ein Arbeitsbündnis zustande: Die Einrichtung lockert den Zwang und riskiert bewusst und offensiv, dass der junge Mensch wegläuft. Tut er es nicht, so zeigt er damit ein zumindest vorläufiges und wie auch immer ambivalentes Einverständnis mit dem ihm gegenüber verhängten Zwang, wenn auch nur im Sinne eines Sich-Fügens. Dieses wie auch immer ambivalente Einverständnis würde er offen und laut nie aussprechen, schon gar nicht gegenüber den Mitgliedern der Peergroup. Es ist sogar fraglich, ob ihm dieses Einverständnis bewusst ist. Auch bedarf es weiterhin der Aufrechterhaltung des formalen und offiziellen Zwanges. Aber ohne eine solche stillschweigende Duldung von Zwang und ohne die Hoffnung, dass aus diesem etwas Positives für die eigene Person resultieren kann, wird Erziehung in Unfreiheit nicht gelingen. Innere Lernbereitschaften im Rahmen des Gefängnisses aufzubauen, dürfte noch schwieriger als in der GU, aber prinzipiell genauso möglich sein.

Wenn man die Integration von Freiheiten, Wahlmöglichkeiten und „normalem" Alltag (z.B. selbst kochen etc.) im Rahmen der GU bedenkt (vielleicht auch in dem des Gefängnisses), kann man sich die Frage stellen, ob in den „modernisierten" Varianten solcher Einrichtungen die geschlossenen Türen nicht nur noch ein Zwangselement (s. Kap. 1.2.1) neben vielen anderen üblichen Erziehungsmitteln darstellen, also gar keine eigenständige Form von Zwang. Paradoxerweise wurden in anderen Einrichtungen oder Hilfeformen „ohne Mauern" die Zwangselemente jedoch in einem so hohen Maße intensiviert, dass es trotzdem sinnvoll bleibt, an der Kategorie „Erziehung in Unfreiheit" festzuhalten. In Glen Mills z.B. scheinen mir persönlich die Zwangselemente „Without Locks and Bars" (so der Originaltitel eines Buches über dieses „Heim") so dicht verwoben, dass man von „Bedingungen der Unfreiheit" sprechen kann. Der gesamte Alltag von früh morgens bis spät abends ist von Kontrollen durchzogen, die teils von Erwachsenen, teils von Jugendlichen ausgeführt werden, die dabei wiederum von anderen kontrolliert werden. Die mehrfach täglich stattfindenden Zählappelle sichern den Überblick über die Präsenz der Jugendlichen auf Seiten der Erwachsenen in hohem Maße, jedes Entweichen wird schnell registriert, zumal in Amerika jeder Fußgänger sofort auffällt. Die Konfrontationsmethoden bei Regelübertritten erfolgen so prompt und so nah an den eigenen Exklusionsängsten der Jugendlichen, dass mir dieses System geschlossener erscheint als viele Gefängnisse (Deutsches Jugendinstitut 2001). Ähnliches könnte man für manches erlebnispädagogische Auslandsprojekt behaupten: Bei minus 40 Grad Celsius in Sibirien bedarf es keiner Mauern, damit die jungen Menschen bleiben; man riskiert sein Leben, wenn man geht. Das ist sicherlich nur in wenigen Projekten so krass der Fall. Aber die Bestimmung des Totalisierungsgrades von Zwang darf man nicht alleine vom Vorhandensein oder dem Fehlen von sichtbaren Mauern ableiten. Zwangselemente können gerade im Sozialen sehr subtil angelegt sein oder über weite Strecken unsichtbar bleiben, und wirken trotzdem so zwingend wie Mauern. Dies ist nicht umsonst die Botschaft der negativen Utopien in Romanen wie „1984“ oder „Fahrenheit 411“.

Dennoch wirft die GU in Bezug auf ihre Einordnung in unser Drei-Kategorien-Konzept weiter Schwierigkeiten auf: Da Freiheitsentzug nur von Gerichten verordnet werden kann und Ziele der permanenten Kontrolle mit denen der Erziehung und Hilfe verbindet, könnte man auch von einer Hilfe im Zwangskontext sprechen, müsste dann aber dazu fügen „unter den Bedingungen von Freiheitsentzug“.

Zu unterscheiden sind drei Formen von Zwang, die zu je eigenen Gestaltungsaufgaben von Sozialarbeitern und Sozialpädagogen werden können (Mischformen und Kombinationen sind zu beachten):

- Zwangsmomente in der Familienerziehung und institutionalisierte Zwangselemente in der öffentlichen Erziehung, die neben vielen anderen Bausteinen existieren und in ein Konzept von elterlicher Liebe oder institutioneller Entwicklungsförderung eingebettet sind, dort aber auch in Formen von Gewalt entgleisen können. Sozialarbeiter bzw. Sozialpädagogen sind entweder selbst mit der Durchführung von Zwangselementen beauftragt oder beraten andere (Eltern oder andere Fachkräfte), mit diesen Zwangsmomenten „gekonnt“ umzugehen. Wo dies scheitert und Kinder in Familien oder Einrichtungen der öffentlichen Erziehung unzumutbaren Härten (unter- oder oberhalb der Schwelle „Kindeswohlgefährdung“) ausgesetzt sind, müssen professionelle Helfer intervenieren, Kinderrechte einklagen und mit den Verantwortlichen alternative Formen der Grenzsetzung entwickeln.
- Zwangskontexte, d. h. Hilfen, zu denen man als Klient von Seiten eines Gerichtes gezwungen wird, innerhalb derer man jedoch ein großes Maß an Selbstbestimmungs- und Wahlmöglichkeiten behalten und ausüben soll und kann. In der Regel ist der professionelle Helfer hier nicht in die direkte Ausübung von Zwang gegenüber dem Klienten involviert, wohl aber zur Kontrolle und Berichterstattung gegenüber dem Gericht angehalten. Die Aufgabe besteht darin, einen anfangs unfreiwilligen Klienten zu mehr eigenmotivierter Mitarbeit zu bewegen und Transparenz darüber herzustellen, dass man neben der mehr oder weniger nüchternen oder vertrauensvollen Arbeitsbeziehung immer wieder auch zur Weitergabe von Informationen an die dritte Instanz (das Gericht) angehalten ist, die Zwangsmaßnahmen aktivieren, aber auch den Zwangskontext als nicht mehr nötig aufheben kann.

- Unfreiheit, die durch Einschluss oder eine Totalisierung von Zwangselementen hergestellt wird, wie das im Gefängnis oder unter den Bedingungen von „freiheitsentziehenden Maßnahmen“ geschieht. Sozialarbeiter müssen sich in diesem Rahmen so bewegen können, dass sie für die Jugendlichen einerseits als Vertreter der institutionellen Regeln und Erfordernisse, andererseits als ein interessantes Gegenüber erkennbar werden. Ferner ist ihre Aufgabe, zu beobachten, was Lernprozesse und insbesondere deren Internalisierung unter den Bedingungen von Unfreiheit anregt bzw. blockiert und wie das einzelfallspezifsch bzw. im Rahmen institutionsbezogener Veränderungen beeinflusst werden kann.

In allen drei Fällen bedarf die Ausübung von Zwang der rechtlichen Absicherung und sollte so kurz wie möglich bzw. so lange wie nötig erfolgen, d. h. nur so lange wie deutlich wird, dass Klienten in der Lage sind, ein Stück mehr Verantwortung für ihr Leben zu übernehmen, auch wenn damit noch längst nicht alle Risiken ausgeschlossen sind (Brumlik 1992; Lüssi 2001). Dazu sind entsprechende institutionelle Regeln und Verfahren zu etablieren (s. Richtlinien im Anhang). Sozialpädagogen und Sozialarbeiter sind aber nicht nur mit der professionellen Durchführung von Zwang beschäftigt. Wo immer sinnvoll und möglich, entwickeln sie Alternativen zu Zwang bzw. skandalisieren unprofessionell ausgeführte bzw. fachlich nicht legitimierbare Formen von Zwang (Blandow et al. 1999). Das Eintreten für Klientenrechte – auch für Menschenrechte – gehört zu den ersten und wichtigsten Aufgaben der Profession (Landesjugendamt Rheinland 2006).

In diesem Buch werden wir uns überwiegend mit Zwangsmomenten und institutionellen Zwangselementen beschäftigen. In den letzten Jahren wurde innerhalb der Jugendhilfe viel Aufmerksamkeit auf die Diskussion der GU und ihren Weiterentwicklungsformen (flexible, individuell geschlossene Plätze) gelenkt (Pankofer 1997; Stadler 2006). Dieser rechtlich (relativ) klar geregelte Bereich stellt aber nur eine Anwendungsform von Zwang dar (Fegert et al. 2001). Was bisher zu wenig thematisiert wird, sind die institutionellen Zwangselemente unterhalb der Schwelle „Freiheitsentzug“ oder mit unklaren Berührungspunkten zur Einschränkung von Persönlichkeits- und Freiheitsrechten, wie sie in vielen Intensivgruppen praktiziert werden (siehe Abb. 1). Viel zu häufig geschieht das noch ohne konzeptionelle Grundlage und ohne Zustimmung des zuständigen Landesjugendamtes. Hier tut sich ein Graubereich auf, der z. T. von Heim zu Heim und von Bundesland zu Bundesland anders definiert und behandelt

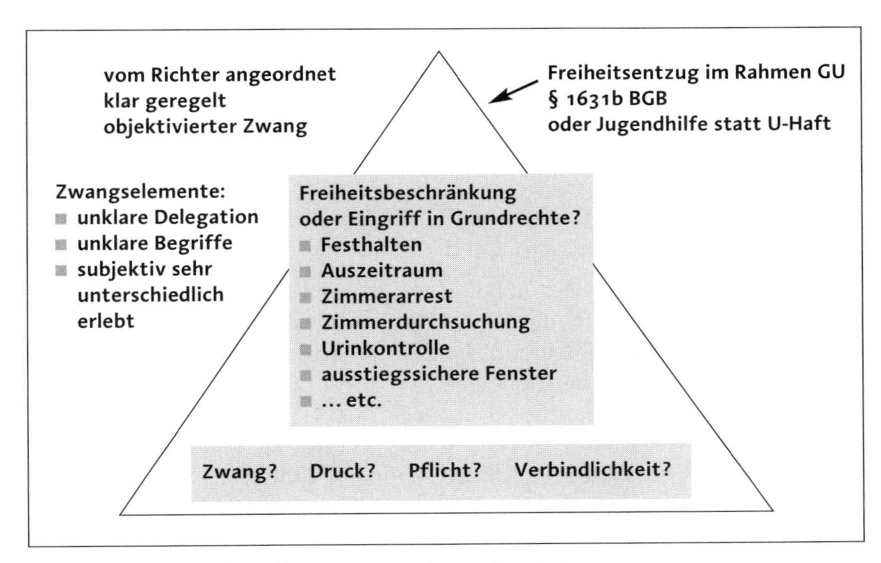

Abb. 1: Zwang – offizielle Formen und Graubereich

wird (Krause et al. 2006). Weil die Anwendung von Zwangselementen in weiten Kreisen der Jugendhilfe-Intelligentia als fachlich anstößig oder „Schmuddelkram“ gilt, findet darüber wenig fachlich anspruchsvoller Austausch statt. Die Mitarbeiter in den Einrichtungen, die Zwangselemente anwenden, fühlen sich einmal als innovative „Speerspitze“ der Jugendhilfe, einmal als „Parias“, die ihre Erziehungspraxis den Kollegen anderer Einrichtungen besser verheimlichen sollten, um nicht pauschal der *schwarzen Pädagogik* verdächtigt zu werden. Deswegen möchte das Buch dazu beitragen, den Graubereich aufzuhellen und für fachlich sinnvolle und kontrollierbare Qualitätsstandards zu öffnen.

2 Zwangsmomente in der Familienerziehung: Warum und wie Zwangsmomente „Bildungsimpulse" darstellen können

von Mathias Schwabe

Bisher haben wir dargelegt, dass Eltern auf zwei verschiedene Weisen Zwang gegenüber ihren Kindern anwenden können, je nachdem, auf welches Mittel sie sich dabei stützen: Sie können ihre Kinder auf Grund ihrer körperlichen Überlegenheit zwingen, indem sie z. B. das Kind, das weglaufen will, festhalten oder ihm etwas gegen seinen Willen abnehmen. Dies nannten wir *körpergestützten Zwang*. Sie können das Kind aber auch auf Grund eines Zugriffs auf seine „Seele" zwingen, indem sie ihm ihre zuverlässige Präsenz entziehen und ihm auf diese Weise seine Abhängigkeit von ihnen vor Augen führen bzw. es damit einer existenziellen Form von Angst überlassen. Dies bezeichneten wir als **angst- oder verunsicherungsgestützten Zwang**. Ob diese Begriffe die richtigen Ausdrücke für das komplexe Geschehen sind, werden wir noch sehen.

Trotz dieser analytisch wichtigen Unterscheidung sollte man sich die beiden Zwangsformen vom inneren Erleben her nicht allzu getrennt vorstellen. Hat ein Kind beide Formen erlebt, so dürften sie sich in seiner Erinnerung vermischen: Sofort und direkt ausgeübter körperlicher Zwang, angekündigter körperlicher Zwang, der dann eventuell gar nicht ausgeführt wird und angst- bzw. verunsicherungsgestützter Zwang dürften sich im Lauf der Zeit zu einem Komplex von Zwangserfahrungen verdichten. Auf welch unterschiedliche Weisen man jeweils gezwungen wurde, spielt in diesem Komplex sicher eine Rolle. Aber das Gezwungen-Werden an sich dürfte entscheidender sein. Deswegen gibt es wahrscheinlich auch das eine Wort Zwang für die verschiedenen mit ihm assoziierten Formen.

Wir bezeichneten die Anwendungssituationen von Zwang im Rahmen der Familienerziehung als *Zwangsmomente*, weil diese wie Bäume oder Berge in eine „Landschaft" eingebettet sind, die noch aus vielen anderen Elementen bestehen kann und sollte. Was bisher unausgeführt blieb, ist die Frage, ob Zwang einen erzieherischen Anspruch erheben darf. Damit wäre die Idee verbunden, dass Zwang unter bestimmten Umständen in der Lage ist, Bildungs- und Entwicklungsimpulse zu vermitteln (Schäfer 1992 und 2005). In vielen Situationen wenden Eltern Zwang aus sehr viel schlichteren Motiven an: Sie wollen das eigene uneinsichtige Kind vor Gefahren schützen oder einen in ihren Augen unproduktiven Konflikt beenden, für dessen Lösung ihnen in diesem Moment keine andere Idee einfällt. Zwang kann das eine Mal eine Schutzfunktion beanspruchen und das andere Mal eine Verlegenheitslösung darstellen, die aus Mangel an Kreativität, vielleicht sogar auf Grund der eigenen Bequemlichkeit ergriffen wird. Erziehung würde demzufolge vor oder nach der Anwendung des Zwanges stattfinden, aber nicht mit dieser bzw. in ihr (Petri 1989).

Aber selbst wenn unsere Absicht aufgeht, zumindest für einige Episoden eine erzieherische und entwicklungsfördernde Funktion von Zwang im Rahmen der Familienerziehung nachweisen zu können, ist damit noch lange nicht gesagt, dass diese Funktion auch für die institutionalisierten Formen von Zwang gelten kann, die wir *Zwangselemente* nannten. Wenn Zwangsmomente in der Familie in eine spezifische entwicklungsförderliche Gesamtatmosphäre eingebettet sein müssen, um konstruktiv wirken zu können, so stellt sich die Frage, ob Heime als Institutionen auf Grund ihrer prinzipiell anderen organisatorischen Verfasstheit in der Lage sind, die gleiche oder eine ähnliche Einbettung zu gewährleisten, oder ob sie eigene Formen der Rahmung erfinden können bzw. müssen, damit die Zwangselemente bei ihnen gut aufgehoben sind. Dieser Fragestellungen werden wir im dritten Kapitel nachgehen.

2.1 Analyse von Erziehungsepisoden mit Zwangsmomenten

Vier Fallbeispiele sollen uns helfen, das erzieherische Potential von Zwangsmomenten in der Familie noch besser kennen zu lernen:

Beispiel 1: Ein zehn Monate altes Kind befindet sich auf dem Arm der Mutter oder des Vaters. Es greift immer wieder mit seiner Hand an die Wange des Elternteils und krallt dort hinein. Diese Bewegung ist für das Kind mit einer gewissen, lustvollen Erregung verbunden, für die Eltern ist sie sehr schmerzhaft. Die Eltern sagen erst: „Aua, das tut weh!“ oder sie sagen „Klaus, nein, hör auf!“, aber das Kind reagiert nicht darauf. Im Gegenteil: Es scheint, dass der Ausdruck von Schmerz in der Stimme der Eltern seine Lust am Krallen noch steigert.

Auch Versuche, das Krallen in ein Spiel umzuwandeln, z. B. indem die Eltern sanft in die Wange des Kindes kneifen, um ihm zu zeigen, dass man diese Bewegung wechselseitig und zärtlich ausführen könnte, bringen keinen Erfolg. Die Eltern gehen dazu über, nach dem ersten Krallen, das sie laut mit „Aua, nein!“ kommentieren, die Hand des Kindes kurz fest zu halten. Das Kind wehrt sich gegen das Festhalten seiner Hand und kommentiert dieses mit ärgerlichen Lauten. Es entspinnt sich ein kurzer Kampf, das Kind versucht seine Hand loszureißen, die Eltern halten die Hand fest und wiederholen häufig noch einmal das Wort „Nein“. Am Ende des kurzen Ringens (nach 60–90 Sekunden) scheint das Kind die Überlegenheit der Erwachsenen zu akzeptieren. Lassen die Eltern die Hand wieder los, kann es sein, dass das Krallen unterbleibt und eine neue Interaktionssequenz mit einem ganz anderen Thema beginnt.

Manchmal setzt das Kind aber das Krallen fort, häufig mit einem gewissen Funkeln in den Augen. Die Eltern erleben das Kind in solchen Momenten wie getrieben, aber es bleibt offen, ob es das Krallen ist, das so lustvoll ist, dass das Kind nicht von ihm lassen kann, oder ob das Kind sich gegen die Vorstellung wehrt, sich begrenzen lassen zu müssen. In solchen Momenten setzen die Eltern das Kind auf den Boden und wiederholen: „Nein, nicht krallen!". Das Kind hat nun keine Chance mehr dazu, weil sich die elterliche Wange außerhalb der Reichweite seiner Hände befindet. Zudem wird es dabei von dem unmittelbaren Körperkontakt mit den Eltern getrennt und in eine räumliche Position gebracht, in der es sowohl die Erwachsenen als getrennte Gegenüber wahrnehmen kann, als auch deren ganze Größe oder, wenn man so will, die eigene Kleinheit. Meistens quittiert das Kind dieses Auf-den-Boden-abgesetzt-Werden mit lautem Quengeln oder sogar mit Weinen, es streckt seine Arme aus, will wieder auf den Arm genommen werden, aber die Eltern verweigern das. Das Kind bleibt dann quengelig, einige Male zeigt es auch Anzeichen von Wut, so fuchtelt es beispielsweise rhythmisch mit seinen Händen, wobei nicht ganz klar ist, ob es das mit der Intention, zu schlagen, unternimmt oder nicht. Später, als es das Abgesetzt-Werden als Maßnahme bereits kennt, wehrt es sich dagegen, in dem es sich mit seinen Armen am Körper festklammert, so dass die Eltern eine gewisse Kraft aufbringen müssen, um es aus ihren Armen zu „reißen".

Häufig bieten die Eltern dem Kind nach dem Absetzen etwas zum Spielen an. Sie zeigen ihm einen Baustein oder ein Stofftier, und nach einer kurzen Weile entwickelt sich ein neues Thema.

Nach circa vier bis sechs Wochen, in denen das Krallen beinahe ohne Unterbrechung alle zwei bis drei Tage und an diesen mehrfach geschehen ist, wird das Krallen des Kindes einerseits seltener und lässt sich andererseits leichter steuern. Wenn man es nach dem ersten Festhalten loslässt, krallt es nicht wieder oder berührt zwar noch die Wange der Mutter, aber auf eine sanftere Art und Weise. Dabei schaut es konzentriert auf seine Hand und die Wange, als beobachte es das Aufeinanderstoßen dieser beiden Körperteile mit Spannung. Die Berührung erfolgt wie probeweise. Diese Beobachtung macht allerdings nur die Mutter. Nach weiteren drei bis vier Wochen verschwindet das Krallen ganz.

Ungefähr zur selben Zeit entwickelt sich ein neues Spiel mit dem Vater: Beide spielen Hunde, die abwechselnd in ein Kissen beißen und dieses möglichst wild schütteln, wie das ein Hund z. B. mit einem apportierten Hasen macht. Woher das Kind dieses Bild bezieht oder ob es eine Handlung ist, die es beim Vater gesehen und von diesem, wenn auch mit Bedeutungswandel, abgeschaut hat, bleibt unklar (Schäfer 1989).

Was haben die Eltern getan?

- Sie haben Zwang ausgeübt, indem sie das Kind mit Hilfe ihrer körperlichen Überlegenheit gehindert haben, seinen Willen auszuführen: Zuerst wurde nur die Hand festgehalten, die krallen wollte. Später wurde das sich anklammernde Kind aus den Armen der Eltern gelöst und in eine andere räumliche Position gebracht als es wollte.
- In der Ausführung des Zwanges waren die Eltern zugleich entschieden wie auch vorsichtig: Sie haben konsequent darauf geachtet, sich selbst nicht weh tun zu lassen, haben aber auch versucht, dem Kind so wenig Schmerzen als möglich zu bereiten.
- Die Eltern haben einen Dreischritt eingeführt: Zuerst kommt die verbale Begrenzung („Nein"), dann die körperliche Begrenzung im Nahbereich (Festhalten der Hand), das Nein wird wiederholt, dann erfolgt u. U. eine weitere Distanzierung (das Kind wird abgesetzt). Mit dieser räumlichen Distanzierung wird dem Kind zugleich deutlich, dass die Eltern bei der Regulierung von Nähe und Distanz das letzte Wort haben, und ihm somit auch seine Abhängigkeit vor Augen geführt.
- Zwischen jedem dieser Schritte wird ausprobiert, ob das Kind das „Nein" akzeptieren kann. Dem Kind wird nach jedem Akt des Zwingens die Möglichkeit zur Selbststeuerung gegeben. Nur wenn diese nicht erfolgt, setzt eine weitere Fremdsteuerung ein.
- Nach einer gewissen Zeit, in der das Kind einige Male gezeigt hat, dass es auf die erste Begrenzung reagiert, gibt ihm die Mutter die Chance, ihre Wange zu berühren, auch wenn das Risiko erneut gekrallt zu werden, besteht. Die Mutter setzt sich diesem Risiko aus, das Kind probiert in der Nähe der Wange aus, wie gut es sich selbst beherrschen kann.

Wenn man das Beispiel mit psychoanalytischen und erziehungswissenschaftlichen Augen betrachtet, finden dort in zweierlei Weise Lernprozesse statt (Köckeritz 2004, 26ff; Schäfer 1989 und 2005):

1. Entwicklungspsychologisch betrachtet, sind sadistisch gefärbte Handlungen von Kleinkindern „normal": Sie sind fast bei jedem Kind zu beobachten. Man kann davon ausgehen, dass aggressive und libidinöse Impulse bei kleinen Kindern eng verbunden sind und sich erst ein Stück weit entflechten müssen. Das kleine Kind muss lernen, seine wilden und rücksichtslosen Liebesäußerungen in sozial annehmbare Formen zu bringen (Winnicott 1996, 112ff und 132ff). Die Eltern bestehen in diesem Beispiel darauf, dass die sadistische Komponente unterdrückt werden muss, aber sie bleiben ihrem Kind weiter in Liebe verbunden und zeigen ihm Alternativen für die Gestaltung dieser Be-

ziehung. Damit leisten sie einen Beitrag zur Zivilisierung ihres Kindes. Freilich bleibt offen, welches weitere Schicksal die sadistischen Impulse nehmen, denn sie wurden ja zunächst „nur" unterdrückt. Mit dem Hundespiel scheint sich eine weitere Entwicklung abzuzeichnen. Die eigene aggressive Energie wird mit dem Beißen von Hunden verbunden und wird in den Rahmen eines Spieles transformiert. Das Spiel, das eine Verbindung von innerem Impuls und äußerer Welt (hier: die Hunde, das Kaninchen und die Jagd) ermöglicht, bietet eine Form, diese Impulse zu leben, ohne dass damit jemandem wehgetan wird (Schäfer 1984; Schwabe 2001a, 255ff).

2. Zugleich sind Kinder in diesem Altern noch nicht in der Lage, einen Handlungsimpuls selbst zu kontrollieren. Impuls und Handlung sind häufig noch eines. Insofern findet über einen Zeitraum von vier bis sechs Wochen ein Lernprozess in Bezug auf das Thema Kontrolle statt. Anfangs will das Kind seinen Impuls ausleben und erfährt Fremdkontrolle. Diese verhindert nicht nur seine Handlungen, sondern schränkt auch sein alterstypisches Omnipotenzgefühl ein. Sein illusionäres Autonomiegefühl wird beschnitten, es erfährt Ohnmacht in Bezug auf das Ausagieren des Impulses, vielleicht auch auf das Durchsetzen-Können seines Willens. Zugleich erlebt es aber auch, dass die Eltern ihm die eigene Kontrolle über seine Impulse zutrauen. Zu Beginn des Prozesses stellt das wahrscheinlich eine Überforderung dar. Das Kind kann dem Impuls, zu krallen, alleine nicht widerstehen (Winnicott 1983, 91ff; Winnicott 1996, 132ff und 176ff). Und doch scheint Selbstkontrolle eine attraktive Alternative zu Zwang von außen darzustellen. Schritt für Schritt übernimmt das Kind mehr an Selbststeuerung: Zuerst reicht ein erstes Festhalten, später ein entschiedenes „Nein" direkt nach dem Krallen, damit es damit aufhört. Am Ende kann das Kind den Impuls zwar noch spüren, wenn es mit der Hand über die Wange der Mutter fährt, aber kann ihn ganz alleine beherrschen. Das Kind tauscht in diesem Prozess Triebbefriedigung gegen die Freude an der Erweiterung seiner Autonomie gegenüber inneren Impulsen ein (Winnicott 1974, 184f; Winnicott 1983, 176ff).
3. Das Kind begegnet in den oben beschriebenen Szenen einem erzieherischen Grundmuster: „Nein" meint Nein. Wenn es sich über die verbale Begrenzung hinweg setzt, muss es mit weiteren, einschneidenderen Interventionen rechnen. Kein Kind kann das am Anfang wissen und abschätzen. Deswegen ist es so wichtig, dass die Eltern das „Nein" in einer klaren und verbindlichen Weise einführen und mit Hilfe anderer Interventionen absichern. Für ein Kind, welches das „Nein" auf diese konsequente Weise erfahren hat, schwingen später in einem einfachen verbalen „Nein" all die anderen Interventionen mit. Es kann

sich dann an das erste verbale „Nein" halten, ohne jedes Mal die ganze Kette der Konsequenzen erfahren zu müssen.

Die beschriebenen Entwicklungen macht das Kind selbst. Die Eltern geben ihm dazu lediglich Bildungsimpulse. Diese resultieren aus einer komplexen Kette miteinander verknüpfter Handlungen:

- Die Eltern begrenzen klar und schrecken auch vor körperlichem Zwang und räumlicher Distanzierung nicht zurück.
- Sie eröffnen Wahlmöglichkeiten („Willst du oder sollen wir dich begrenzen?" und „Komm, lass uns lieber dieses Spiel machen als weiterkämpfen bzw. weiterquengeln").
- Zum Dritten bleiben die Eltern ihrem Kind zugewandt und nehmen ihm seine Handlungen nicht übel.
- Viertens – aber das bleibt recht hypothetisch – regt der Vater das Kind im gemeinsamen Spiel dazu an, ein „funktionales Äquivalent" für seinen sadistischen Impuls zu entwickeln: nicht mehr die Wange der Mutter muss jetzt attackiert werden. Es reicht aus, in ein Kissen zu beißen und dieses zu behandeln wie ein erbeutetes Tier (wobei das die Phantasie des Vaters ist; welche Phantasien das Kind mit diesem Spiel verbindet, wissen wir nicht).

Aufgaben wie die oben beschriebenen stellen sich allen Eltern kleiner Kinder und können auch rasch entgleisen. Das passiert vor allem, indem die Eltern das Kind zu schmerzhaft begrenzen, ihm keine Chance zur Selbstkontrolle bieten, sondern sich sofort und länger als nötig von ihm distanzieren und/oder sich auch innerlich von ihrem Kind abwenden, weil sie es als böse erleben. Genauso falsch ist es, wenn Eltern den Handlungen ihres Kind zu wenig Kraft entgegensetzen, Emotionen von Ärger und Hilflosigkeit unterdrücken, damit häufig aber auch ihre positiven Gefühle. Dies wiederum kann zu eruptiven Wutausbrüchen mit unkontrollierten Handlungen (mit anschließenden Schuldgefühlen) und/oder zu resignativem Rückzug führen.

Wie man sieht, bedarf es zu einer konstruktiven Ausübung von Zwang einer Verknüpfung desselben mit der Möglichkeit zur Mit- bzw. Selbstbestimmung innerhalb eines Rahmens von sicherer Zuwendung und innerhalb einer spielerischen Weiterbehandlung des Themas, das eine Verschiebung des ursprünglichen Impulses erlaubt. Insofern stellt die konstruktive Anwendung von Zwang eine komplexe Erziehungsfigur dar. Schenkt man den Berichten aus Kindergärten und Schulen Glauben, wird diese von vielen Eltern zuverlässig geleistet, von einer größer werdenden Zahl aber nicht. Immer mehr Kinder scheinen bereits im Kindergartenalter Gewaltpräventionsprogramme zu benötigen, um in ihrer emotionalen und sozialen Entwicklung weiter zu kommen (Lösl/Bender 1998, 25ff); immer mehr Eltern benötigen Beratung, wie sie ihren Kindern in angemessener Form Grenzen setzen können. Dennoch haben die Eltern des oben beschriebenen Kindes bei ihren Handlungen nicht lange nachgedacht, sondern diese relativ spontan aus der Situation entwickelt. Und schon gar nicht haben sie damit die Entwicklungsprozesse intendiert, die wir als möglich unterstellt haben. Die Anwendung von Zwangsmomenten gerade gegenüber kleinen Kindern scheint in der Familienerziehung noch immer überwiegend selbstverständlich und unbeachtet zu verlaufen. Die Eltern machen sich in der Regel nicht klar, dass sie ihren Kindern Zwang antun: Das Festhalten der Hand nennen sie nicht „körperliche Überwältigung" und das Weggehen vom Spielplatz reflektieren sie nicht als „ein Spielen mit den existenziellen Ängsten des Kindes". Ebenso wenig machen sie sich klar, dass sie damit einen Beitrag zur Entwicklung ihres Kindes oder zum Fortbestand der Zivilisation leisten. Und doch haben die frühen Anwendungen solcher Zwangsmomente – ob sie nun konstruktiv verlaufen oder destruktiv – einen großen Einfluss auf die Entwicklung des Kindes, und sind integraler Bestandteil der Erziehung in der Familie.

Beispiel 2: Zwei Brüder, sechs und vier Jahre, toben durch das Wohnzimmer. Aus einem ruhigen Spiel mit Legosteinen hat sich nach und nach ein wildes Rennen durch den Raum entwickelt, bei dem sie sich mit Legosteinen bewerfen. In ihrer Phantasie sind die Jungen Roboter, die aufeinander schießen. Im Eifer des Gefechts ist eine Blumenvase umgekippt, das Wasser rinnt über den Teppich, mehrere Polster wurden vom Sofa genommen und dem Verfolger als Hindernisse in den Weg geworfen. Statt einzelne Legosteinchen wie zu Beginn werden inzwischen größere Teile von Legohäusern und mitunter auch Bauklötze geschleudert. Noch macht beiden das wilde Spielen Spaß, aber es ist abzusehen, dass es bald zu einem tränenreichen Ende kommen wird. Der Vater steht in der Küche und kocht. Er hat den Lärm zwar wahrgenommen, ihm aber nicht sofort Beachtung geschenkt. Als er in das Wohnzimmer tritt, nimmt er sowohl die Erregung als auch die Unordnung wahr. Er ruft: „Tom, Hannes, jetzt ist genug mit Toben, es gibt gleich Essen." Die Jungen schauen kurz auf, ignorieren ihn aber dann und setzen das Rennen und Werfen fort. Der Vater steigert die Lautstärke: „Hannes, Tom! Stopp, jetzt wird aufgeräumt und dann gibt's Essen." Der jüngere lässt das Kissen in seiner Hand sinken und wendet sich dem Vater zu. Der ältere ruft „Ach, nee! Keine Lust!" und wirft aus einer Deckung heraus weiter. Das Legoteil sollte wohl den Bruder treffen, trifft aber den Vater. Es tut nicht weh, aber ist doch spürbar unangenehm. Der Vater geht zu ihm hin: „Hannes, jetzt hör auf! Bitte!" Hannes hebt den Arm und will ein weiteres Teil auf den Bruder werfen, wohl in der Hoffnung, ihn wieder in das durch den Vater unterbrochene Spiel hineinziehen zu können. Der Vater greift nach ihm, aber Hannes entwindet sich ihm und läuft weg. Es scheint, dass er das Eingreifen des Vaters als eine Fortsetzung des Spiels auf einer anderen Ebene sieht, denn er ruft: „Fang mich doch!“ Dabei blitzen seine Augen herausfordernd, zumindest erlebt der Vater das so. Der Vater hat ihn mit zwei Schritten eingeholt und hält Hannes an beiden Oberarmen fest. Hannes wehrt sich gegen den Zugriff des Vaters. Sein ganzer Körper bäumt sich auf und stemmt sich dem Vater entgegen, mit seinen Händen fuchtelt er relativ unkontrolliert durch die Gegend. Einmal tritt er auch mit dem Fuß nach dem Bein des Vaters. Der Vater zwingt ihn mit seinem Griff auf den Boden, so dass beide – Vater und Sohn – voreinander knien. Der Vater hält Hannes, der sich weiter wehrt, fest, schaut ihn direkt an und sagt: „Hannes, jetzt ist wirklich Schluss. Ist das klar?“

Hannes ruft trotzig und mit abgewandtem Kopf: „Nee!“ Der Vater verstärkt den Griff an den Armen des Sohnes und spricht Wort für Wort: „Jetzt – ist – Schluss!“ Die Stimmung bei Hannes schlägt um, sein Körper wird schlaff, er wendet sein Gesicht noch weiter ab. Er schaut beleidigt, Tränen schimmern in den Augen. Der Vater lässt ihn los. Hannes rollt sich zur Seite in den Schutz eines Sofas und sagt: „Blöder Papa, Arschloch“. Der Vater hört die Beleidigung und lässt sie unkommentiert stehen. Er beginnt, Sofas gerade zu rücken, hebt die Blumenvase auf und geht in die Küche. Nach wenigen Minuten kommt er wieder mit dem Mittagessen. Hannes liegt noch immer im Schutz des Sofas. Der Vater geht zu ihm hin und sagt freundlich: „Hannes, komm jetzt ist gut!“ Der jüngere Sohn und der Vater beginnen, zu essen. Der jüngere Sohn ruft noch einmal nach Hannes. Nach kurzer Zeit kommt Hannes an den Tisch und beginnt, zu essen. Anfangs zeigt er sich noch beleidigt, langsam entspannt sich die Stimmung und am Nachmittag gehen alle drei gemeinsam ins Schwimmbad, wo sie einen schönen Nachmittag verbringen.

Was hat der Vater getan?

Viele der Elemente aus dem ersten Beispiel wiederholen sich hier wie z.B. die erfolglose verbale Begrenzung, welcher der physische Zwang nachfolgt, oder die Kombination aus körperlicher Begrenzung und räumlicher Kontrolle, die der Vater ausübt. Betonen möchte ich zwei neue Elemente:

- Zur Durchsetzung seines Willens muss der Vater Kraft aufbieten, und zwar stufenweise mehr und mehr, weil der Sohn nicht hört. So gerät er in einen körperlichen Kampf mit seinem Sohn. Von der Dynamik her handelt es sich um eine Eskalation, die auch auf der Seite des Vaters mit Erregung und Ärger, wenn nicht sogar Wut verbunden sein dürfte. Beide spornen den Vater dabei an, sich durchzusetzen; zugleich muss er aber auch seine eigenen Gefühle und Handlungen kontrollieren, um dem Jungen nicht mehr wehzutun als nötig. Hierin dürfte der entscheidende Unterschied zwischen konstruktivem Zwang und Gewalt liegen.

- Der Vater setzt zwar für eine kurze Zeit die vollständige körperliche Kontrolle über den Sohn durch, aber er nimmt an anderen Stellen seine Gegenwehr hin: Hannes beleidigt ihn und kommt auch nicht gleich zum Essen. Zwang wird also zugleich in massiver Weise angewandt wie auch begrenzt, also nicht zum Interaktionsprinzip erhoben. Es bleibt bei einem ersten Zugriff mit Zwang, auch wenn der Junge sich in anderer Hinsicht weiterhin unfolgsam zeigt.

Inwiefern finden hier Lernprozesse statt?

Auch in diesem Beispiel geht es um die Kontrolle der eigenen lustvollen Erregung, die dem jüngeren Sohn auf die zweite, etwas lautere Intervention des Vaters hin gelingt, dem Älteren dagegen nicht. Warum das so ist, wissen wir nicht. Vielleicht ist der Jüngere dem Älteren bezogen auf Erregungskontrolle überlegen, vielleicht gibt es beim Älteren aber auch noch eine andere Dynamik, in die sein Nicht-Hören eingebunden ist.

1. Ein beiläufiger Lernprozess könnte darin bestehen, dass der Jüngere am Beispiel des Älteren sieht, wann und wie von Seiten des Vaters Zwang angewandt wird. Die Beobachtung der dramatischen Szene dürfte dazu führen, dass der Jüngere auch in Zukunft eher auf die Vorgaben des Vaters hört, es sei denn, es reizt ihn, mit dem Vater in einen ähnlichen Kontakt zu kommen wie der Bruder. Zumindest weiß er dann, was ihn erwartet. Wie man an diesem Beispiel sieht, müssen Kinder nicht unbedingt Zwang am eigenen Leib erleben. Gerade in Geschwisterzusammenhängen bietet sich häufig die Gelegenheit, am Beispiel der anderen zu lernen.
2. Für den älteren Sohn könnte es um Lernprozesse auf zwei Ebenen gehen. Zum einen scheint er seinen Vater nicht gleich zu verstehen. Er entwindet sich ihm nach dem ersten Zugriff und ruft „Fang mich doch", so als könne das Spiel einfach weitergehen. Es kann sein, dass er die deutlichen Signale des Vaters nicht wahrnimmt oder nicht richtig interpretiert. Vielleicht ist er tatsächlich vom Einsetzen des Zwangs überrascht und hat diesen nicht voraus gesehen. Insofern könnte ihn das darauf folgende Zwangserlebnis dazu anregen, in Zukunft genauer zu beobachten, wie die Ansagen in solchen Begrenzungssituationen lauten bzw. wie es klingt, wenn es ernst wird. Dieser Lerneffekt würde sicher noch zuverlässiger eintreten, wenn der Vater mit ihm die Situation nachbespricht und klärt, ob und warum Hannes den Ernst der Lage nicht begriffen hat und was ihm in Zukunft helfen würde, besser zu hören.

3. Es könnte aber auch sein, dass Hannes so in die Dynamik des Spiels involviert war, dass er dieses nicht alleine beenden konnte. Spiel kann mit unterschiedlichen Graden von Erregung verbunden sein, die übermächtig werden kann und Kinder übermütig werden lässt (Winnicott 1976, 34). Insofern könnte der Ausgang der obigen Szene nur eine weitere Niederlage von Hannes im Umgang mit (Über-)Erregung darstellen. Damit wäre noch nichts gelernt, aber zumindest ein Lernfeld markiert, das über die Situation hinaus weiter bearbeitet werden muss. Das gilt für den Vater, auf dessen Unterstützung Hannes angewiesen ist, mindestens genauso wie für den Sohn.
4. Als wahrscheinlichste Möglichkeit sehe ich eine dritte: Hannes ist sich seiner wachsenden Fähigkeiten und damit auch Macht bewusster als der kleine Bruder. Er kann mehr als dieser (z. B. Fahrrad fahren), darf mehr als dieser (z. B. alleine zum Briefkasten) und besitzt die interessanteren Spielsachen (z. B. Lego-Technik), was der jüngere Bruder immer wieder neidvoll eingestehen muss. Die Eltern unterstützen das Gefühl des Großseins durchaus und gewähren Hannes manches Privileg, achten aber darauf, dass daraus keine Nachteile für den Jüngeren entstehen. Trotzdem gerät Hannes ab und zu in einen Machtrausch. Auch über die Familie hinaus probiert er gerne seine Macht über andere Kinder aus und versucht, diese zu dominieren. Das gilt in letzter Zeit auch für seinen Umgang mit den Eltern. Es scheint, dass Hannes nicht mehr ohne Weiteres akzeptiert, dass die Eltern ihm etwas zu sagen haben. Diese Frage war eine ganze Zeitlang klar entschieden. Aber offensichtlich stellt sie sich mit jeder Entwicklungsstufe neu. Was zur Debatte steht, ist die prinzipielle Anerkennung des Machtüberhanges der Erwachsenen, denen sich ein Kind – zumindest wenn das dringend verlangt wird – unterordnen können soll. Am Anfang gilt das relativ total, aber selbst bei einem 5-Jährigen besteht die Erwartung, dass er zumindest grob prüft, ob das, was der Erwachsene verlangt, auch vernünftig ist. Schon Kinder, die bald in die Schule kommen, müssen in der Lage sein, Fremden gegenüber auf der Straße oder auf einem Spielplatz den Gehorsam zu verweigern, wenn diese etwas „Schlechtes" verlangen. Diese Einschränkung zeigt, warum die prinzipielle Anerkennung der Vormachtstellung der Erwachsenen immer wieder verhandelt werden muss: Sie darf mit wachsendem Alter immer weniger als reiner Gehorsam, sondern muss auch mit Elementen der Überprüfung und der aktiven Entscheidung einhergehen. Noch dazu will auch ein 5-Jähriger bereits nicht nur anerkennen, sondern auch selbst anerkannt werden. Deswegen dürften *Kämpfe um Anerkennung* bereits für dieses Alter zentral werden (Benjamin 1990, 39ff; Honneth 1994, 158ff). Diese beginnen mit einer Verweigerung auf Seiten des Kindes, die nicht immer, aber immer wieder eine klare Begrenzung – notfalls

> auch in der Form von Zwang – nach sich ziehen muss, damit das Kind nicht in einen illusionären Machttaumel gerät. Mit der Begrenzung erfährt das Machtgefühl des Kindes einen starken „Dämpfer"; dieser darf auf der anderen Seite auch nicht so brachial und total erfolgen, dass das Kind in seiner eigenen Wahrnehmung als vollständiger Verlierer aus dem Machtkampf hervorgehen muss. Dafür sorgt der Vater dadurch, dass er Hannes auch im Konflikt Spielräume für Eigenes und Eigensinniges lässt. Hannes wendet den Kopf ab; er will nicht, dass der Vater sein beleidigtes Gesicht und die Tränen, mithin seine ganze Demütigung sieht. Der Vater tut gut daran, gerade den Kopf und das Gesicht nicht auch noch kontrollieren zu wollen. Er darf seinen Vater „Arschloch" nennen, ohne dass dies zu weiteren Konsequenzen führt. Und er darf selbst bestimmen, wann er zum Essen an den Tisch kommt. Alle drei Zugeständnisse ändern nichts daran, dass sich der Vater durchgesetzt und den Anspruch auf Gehorsam bekräftigt hat. Aber sie erlauben Hannes, sich trotz seiner Niederlage halbwegs souverän zu fühlen: Er hat niemanden die Tränen sehen lassen, er hat es gewagt den Vater zu beleidigen, er kommt zum Essen, wann er will. Im Kampf um Anerkennung kommt es auf Seiten der Erwachsenen darauf an, punktuell und exemplarisch Anerkennung zu fordern oder auch zu erzwingen, zugleich aber auch Anerkennung zu geben, d. h. an einem oder zwei Konfliktpunkten über den eigenen Schatten zu springen. Auf Seiten des Kindes geht es darum, den prinzipiellen Machtüberhang der Erwachsenen hautnah zu erfahren und trotz aller Kränkung, die das bedeutet, das eigene Selbstbewusstsein zu retten.

Bedenkt man zusätzlich, dass Hannes bald in die Schule kommt, so ist es von großer Bedeutung, dass er den Kampf um Anerkennung zu Hause mit seinem Vater auskämpfen kann und dass dieser dort zu einer guten Lösung kommt. Das bewahrt Hannes zunächst davor, diesen Kampf mit Lehrern oder Hortpädagogen führen zu müssen. Deshalb kann er sich und seine Energien dank der Anerkennungskämpfe innerhalb der Familie außerhalb voll auf das Lernen und Mitmachen konzentrieren. Mit anderen Worten: Er begegnet den fremden Menschen und Weltdingen in Schule und Hort zunächst auf der Grundlage eines abgeklärten „Kampfes um Anerkennung". In späteren Phasen wird er auch die Personen der Außenwelt verwickeln müssen und wollen, aber das muss nicht in dieser Phase sein.

Wenn Hannes das nächste Mal auf das „Stopp" des Vaters hört, wird er es aller Voraussicht nach mit gemischten Gefühlen tun. Ein Gefühl ist sicher auch die Angst vor einer erneuten Kränkung, die er mit seiner Weigerung und dem anschließenden Gezwungen-Werden riskieren würde. Hannes wird nicht zuletzt gehorchen, weil er eine erneute Niederlage vermeiden will, auch wenn ihm der Vater Reste von Autonomie und das

Recht auf Wut und Hass bewusst gelassen hat. Mit dieser Angst rückt die oben geschilderte Form des Zwanges in die Nähe dessen, was wir einen Zugriff auf die Seele des Kindes oder das Spielen mit Gefühlen der existenziellen Abhängigkeit genannt haben.

Beispiel 3: Die Situation betrifft ein knapp 3-jähriges Mädchen, das sich mit seinen Eltern auf einem öffentlichen Spielplatz befindet. Es hat bereits etwa eine Stunde im Sandkasten gespielt, mit ein paar Kontaktaufnahmen zu anderen Kindern, aber überwiegend alleine und ohne häufige Rückversicherung zu den Eltern, die auf einer Bank saßen und zuschauten. Das Kind hatte bereits zwei Verlängerungen des Spielplatzbesuches durchgesetzt und wollte auch das dritte Mal nach mehreren Aufforderungen nicht mit den Eltern mitkommen. Beide Eltern fühlten sich ihrem Kind gegenüber in wachsender Weise hilflos, aber auch ärgerlich. In voran gegangenen Situationen hatte der Vater oder die Mutter das Kind irgendwann ergriffen und vom Platz getragen, also körperlichen Zwang angewandt. Dabei strampelte das Kind heftig und wehrte sich gegen diese Form des Transportes gegen seinen Willen. Erst nachdem der Spielplatz außer Sichtweite war, beruhigte es sich langsam. Auf diese anstrengende Prozedur haben die Eltern an diesem Tag keine Lust. Zugleich fühlen sie sich von ihrem Kind herausgefordert. Am meisten ärgert sie, dass es mit seinem Verhalten beansprucht, über sie und ihre Zeit verfügen zu können. Sie beraten, was eine Alternative sein könnte. Nach einem letzten Versuch, das Kind „im Guten" zum Mitkommen zu bewegen, verlassen die Eltern den Spielplatz, wenn auch unter lauten Rufen und freundlichem Winken, so dass das Kind ihren Abgang und auch die Richtung desselben verfolgen kann. Das Kind ignoriert sie jedoch. Während die Eltern weggehen, schaut es nicht auf. Bestenfalls beobachtet es sie aus den Augenwinkeln. Wie die Eltern aus einem nahen Gebüsch sehen, spielt das Kind noch einige Minuten weiter mit dem Sand und seinem Schäufelchen, stockt dann, seufzt tief, spielt weiter, sieht sich sitzend in zwei, drei Richtungen um, kann die Eltern nicht sehen, erhebt sich, macht ein paar orientierungslose Schritte erst in diese, dann in jene Richtung und fängt jämmerlich zu weinen an. Noch bevor die Eltern auf den Spielplatz zurückgeeilt sind, haben sich zwei andere Mütter des weinenden Kindes angenommen. Aus deren Armen übernehmen die Eltern ihr Kind, das sie auch sofort wahrnimmt, und trösten es. Es lässt sich ohne Protest vom Spielplatz tragen, weint aber noch einige Minuten lang mit – wie die Eltern es einschätzen – einer Mischung aus tiefem Erschrockensein und Wut, aber ohne dass diese wie sonst zu Attacken gegen die Eltern führen würde.

Was tun die Eltern? Was geht in ihnen vor?

- Zunächst lassen sie ihr Kind alleine spielen und akzeptieren, dass dieses sie nicht braucht. Nach den Aussagen der Eltern freuen sie sich durchaus an dessen wachsender Selbstständigkeit, weil diese auch ihnen neue Spielräume eröffnet. Allerdings führt diese Lust an der eigenen Selbstständigkeit auch zu Konflikten, die nach dem Eindruck der Eltern eine klare Grenzsetzung erforderlich machen. Mit *körpergestütztem Zwang* haben sie bereits Erfahrungen gemacht, aber dieser erscheint ihnen keine beliebig zu wiederholende Strategie. Besonders ärgert sie, dass das Kind so kompromisslos an seinem Wunsch festhält und damit den Anspruch erhebt, über sie und ihre Zeit verfügen zu können.
- Deshalb gehen sie weg und führen ihrem Kind damit vor Augen, dass es nicht über sie verfügen kann. Dabei riskieren die Eltern einen Moment, in dem sich das Kind mutterseelenallein fühlt, oder anders: Es sieht sich einer fremden Welt ohne vertraute Anhaltspunkte preisgegeben. Es ist, als ob dem Kind damit der emotionale Boden unter den Füßen weggezogen wird. Das Kind erlebt einen Moment *existenzieller Verunsicherung*. Allerdings kommen die Eltern zurück und erlösen es aus dieser schrecklichen Situation.

Inwiefern kann man hier von einem Bildungsprozess sprechen?

Auch hier wird der Bildungsimpuls im Rahmen einer alterstypischen Entwicklungsdynamik gegeben (Köckeritz 2004, 34ff; Schäfer 2005). Das Kind experimentiert auf dem Spielplatz lange Zeit erfolgreich mit Autonomie und Selbstbewusstsein. Die Eltern, von denen es sich ansonsten oft noch abhängig fühlt, treten in den Hintergrund; das Kind genießt, dass es beim Spielen mit dem Sand niemanden braucht und sich selbst genug sein kann. Aus diesem schönen Gefühl heraus besteht es darauf, dass die Eltern ihm in einer Art Warteposition weiter zur Verfügung stehen, aber nichts Eigenes oder Abweichendes von ihm verlangen dürfen (Winnicott 1974, 106ff).

Entweder weiß das Kind noch nicht, dass sein aktuelles Gefühl der Autonomie von der zuverlässigen Präsenz der Eltern abhängt, oder aber das Kind ahnt diese Abhängigkeit, möchte sie sich aber nicht eingestehen. Dafür spricht, dass es den Weggang der Eltern ignoriert und auch seine eigene innere Beunruhigung zunächst nicht wahrhaben will oder zumindest nicht handlungsleitend werden lässt, sondern nur tief seufzt. Es ist einfacher und lustvoller sich selbst als ein vollkommen unabhängiges Wesen vorzustellen, als sich mit seinen realen, aber eben auch eingeschränkten Möglichkeiten der eigenen Unabhängigkeit zu konfrontieren.

Auf der anderen Seite führt die Illusion der eigenen weitgehenden Unabhängigkeit in eine Sackgasse; wäre sie bereits gegeben, hätte das Kind keinen Grund, weitere Schritte zu einer mit den Jahren wachsenden Unabhängigkeit zu tun. Ob aber die Konfrontation mit der eigenen realen Abhängigkeit in dieser Entwicklungsdynamik weiterführt, kann man freilich ebenso in Frage stellen. Zu früh, zu oft, zu heftig mit der eigenen Abhängigkeit konfrontiert, wird das Kind eher ängstlich werden und sich immer wieder oder länger an seine Eltern klammern wollen (Winnicott 1974, 312ff).

Wahrscheinlich wird die Entwicklung von wachsender Autonomie dadurch angeregt, dass das Kind beides erfährt: die Illusion einer weiter reichenden Selbstständigkeit als ihm momentan tatsächlich schon möglich ist *und* gelegentliche Konfrontationen mit der Realität, die es über den wahren Status seiner Entwicklung belehren. Ähnlich wie beim Kampf um Anerkennung kommt es hier also auch auf ein dosiertes Neben- bzw. Miteinander zweier gegenläufiger Bewegungen an: Eltern müssen einerseits Gelegenheiten zu Autonomie- bzw. Machtgefühlen geben und diese ermutigen, auch wenn sie gelegentlich illusionär sind, und diese zugleich auch einschränken, damit sie nicht „ins Kraut schießen" (Winnicott 1983, 276ff). Wenn sanfte Korrekturen nicht ausreichen, bedarf es zuweilen einer drastischen Demonstration der eigenen Unverfügbarkeit wie im obigen Beispiel.

Nicht alle Kinder bedürfen dieser Art von Erfahrung. Viele steuern sich selbst gut genug zwischen realitätsgesättigten Autonomieerfahrungen einerseits und selbst erkannten Einschränkungen ihres Unabhängigkeitsgefühls andererseits hindurch. Aber man darf sich nichts vormachen: Kinder, die rascher auf das Weggehen der Eltern reagieren als das Mädchen aus dem Beispiel, haben häufig einfach mehr oder schneller Angst. Auch wenn die Eltern sie nie wirklich alleine gelassen haben, reicht ihre Phantasie doch aus, sich die Situation der existenziellen Verlassenheit vorzustellen. In der Regel hat jedes Kind solche Erfahrungen in seiner Frühgeschichte irgendwann einmal erlebt und mehr oder weniger abrufbar abgespeichert. Wenn Kinder in einer Situation wie der obigen rasch und ohne erkennbaren Zwang nachgeben, dann geschieht das häufig, weil ihnen die Erfahrung des Preisgegeben-Seins innerlich näher ist.

Man könnte dieses mehr oder weniger absichtliche oder unbedachte Spielen mit den existenziellen Gefühlen des Kindes auf Seiten der Eltern grundsätzlich verurteilen. Aber auch hier kommt es darauf an, wie sicher und klar dieses spezifische Zwangsmoment in eine sonst gute Beziehung eingebettet ist. Tatsächlich gibt es viele Eltern, die aus der Demonstration der kindlichen Abhängigkeit von den Eltern eine *Erziehungstechnik* machen, die sie relativ gezielt einsetzen. Während die Eltern in dem obigen Beispiel dem Kind vor allem ihre *eigene Unverfügbarkeit* demonstrieren, gibt es andere Eltern, die ihrem Kind vor allem seine eigene *Abhängigkeit* vor Augen führen. Manche Eltern nutzen diese für sehr subtile Steuerungen, von denen man, alleine von der äußeren Beobachtung her, kaum als Zwang sprechen würde. Aber für ihre Kinder wird immer wieder für kurze Momente das innere Gefühl drohender Verlassenheit aktiviert. Diese Kinder werden, was ihre Autonomiegefühle angeht, systematisch kurz gehalten und auch, was die Qualität der Bindung betrifft, immer wieder verunsichert. Wenn sie etwas machen, das sich von den Wünschen ihrer Eltern zu weit entfernt, werden sie am emotionalen Gängelband ihrer Abhängigkeit wieder zurückgeholt. „Dann hat Mutti dich aber nicht mehr lieb", wäre so ein Satz, mit dem man diese existenzielle Verunsicherung schüren kann. Nicht umsonst hat sich dafür der Begriff *Liebesentzug* eingebürgert. Wenn dieser bewusst und systematisch eingesetzt wird, geht es dabei vor allem um die Angst der Eltern vor der Unabhängigkeit ihrer Kinder, also um die Erhaltung ihrer eigenen Macht. Dann kann man den *Liebesentzug* eine geradezu perfide Strategie nennen. Sie schwächt das Kind, indem es ihm die Freude an der Autonomie verdirbt.

Etwas anderes ist der elterliche Kampf gegen überzogene, kindliche Machtansprüche im Rahmen einer Beziehung, die prinzipiell den kindlichen Autonomiewünschen positiv gegenüber steht. Auch und gerade in solch guten Beziehungen müssen sich die Eltern immer wieder auch als widerständig und unverfügbar zeigen. Andernfalls kann das Kind kein Gefühl für die Seiten bzw. Ausschnitte der Beziehung mit den Eltern, aber auch der realen Welt gewinnen, die zumindest auch oder immer wieder Anpassung, Nachgeben und Kompromissbildungen erfordern. Die Idee, sich alle und alles verfügbar machen zu können, wäre eine Haltung und auch ein Auftrag an sich selbst, der das Kind mit Sicherheit unglücklich machen würde. Es hätte seine Grenzen nicht erfahren und damit kein zuverlässiges Fundament für echtes Selbstvertrauen gewonnen. Wenn Eltern sich zu oft und auf zu vielen Feldern für ihre Kinder verfügbar machen, täuschen sie das Kind über die wahren Machtverhältnisse hinweg. Oft vermeiden sie die möglichen oder gar nötigen Frustrationen aus Angst, dadurch die Liebe des Kindes verlieren zu können. Sie verführen es damit zu einer maßlosen Anspruchshaltung gegenüber anderen auf Grund eines illusionären Autonomiegefühls. Je länger dieses fortbesteht, um so schwerer ist es für die Kinder, darauf zu verzichten, und um so aggressiver und hartnäckiger verteidigen sie dieses gegen kritische Einschränkungen von außen, die spätestens mit anderen Kindern im Kindergarten oder mit Lehrern in der Schule auf sie zukommen.

Trotzdem kann man das Weggehen der Eltern in der oben beschriebenen Szene noch immer deswegen kritisieren, weil es dem Kind eventuell ein zu großes Maß an Alleinsein und Verunsicherung zumutet. Hätte man dieses nicht besser dosieren können? Denkbar wären als Alternativen zum

Vorgehen in der Situation z. B. ein klar angekündigtes Wieder-zurück-Kommen der Eltern („Wir gehen jetzt, aber wir kommen wieder, so lange kannst du noch spielen!") oder aber eine raschere Rückkehr, noch bevor das Kind in Panik ausgebrochen ist.

Ein Mitarbeiter im Projekt erinnerte sich an eine ähnliche Szene: Als 4-Jähriger hatte er sich nach einem Badeausflug geweigert, ins Auto einzusteigen, weil er nicht, wie schon auf der Hinfahrt, erneut in der Mitte zwischen seinen Geschwistern sitzen wollte. Der Vater war nach langem Bitten und Verhandlungsangeboten, auf die das Kind nicht eingehen konnte und wollte, schließlich weggefahren. Nach bangen Minuten kam das Auto zurück, der Vater öffnete wortlos die Wagentüre, der Junge stieg ein und musste den verhassten Platz einnehmen. Bis heute fühlt er sich angesichts dieser Szene gedemütigt – eine beinahe traumatische Erinnerung. Bei einem Gespräch konnte er allerdings klar benennen, dass es nicht die Konfliktzuspitzung war – das Wegfahren des Vaters –, an der sich dieses Gefühl in erster Linie festmacht, sondern die Art und Weise der Rückkehr bzw. des Einsteigens. Hätte der Vater z. B. das Auto um die Ecke geparkt und wäre er alleine zurück gekommen, hätte er dabei so etwas gesagt wie „Komm Junge, jetzt ist gut!" und hätte er dazu auch noch einladend die Hand ausgestreckt, so wäre es ihm seiner Einschätzung nach möglich gewesen, einzulenken, ohne dieses tiefe Verletzungsgefühl erleiden zu müssen. Die Schmach des erzwungenen Einsteigens wäre durch die persönliche Zuwendung seitens des Vaters zwar nicht vollständig kompensiert, aber doch auf ein erträgliches Maß reduziert gewesen. Dies kann als ein erneuter Hinweis darauf verstanden werden, dass auch in der Situation des Zwingens der Zwang nur einen Moment darstellen darf. Freilich wäre die Erwartung vermessen, dass dies jedes Mal gelingen könnte. Immer wieder entfaltet Zwang auch eine dramatische Härte, die nicht traumatisch wirken muss, aber so wirken kann, weswegen es realistisch ist, auf der unaufhebbaren Nähe von Zwang und Gewalt zu bestehen.

Kinder dürfen also Autonomie- und Machtgefühle genießen, müssen sie aber auch immer wieder mit den realen Macht- und Abhängigkeitsverhältnissen abgleichen lernen. Auch diese Ausbalancierung kann man nicht an einer einzigen Situation vermitteln; sie muss mit jeder Erweiterung der kindlichen Kompetenzen neu kalibriert werden. Zwei Jahre später wird das Mädchen auf dem Spielplatz sitzen bleiben und seine Eltern ohne Tränen gehen lassen. Erstens kann es sein Selbstbewusstsein auch ohne deren Rückendeckung aufrechterhalten, zweitens kann es sich inzwischen vertrauensvoll an andere Mütter wenden und diese zur Kompensierung verwenden und drittens weiß es, dass die Eltern zurück kommen.

Auch die Möglichkeiten der körperlichen Einschränkung nehmen mit den Jahren eher ab als zu. All das spricht dafür, bei den eigenen Kindern mit wachsendem Alter immer mehr auf Aushandlung und Selbststeuerung zu setzen als auf Zwang. Auch der eigene Machtüberhang muss neue Grundlagen bekommen: Er darf sich nicht nur auf die emotionale Abhängigkeit des Kindes und die körperliche Überlegenheit des Erwachsenen stützen. Mehr und mehr muss er darin wurzeln, dass die Eltern kompetente Deuter der äußeren und inneren Welt des Kindes sind und ihm Zugänge zu diesen Welten bzw. die notwendigen Kompetenzen im Umgang mit diesen vermitteln (Wolf 1999).

So wie körperlicher Zwang konstruktiv wirken oder in Gewalt umschlagen kann, so kann auch das Vor-Augen-Führen der Abhängigkeit bzw. der elterlichen Unverfügbarkeit als ein Moment einer Dynamik sinnvoll sein oder aber in psychologischen Terror umschlagen, wenn er zu oft, zu rigide oder ohne eine adäquate Einbettung praktiziert wird. Das Doppelgesicht von Zwang als konstruktives Erziehungsmittel und destruktive Gewaltausübung ist nicht aufhebbar (Honig 1992; Petri 1989). Das macht das Risiko dieses Erziehungsmittels aus. Darüber hinaus dürften die Grenzen zwischen diesen beiden Möglichkeiten schon in der Familie häufig nicht so klar zu ziehen sein, wie wir uns das wünschen würden. „Gut" zu zwingen, ist und bleibt eine schwierige Angelegenheit. Trotzdem stellt sich auch älteren Kindern oder Jugendlichen gegenüber bisweilen die Frage nach effektiven Formen der Begrenzung und demnach auch nach Einsatzmöglichkeiten für Zwang.

Beispiel 4: Der 12-jährige Bodo soll sein Zimmer aufräumen. Die alleinerziehende Mutter hat ihn schon häufig dazu aufgefordert. Im Zimmer ist nicht nur der Boden nicht mehr begehbar, sondern es häufen sich auch Abfälle aller Art. Und jeden Tag scheint neue Unordnung dazuzukommen. Früher getroffene Absprachen funktionieren in den letzten Wochen nicht mehr. Statt aufzuräumen, telefoniert Bodo lieber stundenlang mit seinen Freunden oder spielt Computerspiele. Einige dramatische Auftritte mit lautem Protest angesichts der Unordnung und auch mit ein paar für Bodo sichtbaren Verzweiflungstränen hat die Mutter bereits hinter sich gebracht. Auch die Ankündigung, ihm das Taschengeld zu streichen bzw. zu kürzen, wenn das Zimmer bis zu einer gesetzten Frist nicht aufgeräumt sein sollte, zieht nicht. Bodo scheint davon unbeeindruckt. So überlegt die Mutter, was Bodo wirklich berühren oder treffen könnte. Eines Tages entfernt die Mutter, während Bodo in der Schule ist, den Computer aus seinem Zimmer. An dem leeren Standort hinterlässt sie einen Zettel mit der Aufschrift: „Es wurde zu viel für mich! Du weißt, wie du ihn wieder bekommst. Aber vorher will ich einen Vertrag mit dir übers Aufräumen!"

Bodo kommt von der Schule zurück, flucht laut, rennt zu seiner Mutter und schreit: „Das ist gemein, voll die Erpressung. So mach' ich erst recht nichts!" Er verschwindet für den ganzen Nachmittag in seinem Zimmer. Er telefoniert wieder lange mit Freunden. Die Mutter überlegt bereits, ob bzw. wie sie ihm auch das Telefonieren entziehen könnte, scheitert aber vorläufig an technischen Details. Ein Schloss wie früher lässt sich an den modernen Telefonen nicht mehr anbringen.

Im Verlauf des frühen Abends fängt Bodo an, aufzuräumen. Zwischendrin kommt er zu seiner Mutter und meint: „Da brauch ich doch Tage für!" Sie bietet ihm an, für eine halbe Stunde mitzuhelfen, was er aber nicht annimmt. Nach dem Abendessen setzen sich Mutter und Sohn zusammen und handeln einen Aufräum-Kontrakt aus, in dem sich die Mutter auch Bestrafungsmöglichkeiten reserviert, falls die Abmachungen von Bodo nicht eingehalten werden.

Obwohl er an diesem Tag noch weiter aufräumen muss, erlaubt die Mutter Bodo, den Computer schon in das halb aufgeräumte Zimmer zu stellen. Am nächsten Abend räumt er weiter auf. Ein Vertrag entsteht. Er wird in den nächsten Wochen zuerst gut, später mal besser, mal schlechter eingehalten. Die Mutter wendet das Entziehen von für Bodo wichtigen Gegenständen in den nächsten Jahren weiter an. Die Auswirkungen sind nie besonders nachhaltig, aber sie zwingen Bodo zumindest kurzfristig zu einer Art Einlenken. Im später erfolgenden Rückblick auf diese Erziehungsjahre hat die Mutter nachträglich das Gefühl, dass Bodo diese harten Eingriffe ab und zu brauchte.

Was hat die Mutter getan?

Der Junge ist zu alt und zu groß, als dass die Mutter ihn mit Körpereinsatz zu irgendetwas zwingen könnte. Er ist bereits selbstständig genug und interessiert sich für so viele Ausschnitte der Welt, dass die Androhung der Aufkündigung der elterlichen Beziehung bei ihm nicht mehr wirkt. Sicher ist er beeindruckt, wenn die Mutter mit ihm „böse" ist – die Beziehung ist an und für sich gut, das würden beide so einschätzen –, aber dieses Gefühl erreicht nicht (mehr) die Kraft einer existenziellen Verunsicherung. Was kann die Mutter tun, wenn sie Bodo zu einer Verhaltensänderung bringen will und es nicht ausreicht, darüber zu reden. Wenn sie ihm nicht so wichtig ist, dass er für sie oder um ihren Ärger auf ihn zu vermeiden, aufräumt, dann kann sie ihm etwas wegnehmen, was ihn empfindlich berührt. Es muss etwas sein, das für ihn zur Zeit eine *Quelle von Vitalität und Kraft* darstellt, etwas, dessen Entzug ihn nicht nur ärgert, sondern an einer schwachen Stelle trifft. Es muss etwas sein, von dem er sich, eingestanden oder nicht, zur Zeit abhängig fühlt, ohne das er nicht sein kann. Das sind bei Bodo einerseits die Telefonate mit den Freunden und andererseits die einsamen Spiele am Computer, in denen er sich seine manuellen Fähigkeiten beweist, bei denen er sich aber in Heldenphantasien und Tagträume einspinnen kann, die er in Alltagssituationen als irreal ablehnen würde. Der Computer stellt für Bodo eine geheime, beinahe magische Kraftquelle dar, aus der er in vielerlei Hinsicht Bestätigung schöpft und die ihm

Trost für die kleinen, aber dennoch schmerzhaften Niederlagen des Alltags gewährt. (G. Bittner nennt solche Gegenstände „magische Prothesen“, Bittner 1977, 35.)

Zwang kann man das Wegnehmen von Gegenständen oder den Entzug von Aktivitäten oder Leistungen nur nennen, wenn diese entzogenen Güter in einer existenziellen Dimension wurzeln. Das kann bei einem Mädchen das Reiten sein, das ihm die Eltern z. B. dadurch streichen können, dass sie die Bezahlung oder die Fahrdienste verweigern; bei einer anderen Jugendlichen können das die langen Ausgangszeiten am Wochenende sein, die Benutzung des Handys als einer Art „Tor zur Welt“ oder die Erlaubnis mit auf Klassenfahrt zu gehen.

Viele Dienstleistungen von Eltern wie Kochen und Wäschewaschen können verweigert werden. Mit ihrer Hilfe können Eltern Druck aufbauen, der für das Kind in hohem Maße unangenehm und in Bezug auf das Ziel der Eltern völlig ausreichend sein kann (Omer/Schlippe 2002). Zwang kommt allerdings erst dann ins Spiel, wenn etwas existenziell Bedeutsames entzogen wird, von dem sich das Kind oder der Jugendliche in hohem Maße abhängig fühlt, was individuell sehr unterschiedlich sein kann. In vielen Fällen werden sich Druck und Zwangsmomente mischen oder zu den Push-Motiven des Drucks noch Pull-Faktoren wie „mit den Eltern in ein gutes Einvernehmen kommen“ oder „seine Ruhe haben wollen“ kommen (Kähler 2005, 45ff). Insofern müssen die einzelnen Situationen, bezogen auf ihren Zwangscharakter, jeweils genauer analysiert werden. Klar ist, dass es auch bei diesem abgewandelten Zwangsmittel auf seine Einbettung und Dosierung ankommt. Auch hier besteht das Risiko, dass Eltern oder Erzieher die Abhängigkeit des Kindes von einer bestimmten Beschäftigung zur Durchsetzung ihres Willens instrumentalisieren und dem Kind bzw. Jugendlichen damit die Freude an den selbst entdeckten und mit Lust betriebenen Handlungsprojekten (z. B. Computerspielen, Reiten etc.) verderben. Auch hier ist die Grenze zwischen konstruktiver Machtanwendung und destruktivem Zwang schmal und kann der eine Akt des Wegnehmens sowohl das eine als auch das andere darstellen.

Inwiefern wurden hier Lernprozesse angeregt?

- Auch bei Bodo geht es, wie schon bei Hannes, um die prinzipielle Anerkennung des Machtverhältnisses zwischen Kindern bzw. Jugendlichen und Erwachsenen. Diese scheint mit jeder neuen Entwicklungsstufe angezweifelt oder zurückgenommen zu werden und muss dort altersadäquat erneuert werden. Bodos Protest gegen den Zwang der Mutter, das Sich-zunächst-unbeeindruckt-Zeigen, das Sich-Beschweren über die Mutter bei den Freunden, aber auch sein Einlenken und seine Bitte um Hilfe, dürften solche altersadäquaten Begleiterscheinungen darstellen. Auch der Prozess der Aushandlung und die Form eines Kontraktes, in den die Erfahrung des beidseitigen Ärgers fließt, stellen eine reife Form der Konfliktregelung dar.

- Dass die Wirkung des Zwanges nicht sehr lange angehalten hat und die Mutter ähnliche Wegnehm-Aktionen wiederholt hat, zeigt, dass das Erleben dieser Form von Zwang zumindest ab einem gewissen Alter auch wieder verblassen kann. Es hinterlässt keine tiefgreifenden Eindrücke mehr, wie wir sie für die ersten Zwangserfahrungen angenommen haben. Die Anwendung von Zwang scheint für Bodo und seine Mutter jedes Mal einen Höhepunkt in einem länger schwelenden Konflikt darzustellen. Da der Junge weiß, dass seine Mutter Zwang ablehnt und selbst als das allerletzte Mittel ansieht, beinhaltet dieser auch eine Botschaft der Mutter: „Achtung, wenn du jetzt weitermachst, dann gefährdest du unser beiderseitiges Beziehungsideal." Diese Botschaft scheint den Jungen immer wieder zu erreichen, auch wenn sie ihn nicht zu dauernder Rücksichtnahme bewegen kann. Er möchte an seiner prinzipiell guten Beziehung mit seiner Mutter festhalten, zugleich ist er ein Jugendlicher auf dem Weg der Verselbstständigung, der seine Mutter verlassen will und muss. Dieser Entwicklungstrend ist nicht aufzuhalten, aber er muss in Bezug auf einen zu leichtfertigen Umgang mit den Interessen der Mutter immer wieder einmal unterbrochen werden. Dies geschieht nicht nur, aber eben auch mit den Mitteln des Zwangs.

Zwangsmomente finden in der Familie im günstigen Falle im Rahmen einer mehrjährigen Beziehung statt. In dieser Beziehung wurden sehr viele unterschiedliche Formen der Begegnung, der Auseinandersetzung und des Spiels bzw. der Unterstützung und Kooperation erlebt, die nichts mit Zwang zu tun haben. Im Kontext dieser gewachsenen Beziehungen ereignen sich aber auch Episoden, in denen Zwang zur Anwendung kommt, immer aber so, dass eine Rückkehr zu anderen Formen des Kontakts möglich und wahrscheinlich ist.

Wenn das Kind die Zwangsanwendungen, die es in der Familie erfahren hat, beurteilen soll, dann wird sein Urteil in der Regel davon abhängen, in welche „Landschaft" es diese Zwangsmomente eingebettet sieht. Ist diese „Landschaft" von Zuwendung bzw. Anerkennung geprägt, von der Möglichkeit, selbst mitbestimmen zu können, und verläuft die große Linie der Erziehung hin zu Freiheit und Selbstverantwortung, dann wird es die Zwangsmomente eher gut und richtig finden, auch wenn es sie im Moment der Anwendung als schrecklich erlebt hat. Nicht die einzelnen Zwangsepisoden werden für das Urteil von primärer Bedeutung sein, sondern die Einschätzung des gesamten Rahmens (Wieland 2006).

Die *Begriffswahl Zwang* für basale Formen der Grenzsetzung besitzt Vor- und Nachteile. Die Nachteile liegen in den negativen Konnotationen, die diesen Begriff umstellen. Sie machen eine Annäherung an den Begriff in offener, erkundender Absicht für viele Laien und Fachleute eher schwer. Für beide wäre es leichter, die unter diesem Begriff behandelten Handlungszusammenhänge unter Kategorien wie „Grenzsetzung", „Vermittlung von Orientierung", „konsequenter oder autoritativer Erziehungsstil", „Mut zur Erziehung" etc. zu bedenken. Der Nachteil solcher Begriffe liegt in ihrer „Marktgängigkeit": Sie verbergen die prinzipielle und nicht zu verleugnende Nähe der intervenierenden Erziehungspraxen zu existenziellen Notsituationen wie Demütigung und Gewalt. Alle Formen von Zwang eignen sich ebenso gut zum Brechen des Willens wie zu Bildungsimpulsen, die der Entwicklung des Kindes dienen können.

Darin liegt der Vorteil des Begriffes *Zwang*. Er markiert von vorneherein, dass es sich bei den darunter gefassten Erziehungspraxen um ambivalente handelt, die gleichermaßen Chancen und Risiken beinhalten und zwischen konstruktivem Entwicklungsimpuls und destruktiver Machtausübung changieren. Mit Zwangselementen operierende Erziehungspraxen sind im Alltag der Familienerziehung unvermeidbar, fachlich legitimierbar und bleiben doch immer riskant und gefährlich. Dieser innige Zusammenhang scheint durch den Begriff *Zwang* am besten repräsentiert.

2.2 Systematische Betrachtung von Zwang und seiner Wirkungen

Dass Zwang in verschiedenen Zusammenhängen erzieherische Funktionen annehmen kann, weil er in der Lage ist, Lernprozesse anzustoßen, dürften wir nachgewiesen haben. Die wichtigsten Entwicklungsimpulse, die wir im Zusammenhang mit Zwang beobachten konnten, betrafen:

- die Zivilisierung aggressiver Impulse, die zuerst unter Zwang, später im Rahmen von Selbstkontrolle und Spiel stattfand (Beispiele 1 und 2).
- die Anerkennung der Erwachsenen als einer Macht, die das Recht hat, gegenüber dem Kind Forderungen zu stellen und Grenzen zu setzen. Diese Anerkennung wurde erzwungen (Beispiele 2, 3 und 4), war aber zugleich mit Elementen der Anerkennung des Kindes kombiniert. Später konnte sie vom Kind bereitwilliger geleistet werden.
- die Anerkennung der Erwachsenen als nicht durchgängig verfügbare Wesen, die mit der Anerkennung der eigenen Abhängigkeit von den

Erwachsenen korrespondiert. Wenn diese mit der Freude der Eltern an der wachsenden Autonomie der Kinder zusammenfällt und die Eltern immer wieder auch Phasen illusionärer oder überschießender Unabhängigkeit aushalten können, dann kann die erzwungene Anerkennung der elterlichen Unverfügbarkeit eine realistische Autonomie-Entwicklung fördern.

Allen Beispielen gemeinsam war, dass die Eltern kindliche Verhaltensweisen bzw. Ansprüche begrenzt haben: die sadistischen Impulse von Klaus, das (Weiter-)Toben von Hannes, die Ansprüche des Mädchens auf Verfügungsmacht über die Zeit seiner Eltern, das Verwahrlosungsverhalten von Bodo gegenüber seinem Zimmer und die wachsende Respektlosigkeit gegenüber seiner Mutter. Bezogen auf das Begrenzen, stellt die Anwendung von Zwang nur eine unter vielen möglichen Formen dar, freilich eine grundlegende, auf deren Grundlage sich die anderen Formen entwickeln oder die sie zumindest aus der Ferne begleitet.

Generell betrachtet, setzen Kontrollansprüche von Eltern gegenüber ihren Kindern auf der einen auf Selbst-Begrenzung und auf der anderen Seite auf Fremd-Begrenzung. Dazwischen gibt es zahlreiche Abstufungen und Übergänge: Eltern können ihr Kind in einem liebevollen Tonfall bitten, ein für sie unangenehmes oder für das Kind schädliches Verhalten zu unterlassen. Sie können an seine Vernunft appellieren oder ihm eine Belohnung in Aussicht stellen, wenn es sich selbst begrenzen kann. Sie können es laut und deutlich auffordern, es nicht mehr zu tun oder ihm ihren wachsenden Ärger demonstrieren. Sie können Konsequenzen oder Strafen für den Fall ankündigen, dass das Kind nicht auf ihre Forderung eingeht. Diese Konsequenzen können einen gewissen Druck erzeugen oder existenzielle Ängste ansprechen, womit wir beim Zwang angekommen sind. Alle diese Formen dienen dem Begrenzen, wobei unklar ist, ob die elterlichen Ansprüche sinnvoll und kindgerecht sind oder nicht. Zur Diskussion stehen also jeweils *Inhalte von Forderungen und Formen der Durchsetzung* derselben. Zwang stellt eine extreme Form der Durchsetzung elterlicher Begrenzung dar (siehe Abb. 2).

Die von uns vorgestellten Eltern haben angemessene Formen der Durchsetzung und Grenzsetzung praktiziert, die noch dazu vernünftigen Zwecken dienten. Gleichzeitig haben wir aber auch gesehen, dass Zwang auf Grund seiner inneren Potentiale rasch in Gewalt und/oder psychischen Terror umschlagen kann: Kinder, die sich der Gewalt fügen müssen, werden dabei Schaden nehmen, die langfristig mehr Erziehungsprobleme aufwerfen als der kurzfristige Erfolg der Verhaltensanpassung. Aber auch wenn das Kind nicht traumatisiert wird, besteht die Gefahr, dass die Erfahrung von Zwang zwar zum Einlenken des Kindes führt, aber deswegen noch lange nicht zu einer Veränderung seiner Einstellung oder Haltung.

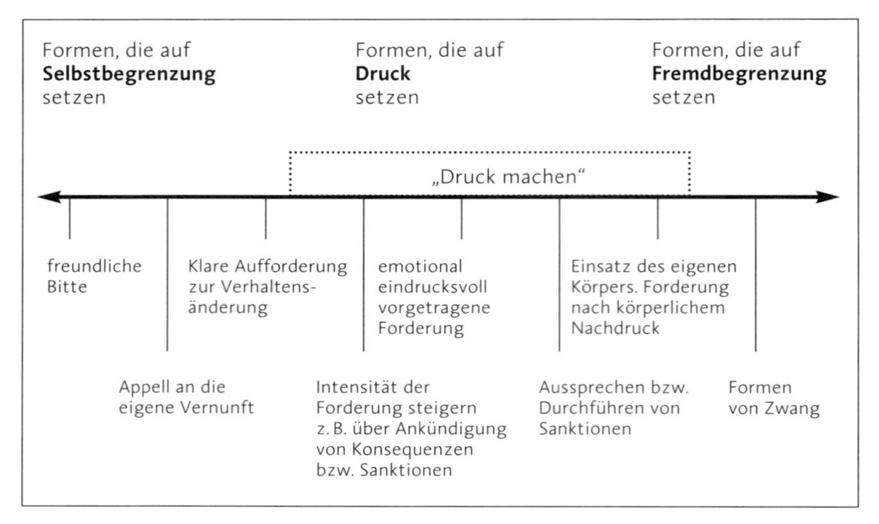

Abb. 2: Bandbreite des Begrenzens

Systematisch betrachtet, können die *Wirkungen von Zwang* demnach anhand dreier miteinander verbundener Dimensionen diskutieren werden:

- Zeitliche Dimension: Handelt es sich um kurz- oder um langfristige Effekte?
- Prozessbezogene Dimension: Handelt es sich um oberflächliche Anpassungs- oder nachhaltige Lernprozesse?
- Motivbezogene Dimension: Steht beim Nachgeben oder Sich-Fügen das Motiv von Angst im Vordergrund oder entstehen zumindest im Laufe des Prozesses auch andere Motive zur Aufrechterhaltung der ersten Verhaltensänderung?

Klar ist, dass die Anwendung von Zwang im Laufe eines Konfliktes, in dem Wille gegen Wille steht, das Kind in eine Krise stürzt. Es gerät in ein Dilemma, das durchaus mit Erregung oder sogar Verzweiflung verbunden sein kann: gibt es angesichts des Zwanges nach, erleidet sein Willen eine empfindliche Einschränkung; setzt es diesen weiter durch, riskiert es angstbesetzte Konsequenzen. Dass beim Nachgeben bzw. der Anpassung die Vermeidung von Unlust und Angst vor allem zu Beginn eine zentrale Rolle spielt, gehört mit zum Wesen des Zwangs. Insofern bewirkt er eine zwar schnelle Verhaltensänderung, die aber keineswegs von Dauer sein muss. Verschwindet der Zwingende oder der Zwang, wird das Kind in vielen Fällen zu seinem alten Verhalten zurückkehren. Muss es mit weiterem Zwang rechnen, kann die Angst zu einem dauerhaften Motiv für die Verhaltensänderung werden. Fremdkontrolle wäre damit zwar in Selbstkontrolle übergegangen, aber im Zusammenhang mit dem Motiv der Vermeidung (Erfahrung von Zwang 1, s. Tabelle 1). Angst vor öffentlicher Beschämung, vor Strafverfolgung oder sozialer Exklusion dürfte viele Menschen nachdrücklich dazu motivieren, zivilisiertes Verhalten zu zeigen. Dieses Ergebnis ist nicht zu verachten, und wahrscheinlich ist mit Zwang bei einigen Individuen auch nicht mehr zu erreichen. Mit einer Erosion der gesellschaftlichen Kontrollen oder mit einem gesellschaftlichen Paradigmenwechsel wie z. B. in Kriegszeiten fallen die Vermeidungsgründe jedoch oftmals weg und die primitiven Verhaltensweisen erscheinen erneut, häufig sogar verschärft durch ihre jahrelange Unterdrückung (Adorno 1955, 34f). Möchte man mit Zwang mehr erreichen, stellt sich deswegen die Frage, ob mit der jeweiligen Erfahrung von Zwang neben der existenziellen Verunsicherung und neben dem Verzicht auf den eigenen Willen auch ein Gewinn von Freiheitsgraden und Lebensqualität verbunden ist. Nur wenn zur Angst das Erleben von Vorteilen tritt, die zu eigenen Motiven für die Verhaltensänderung werden können, nur wenn das Kind in der Folge des Zwangs neue Möglichkeiten entdeckt und seine Verhaltensspielräume in anderer Hinsicht größer werden, kann man darauf setzen, dass das vom Zwang Angestoßene dauerhaft gelernt wurde und zum inneren Besitz des Individuums geworden ist (Erfahrung von Zwang 3, s. Tabelle 1). Das dürfte z. B. bei dem kleinen „Kraller" aus Situation 1 der Fall sein, der sich vom Gängelband seiner inneren, sadistischen Impulse befreien konnte, und neue Formen des Ausdrucks von Aggressivität gelernt hat. Das könnte auch bei dem Mädchen der Fall sein, dessen illusionäre Form der Autonomie durch die Demonstration der Unverfügbarkeit der Eltern zurückgewiesen wurde: Es hat etwas gelernt, wenn es neben der Insistenz auf seinem Willen auch bereit ist, Kompromisse einzugehen, oder Verhandlungslösungen einhalten lernt.

Wir sollten jedoch auch damit rechnen, dass sich die beiden Motive Angst und neue Freiheitsgrade, wenn auch in unterschiedlichen Verhältnissen, vermischen können bzw. dass beide für die Verhaltensänderung eine Rolle spielen. In den vielen Fällen müssen wir vermutlich von der Annahme der Erfahrung 2 (s. Tabelle 1) ausgehen: Häufig sind es vor allem die Pädagogen, die in „entweder-oder"-Kategorien denken, während die Realität von „sowohl-als-auch"-Verhältnissen bestimmt wird. Für unser Thema heißt das, dass wir auch bei offensichtlichen oder wahrscheinlichen Lernerfahrungen auf Gund von Zwanganwendungen mit unerwünschten Nebenwirkungen rechnen müssen (z. B. Belastung der Beziehung durch Angst). Genauso ist es denkbar, dass wir auch dort, wo sich uns scheinbar nur kurzfristige Anpassungen zeigen, auf untergründige, erst später sich offenbarende Lernprozesse setzen dürfen. Insgesamt gilt es, bei jeder Anwendung von Zwang genau hinzuschauen, um jeweils Indikatoren für die eine oder andere Erfahrungsverarbeitung zu finden (siehe Tab. 1).

Tab. 1: Verarbeitungsformen von Zwangserfahrungen

Erfahrung von Zwang 1	**Erfahrung von Zwang 2**	**Erfahrung von Zwang 3**	**Erfahrung von Zwang 4**
Krise Unterwerfung aus Angst Vermeidung unangenehmer Erfahrungen	Krise	Krise Irritation Lernprozesse Entdecken eigener Möglichkeiten bzw. Vorteile	Krise
Mögliche Wirkung: Kurzfristige oder andauernde Verhaltensänderung Risiken: Der eigene Wille kann als gebrochen erlebt werden, evtl. im Sinne einer traumatischen Erfahrung, evtl. mit lang anhaltender, verdeckter Wut (autoritäre Persönlichkeit) oder depressiver Entwicklung. „Altes" Verhalten tritt wieder auf, wenn Zwang wegfällt	Mögliche Wirkung: Kurzfristige oder nachhaltige Verhaltensänderung Risiken: Unter Umständen ähnlich wie Risiken in Spalte 1	Mögliche Wirkung: Nachhaltige Verhaltensänderung Risiken: Keine, u. U. später Verunsicherung in der Einordnung der biographischen Relevanz von Zwang, in einer Gesellschaft, die Zwang ablehnt	Mögliche Wirkung: Keine Verhaltensänderung. Statt dessen Konflikteskalation oder „aus dem Feld gehen" z. B. entweichen Risiken: generalisierter Kampf bzw. Ablehnung aller Erwachsenen. Abbruch des Kontakts mit dem Helfersystem, Kriminalisierung

Zusätzlich müssen wir auch damit rechnen, dass die Anwendung von Zwang keineswegs zu einer Verhaltensänderung führen muss – weder kurzfristig noch nachhaltig. Kinder und Jugendliche können den Zwang ins Leere laufen lassen, indem sie sich dem Fremdzwang mit aller Macht entgegenstemmen und sich auch angesichts von Zwang verweigern. Genauso können sie auf den Versuch, sie zu zwingen, mit einer Konflikteskalation antworten, und von sich aus zu Formen von Angriff und Gegenwehr greifen (Erfahrung von Zwang 4, s. Tabelle 1) (Schwabe 2001a).

Beispiel 5: In meinen Zeiten als Heimpädagoge habe ich selbst wiederholt Zwang angewandt und z. B. ein Kind festgehalten oder gegen seinen Willen an einen anderen Ort transportiert. Einmal wollte ich einen 10-jährigen, schmächtigen, aber zähen und willensstarken Jungen zwingen, Scherben zusammenzukehren, die entstanden waren, weil er ein Glas am Boden zerschmettert hatte. Der Konflikt zwischen uns hatte sich um das Erledigen bzw. Verweigern der Hausaufgaben entwickelt; zum Zerschmettern des Glases war es gekommen, als ich ihm Sanktionen in Aussicht gestellt hatte, falls er die Hausaufgaben weiter verweigern würde. Nun standen also auch noch die über den Boden verstreuten Scherben zwischen uns. Ich holte eine Kehrichtschaufel und einen Besen und drückte sie dem Jungen in die Hand. Er aber war zu stolz, um sich vor mir zu bücken und vor meinen Augen die Scherben aufzukehren. Da ich das nicht verstand, erhöhte ich meinen physischen Druck auf ihn, schob ihn zu den Scherben, hinderte ihn am Weglaufen. Im Verlauf dieser Konflikteskalation griff ich schließlich zu dem Mittel, ihm den Arm umzudrehen, in der Hoffnung er würde sich durch den Schmerz, den er dabei empfinden müsste, zum Aufkehren zwingen lassen.

Aber der Junge widerstand dem von mir ausgeübten Zwang und ließ sich durch den Schmerz nicht von seinem Willen abbringen. Ab einem bestimmten Moment hatte ich das deutliche Gefühl, dass er sich von mir eher den Arm brechen lassen würde, als die Schaufel in die Hand zu nehmen. Vor meinem inneren Augen sah ich diesen gebrochenen Arm bereits in aller Deutlichkeit. Sowohl das zu befürchtende Ergebnis als auch die institutionellen und rechtlichen Konsequenzen, die damit für mich verbunden sein würden, ließen mich einlenken. Ich gab auf und zog mich zurück. Als ich mich entfernt hatte und sich der Junge alleine wusste, konnte er die Scherben zusammen kehren, denn als ich einige Minuten später zurück kam, waren sie verschwunden.

Wäre der Junge älter gewesen, hätte es leicht geschehen können, dass er sich von mir bzw. dem Druck, den ich auf ihn ausgeübt hatte, so in die Enge getrieben gefühlt hätte, dass er *mich körperlich angegriffen* hätte. Meine Intention, ihm mit Zwang zu begegnen, wäre von ihm als Einladung zu einem Machtkampf und sehr wahrscheinlich auch als eine Form von Gewalt erlebt worden und er hätte es als gerechtfertig angesehen, sich dagegen mit Gegengewalt zur Wehr zu setzen. *Diese Dynamik steht hinter vielen Eskalationen in Familien und Heimen.* Die Gefahr einer solchen gewaltsamen Eskalation ist nie ganz auszuschließen. Trotzdem muss man manchmal beherzt in Konflikte hineingehen und sie ein Stück weit mit eskalieren (Schwabe 2001a, 95ff).

Erziehungspersonen wundern sich allerdings manchmal in geradezu naiver Weise, wie es dazu kommt, dass sie von Kindern und Jugendlichen körperlich angegriffen werden. Wer sich in Machtkämpfe begibt und/oder Zwang ausüben möchte, sollte damit rechnen, dass es zu Formen von Ab- und Gegenwehr kommt, und sollte geübt sein, damit umzugehen (Schwabe 2001a, 165ff).

2.3 Erste Schlussfolgerungen in Form von Thesen

1. Erziehung ist in der Familie auf die gekonnte Anwendung von Zwang seitens der Erziehungspersonen angewiesen. Die Anwendung von Zwang stellt, systematisch betrachtet, einen integralen Bestandteil von Erziehung dar. Sie kann konstruktive und destruktive Formen annehmen. Dynamisch betrachtet, handelt es sich – insbesondere bei den konstruktiven Formen – um Zwangsmomente, die im Erleben des Kindes in vielfältige andere Erfahrungen eingebettet sind.
2. Die Wirkung von Zwang beruht auf der Vermittlung von Erfahrungen existenzieller Not: der körperlichen Überwältigung und/oder dem tatsächlichen oder drohenden Rückzug der Beziehungspersonen vom Kind, der von diesem mit Einsamkeit oder dem Verlust von bisher versorgenden und lebenserhaltenden Strukturen assoziiert wird. Diese Erfahrungen müssen nicht von jedem Individuum in vollem Umfang gemacht werden; aber sie sind als Spuren in beinahe jedem Erziehungsprozess angelegt worden. Lebensgeschichtlich spätere Formen von Grenzsetzungen bauen auf die frühen Zwangserfahrungen auf, auch wenn sie diese transzendieren.
3. Ohne die Erfahrung von Zwang als einem Moment in einer komplexen Kette von Erfahrungen ist die Anerkennung von Erwachsenen als Gegenüber, mit dem man sich auseinander setzen muss und dem Achtung und Gehorsam geschuldet sind, nicht zu vermitteln. Die Erkenntnis, dass diese Anerkennung und dieser Gehorsam vernünftig sind und auch mit den eigenen vitalen Interessen korrespondieren, erfolgt später. Zwang geht der Erkenntnis bzw. Einsicht voraus.
4. Die basalen Kämpfe um Anerkennung ereignen sich auch auf einer präverbalen Ebene. Sie sind nicht unerheblich für die Konstitution der Subjektivität. Angesichts der massiven Gegenwehr der Eltern erlebt das Kind nicht nur seine Niederlage, sondern auch seine eigene Kraft. Nur wer zugleich stark und unnachgiebig auftritt, muss überhaupt gezwungen werden. Nur wer an die Grenzen seiner subjektiven Omnipotenzvorstellungen gerät, kann sich auch als ein von den anderen klar getrenntes eigenes Wesen erleben. So schmerzhaft die Erfahrung der Nicht-Verfügbarkeit bzw. der nur unvollständigen Kontrolle über das Gegenüber für das Kind sein mag, so entscheidend ist diese Erfahrung für die Eröffnung des Spielfeldes der Interaktion: der Austausch mit Menschen, die dem Kind gleich und doch auch ganz anders sind als es selbst, aber auch die schmerzhafte Abgrenzung und die Bereicherung durch das sich Aufschließen eines anderen Subjekts. Diese basalen Erfahrungen beginnen lange vor der ersten Erfahrung von Zwang. Und Zwang ist in dieser Hinsicht auch nur eine Form, in der man diese Prozesse erleben kann.

5. In Situationen, in denen Eltern zu Mitteln des Zwangs greifen, fühlen sie sich durch das Verhalten ihrer Kinder an ihre eigenen Grenzen gebracht. Häufig haben sie das Gefühl, bereits alles probiert und keine andere Wahl mehr zu haben. Auch wenn das so nicht stimmt, kann und darf man nicht jede dieser Grenzerfahrungen durch Beratung von Externen auflösen. Die Erfahrung der Grenze von Verständigung ist Eltern und Kindern zuzumuten und kann durchaus eine eigene Form von Würde entfalten. Aus ihr können beiden Parteien neue Kräfte zuwachsen. Zwang stellt in dieser Hinsicht zugleich das Ende wie auch die Fortsetzung der Kommunikation mit anderen Mitteln dar. Trotzdem fühlen sich viele Eltern in solchen Momenten auch auf externe Begleitung angewiesen.
6. Die gekonnte Anwendung von Zwang kann Bildungsimpulse geben. Im optimalen Fall stellt sich beim Kind das Erlebnis einer „guten Führung“ ein. Die Richtung, die Eltern bei der gekonnten Anwendung von Zwang einschlagen, beginnt bei der transparenten und möglichst schmerzlosen Anwendung von Fremdzwang, der nach und nach in Selbstbegrenzung übergehen kann. Diese können auf Seiten des Kindes zu einem Gefühl von wachsenden Möglichkeiten oder Freiheitsspielräumen führen. Dazu muss Zwang sowohl angewandt, aber auch immer wieder ausgesetzt werden. Beide Momente sind wichtig.
7. Bei der gekonnten Handhabung von Zwang, stellt die einzelne Zwangsanwendung immer nur ein Moment in einer Kette von anderen pädagogischen Handlungen dar. Das gilt sowohl für die Situation der Zwanganwendung selbst wie auch für die Einbettung der Zwangsanwendung in ein umfangreiches pädagogisches Handlungskonzept (unabhängig davon, ob dieses ausformuliert ist oder als implizites Wissen vorliegt). In dieser Handlungskette muss es für das Kind ebenso viele Gelegenheiten zur Selbstbestimmung geben wie Erfahrungen der sicheren, affektiven Zuwendung. Zwang taugt nur als ein Ton in einem Dreiklang, d. h. zusammen mit Selbstbestimmung und Zuwendung.
8. Zwang ermöglicht kaum sofort und auch nicht vollkommene Kontrolle über das Verhalten des Gegenübers. Auch Zwang bedarf der Geduld und des Augenmaßes.
9. Die Anwendung von Zwang kann in Gewalt umschlagen. Die Grenzen dafür sind nur zum Teil klar zu ziehen. Zur Beantwortung der Frage „War es noch Zwang oder schon Gewalt?“ ist man auf genaue Beobachtung des Gegenübers und seiner Entwicklung angewiesen und sollte zumindest beachten, wie das Kind dazu kommuniziert (verbal, aber auch auf anderen Ebenen). Auf eine Legitimation von Zwang durch das Kind kann und darf man sich jedoch nicht verlassen. Zwangsanwendungen fallen in den Verantwortungsbereich von Er-

wachsenen. Es hieße, diese Verantwortung zu leugnen, wollte man sich bei der Entscheidung, ob und welcher Zwang angemessen ist, von Kindern abhängig machen. Dennoch beinhaltet jeder Zwang Gestaltungsvarianten, an denen auch das Kind mitwirken kann und sollte.

10. Es gibt verschiedene Erziehungsfehler von Eltern und daraus resultierende Entwicklungsprobleme bei ihren Kindern: diejenigen, die durch zu wenig Zwang entstehen, und diejenigen, die auf zu viel Zwang, d. h. auf Gewalt, zurückzuführen sind. Beide müssen ernst genommen werden. Den schrecklichen Folgen von Gewalt gegen Kinder stehen die anders gelagerten dramatischen Konsequenzen gegenüber, die bei unerzogenen und zu wenig begrenzten Kindern beobachtet werden können, ohne dass man diese Schrecken gegeneinander aufrechnen könnte. Beide Gruppen von Kindern besitzen oft nicht die Voraussetzungen dafür, an schulischen Bildungsprozessen teilzunehmen. Dadurch werden sie früh und dauerhaft in ihren schulischen Bildungskarrieren behindert.
11. Für unterschiedliche Altersstufen und Situationen stehen verschiedene Formen von Zwang zu Verfügung. Erziehungspersonen sollten alle Formen von Zwang gekonnt anwenden. Dazu gehören der reflektierte Blick auf den günstigen Augenblick, das rechte Maß und die damit verbundenen Risiken.
12. Der Jugendhilfe kommt in diesem Zusammenhang eine wichtige Aufgabe zu: Elterntrainingsprogramme oder Familienhelfer, die ausschließlich auf eine gelingende Kontaktaufnahme und bestätigende Erziehungsformen wie Lob und Ermutigung fokussieren und die Anwendung von Zwang systematisch ausblenden, lassen Eltern mit schwierigen Erziehungssituationen alleine, in denen die Anwendung von Zwang helfen könnte. Sie tun so, als ob sich alle Konflikte über positive Kommunikationsformen lösen ließen und diskreditieren aus ideologischen Gründen die konstruktiven Formen von Zwang. Gerade bildungsferne und eher „ruppig" erziehende Eltern könnten für Elternbildung besser gewonnen werden, wenn auch ihre körpernahen Formen, erziehen zu wollen, gewürdigt und aufgegriffen würden. Sicher müssten dabei auch die tatsächlichen und möglichen Entgleisungen mitthematisiert werden, aber eben auch die Produktivität von Zwangsmomenten wie z. B. Festhalten in bestimmten Situationen.
13. Auch die gekonnte Anwendung von Zwang führt nicht automatisch zu Bildungsimpulsen und Lernprozessen. Mit Hilfe von Zwang lassen sich oftmals nur momentane Lösungen eines Konflikts erreichen, der aber weiterhin virulent bleibt und auf anderen Ebenen gelöst werden muss. Mit Zwang sind häufig nur kurzfristige Erfolge verbunden, wenn man sie überhaupt als solche bezeichnen will. Von der Struktur

her nötigt Zwang das Kind, nachzugeben; es fügt sich dann für den Moment, hat aber (noch) nicht verstanden, warum es sinnvoll sein könnte, auf die Vorstellungen des Zwingenden einzugehen. Zwang droht, in dieser Hinsicht zu einem einfachen, kurzfristig wirkungsvollen, langfristig aber ineffektivem Erziehungsmittel zu werden.

14. Formen von Zwang, die in Selbst- und Fremdgefährdungssituationen eine Rolle spielen und der Aufsicht über das Kind dienen, stellen für Eltern und Pädagogen nur einen kleinen Ausschnitt der Anlässe und Formen von Zwang dar, mit denen sie immer wieder zu tun haben. Insofern bleiben juristische Definitionen von Zwang, die nur die unmittelbare Gefahrenabwehr in den Blick nehmen, dem pädagogischen Phänomen Zwang äußerlich. Zwang erhebt in vielen Situationen den Anspruch, erzieherisch einzuwirken, lange bevor Selbst- und Fremdgefährdung akut werden.

Zwang alleine kann nichts vermitteln. Zwang kann nur im Zusammenhang mit anderen Erziehungsmitteln Bildungs- und Zivilisierungspotentiale anregen. Und doch scheinen Erziehung, Bildung und Zwang enger miteinander verbunden, als in den Erziehungswissenschaften bisher wahrgenommen werden konnte bzw. reflektiert wurde.

Die angemessene Frage lautet nicht (mehr), ob Zwang einen Platz in der Erziehung haben soll oder nicht, sondern, welche Formen von Zwang bei welchen Kindern zu welchen Zeiten Entwicklungspotentiale aktivieren können. Es muss auch danach gefragt werden, wie diejenigen, die Zwang ausüben, sich selbst beobachten und kontrollieren bzw. kontrolliert werden können, so dass Machtmissbrauch und perfide Strategien des Willen-Brechens oder der Verängstigung auf ein Minimum beschränkt werden können.

3 Institutionelle Zwangselemente in Heimgruppen: Kontextbedingungen, Formen und Zielgruppen

von Mathias Schwabe und David Vust

Zwangselemente werden in diesem Kapitel im institutionellen Kontext des Heims untersucht (in Settings des § 34 SGB VIII), der sich von den Kontexten Schule und Gefängnis unterscheidet. Zunächst geschieht diese Analyse allgemein, später auf dem Hintergrund der von uns über zwei Jahre begleiteten Intensivgruppen an drei verschiedenen Standorten.

3.1 Unterschiede in Familie und Heim

Wenn es Eltern nicht gelingt, gekonnte bzw. konstruktive Formen von Zwang im Rahmen der Familie zu praktizieren, werden deren Kinder später mit hoher Wahrscheinlichkeit an anderen Orten Situationen mit konstellieren, in denen das Thema Zwang erneut auf der Tagesordnung steht. Ein Grund dafür liegt darin, dass die Kinder sich an diesen Orten kaum oder zu wenig an die dort geltenden Regeln halten können und in z. T. brutaler Weise über die Grenzen anderer hinweggehen. Das kann in Kindergärten, Schulen oder Einrichtungen der Jugendhilfe geschehen, selbst noch im Gefängnis. Auch wenn Kinder oder Jugendliche ein Recht darauf haben, von diesen Institutionen Anstöße zu einer positiveren Entwicklung zu erhalten, sollte man aus zwei Gründen nicht vorschnell an Formen von Zwang anknüpfen, wie wir sie aus dem Kontext der Familienerziehung kennen gelernt haben.

Erstens muss man erkennen, dass der günstigste Zeitraum für die mit Zwang verbundenen Lernprozesse mit spätestens sechs bis acht Jahren abgeschlossen ist. Was früh nicht gelernt wurde, lässt sich später nicht einfach nachholen. In späteren Lebensphasen werden die basalen Zwangserfahrungen vom Individuum anders erlebt und anders verarbeitet, als wenn sie dem Individuen in früheren Lebensphasen begegnen. Ein 15-Jähriger mag sich unbeherrscht und impulsgesteuert wie ein 3-Jähriger verhalten, aber auf Grund seiner Größe und Stärke wird man ihn nicht mehr mit Formen von körperlichem Zwang begegnen können. Unternimmt man es trotzdem, muss man damit rechnen, dass in seinem Erleben – durchaus altersangemessen – die Demütigung über den verlorenen Kampf im Vordergrund steht und ihm die möglichen positiven Aspekte der Begrenzung durch Zwang kaum zugänglich sind.

Zweitens handelt es sich bei Einrichtungen der öffentlichen Erziehung um ganz andere Sozialsysteme, als es Familien sind. Familien entsprechen dem Gesellungstyp *natürliche Gruppe*. Man gehört „per Blut“ dazu und besitzt dort eine „lebenslange, unkündbare Mitgliedschaft“ (Niederberger/Niederberger-Bühler 1988). Heime entsprechen dagegen dem Typus *Organisation*. Das Individuum lebt hier eine begrenzte Zeit für einen bestimmten Zweck. Für die Organisation und ihre Mitarbeiter stellt das Kind in erster Linie kein einmaliges Individuum dar, sondern ein Exemplar aus einer Kette von Fällen. Sicher wollen sie diesem professionell und aufmerksam begegnen, und sind doch für ihre Klienten nur begrenzt zuständig.

Niederberger/Niederberger-Bühler haben in anderen Zusammenhängen beschrieben, zu welchen Verwirrungen und Missverständnissen es bei Kindern und Jugendlichen führt, wenn Heime so tun, als seien sie in Bezug auf Nähe und Verbindlichkeit wie eine Familie. Diese von Kindern und Heim gleichermaßen mitgetragene Täuschung mag anfangs gelingen, führt später aber regelmäßig zu Enttäuschungen und Konflikten. Ähnliche Probleme sind deswegen auch bei einer zu schnellen und selbstverständlichen Anlehnung der institutionellen Zwangselemente an die Zwangsmomente der Familienerziehung zu erwarten (Niederberger/Niederberger-Bühler 1988, 22f).

3.1.1 Kontextbedingungen für Zwangselemente im Heim

In den Fällen, in denen wir Zwangsmomente als Bildungsimpulse begreifen können, sehen wir sie in einen bestimmten Rahmen eingebettet: Einerseits ist dieser von stabilen Beziehungen und ausreichender wechselseitiger affektiver Zuwendung geprägt, andererseits von Mit- und Selbstbestimmungsmöglichkeiten. Auch wenn es nicht allen Familien gelingt, einen solchen Rahmen aufzubauen, in dem Zwangsmomente eine entwicklungsförderliche Rolle spielen können, so ist das Umfeld Familie doch prinzipiell dazu in der Lage.

Im Heim werden Zwangselemente dagegen häufig angewandt, ohne dass eine Beziehung besteht oder schon bestehen kann. Häufig kann man mit dem Einsatz der Zwangselemente nicht warten, bis eine solche aufgebaut werden konnte. Die Konfrontation mit Zwangselementen tritt quasi neben die sich entwickelnde Beziehung mit den Pädagogen oder kann sich erst mittelfristig mit ihr verbinden. In Einzelfällen und bei bestimmten Kindern kann man auch von einer die *Beziehung begründenden Form von Zwang* sprechen, beispielsweise, wenn das Kind zu Beginn seiner Zeit im Heim einen Pädagogen erlebt, der es mit Hilfe von Zwang in einen Auszeitraum bringt, ihm aber in dieser Situation und auch darüber hinaus ausdauernd zugewandt bleibt. Solche einschneidenden Erlebnisse mit Gewaltcharakter können lebenslang in Erinnerung bleiben und zu konstruktiven biographischen Weichenstellungen werden; aber man darf ihre Häufigkeit nicht überschätzen (Makarenko 1953, 21ff; Bittner 1972, 148–150). Außerdem ist es im Heim nicht selten gerade dieser Pädagoge, der nach ein paar Monaten oder einem halben Jahr den Dienst quittiert, was die Erfahrung einer strapazier- und tragfähigen Beziehung schmerzlich unterbricht und das Kind oftmals auf einen früheren Entwicklungsstand zurückwirft (Schwabe 2003, 260ff).

Es ist nicht unrealistisch, sich den Pädagogen im Heim im Erleben der jungen Menschen erst einmal als einen *Vertreter des neuen Systems* vorzustellen, welcher das Kind/den Jugendlichen mit dessen Anforderungen bekannt macht, die Einhaltung von Regeln kontrolliert und eventuell auch gegen den Willen des Kindes durchzusetzen versucht. Diese Regelpädagogik entspringt oftmals nicht konzeptionellen Überlegungen, sondern ist der großen Anzahl der Kinder bzw. der geringen Personalbesetzung im Normaldienst geschuldet. Manche Heime versuchen, den Kindern und Jugendlichen am neuen Ort einen deutlichen *Neuanfang* zu ermöglichen, da sie davon ausgehen, dass die Eltern oder andere Erwachsene dem Kind vorher lieblos, eventuell mit Gewalt und auf jeden Fall ohne Verständnis begegnet sind. Deshalb zeigen sich die Erwachsenen im Heim zu Beginn besonders offen und interessiert, sie bieten Beziehung an und ermöglichen eine gute materielle Versorgung. Die Kinder sollen es gut haben im Heim und erkennen, dass die Erwachsenen anders sind als diejenigen, die sie bisher kannten.

In einigen Fällen gelingt dieser Neuanfang, in anderen wird das Kind dieses Angebot über kürzere oder längere Zeit austesten. Es ahnt, dass die Institution Heim auf Grund seiner organisatorischen Verfasstheit das Beziehungsversprechen nicht so erfüllen kann, wie es sich das Kind vorstellt (Niederberger/Niederberger-Bühler 1988), und möchte prüfen, ob die freundliche Maske bei seinen ersten Verweigerungen fällt oder es die Erwachsenen wirklich ernst mit ihm meinen. Häufig wird es zwischen dem Wunsch schwanken, sie mögen sich als anders erweisen, aber auch einiges dafür tun, die alten Clinch-Situationen wieder herzustellen, weil neue gute Erwachsene seine Loyalität und Bindung zu den ursprünglichen Bezugspersonen gefährden würden (Conen 1991, 34ff). Dies wird verstärkt, wenn die neuen Erwachsenen zwar gut zum Kind sind, aber seine Eltern bzw. die anderen Pädagogen, die vorher mit dem Kind beschäftigt waren, insgeheim als schlechte Erzieher verdächtigen oder sogar verachten.

In den meisten Heimen bleiben Beziehungsversprechen und Neuanfang auf Grund der strukturellen Voraussetzungen halbherzig und in Bezug auf ihre immanenten Spannungen unreflektiert. Diesen Unterschied gegenüber der Familie gilt es zu bedenken, wenngleich damit bei vielen Heimkindern nicht deren empirische Form, sondern deren prinzipielles Potential gemeint sein kann.

3.1.2 Die elterliche Delegation von Zwang

Für die jungen Menschen im Heim stellt sich häufig die Frage, wer es denn ist, der sie zu Schulbesuch, Zimmeraufräumen oder anderem auffordert, drängt und nötigt und manchmal eben auch zwingt. Zunächst sind es natürlich die Erzieher. Aber dürfen die das auch? Oder maßen sie sich dieses Recht nur an? Und wie steht es mit den eigenen Eltern: Wie sehr sind diese damit einverstanden, dass man, wozu man und wie man im Heim aufgefordert, genötigt oder gezwungnen wird?

Auch wenn junge Menschen ihren eigenen Eltern in vielen Situationen nicht gehorcht haben, so bleiben die Eltern für sie doch oft die einzigen Personen, denen sie nach ihrem eigenen Gefühl Gehorsam schulden oder denen gegenüber sie gerne gehorsamer wären. Da das Heim nicht den Beziehungsrahmen bieten kann, wie er in Familien gegeben ist, stellt sich die Frage, ob sich das Heim bei der Anwendung von Zwangselementen nicht in anderer Weise an die Familie ankoppeln kann. Denn wenn aktuell keine tragfähigen Beziehungen bestehen, so wäre es für die Kinder zumindest hilfreich, die Zwangselemente nicht als Erziehungsmaßnahmen von Fremden, sondern als Verlängerung der eigenen Beziehung zu den Eltern begreifen zu können. Wenn Eltern die Erzieher vor den Ohren des Kindes mit Erziehungsaufträgen versähen, auch und gerade was Zwangselemente betrifft, so wüsste das Kind klar, dass diese hinter den unangenehmen Maßnahmen stehen, bräuchte die fremden Erzieher weniger dafür hassen und hätte, wenn es sich den Regeln unterwirft, zunächst das Gefühl, den eigenen Eltern gehorcht zu haben. Auch das macht es u. U. sowohl den Kindern, als auch den Pädagogen einfacher.

Sicher erteilen viele Eltern solche Aufträge nicht von sich aus; man muss sie explizit danach fragen, was beinhaltet, dass auch ein (vorläufiges) „Nein" gegenüber dem Ansinnen der Pädagogen möglich ist. Sicher können viele Eltern eine solche Delegation auch nicht schon bei der Aufnahme des Kindes oder pauschal für dessen gesamten Aufenthalt geben und ganz sicher müssen sich die Erzieher das dafür nötige Vertrauen erst verdienen. Aber möglich ist das allemal. Vor allem Rotthaus beschreibt die großen Erleichterungen, die mit klaren Elternaufträgen für die Behandlung in der Kinder- und Jugendpsychiatrie verbunden sind, und mit welcher Haltung man diese erreicht (Rotthaus 1990). Für die Pädagogen würde das bedeuten, sich zumindest auch als „Dienstleister" für Eltern zu sehen, die sich in Erziehungskrisen befinden, wie es im SGB VIII angelegt ist (Kron-Klees 1998, 15f). Freilich scheint diese Demut gerade für Pädagogen schwer aufzubringen zu sein. Sie sehen sich vielmehr als Experten für Erziehung, die die Erziehung übernehmen, nachdem die Eltern versagt haben. Mit dieser Einstellung braucht und bekommt man keine Delegation.

Häufig ist es allerdings auch für Kinder und ihre Eltern sehr viel angenehmer, zu denken, dass die Erziehungshärten alleine auf das Konto der Heimmitarbeiter gehen und vom Jugendamt mitgetragen werden, aber nicht wirklich von den „guten" Eltern gewünscht sind. Eltern und Kinder können auf diese Weise ihre alte, aber wenig konstruktive Beziehung fortsetzen, in der immer nur die anderen (Kindergärtner, Lehrer, Erzieher) stören, sie selbst aber keinen Grund zur Veränderung sehen. Insofern wäre es geradezu fatal, ohne Delegation der Eltern Zwangselemente einzusetzen, weil sich das Kind leicht eingeladen fühlen könnte, gegen die Zwangselemente bzw. die Heimpädagogen anzukämpfen.

Häufig zeigen sich Eltern allerdings schon bei der Entscheidung für die Heimunterbringung reserviert bis ablehnend, vor allem wenn die Heimunterbringung seitens des Jugendamtes gegen ihren Willen durchgesetzt wurde. Insbesondere dann wird sich für das Kind die Frage stellen, wie seine Eltern zu dem Druck stehen, den andere Menschen auf sie, die Kinder ausüben. Manchmal bringen Eltern auch wenig Interesse dafür auf, was mit ihren Kindern im Heim geschieht. Einige sind tatsächlich froh, dass man sie ihnen abgenommen hat, und wollen mit der weiteren Erziehung nichts mehr zu tun haben. Andere scheinen eher das Motto „aus den Augen, aus dem Sinn" verinnerlich zu haben: Sind die Kinder ihnen erst einmal abgenommen, bringen sie keine Kraft mehr für sie auf, auch wenn sie vorher gegen deren Herausnahme aus der Familie durch das Jugendamt gekämpft haben. Auch von diesen Eltern wird man keinen Auftrag bekommen.

Kann man auf der Grundlage von unklaren und brüchigen oder nicht vorhandenen Zustimmungslagen überhaupt Zwangselemente einsetzen? Wer legitimiert diese vor dem Kind/dem Jugendlichen? Und wie können sie begründet werden? Sicher können Amtsvormünder und Jugendamtsmitarbeiter, vor allem, wenn sie das Kind länger kennen, ein Stück weit in die Rolle der Elternvertretung schlüpfen und dabei auch beim Kind Gehör finden. Auch kann die eigene, aufrichtige Sorge, die sich die Pädagogen um ein Kind machen, ein guter Grund sein, um Zwangselemente zu initiieren. Das Prinzip sollte aber immer lauten: Für Zwang bedarf es eines möglichst breiten Schulterschlusses der Erwachsenen. Es müssen immer mehrere Personen sein, welche die Verantwortung für Zwangsmaßnahmen übernehmen, ein Einzelner darf diese im institutionellen Kontext nicht beschließen. Auch ein Team hat alleine kein Recht dazu. Bekommen die Pädagogen dagegen halbwegs klare Aufträge und handeln in Delegation der Eltern, dann stellen sich andere Fragen:

A) Was bedeutet es, wenn das Heim erfolgreich Zwangselemente einsetzt, die Eltern aber mit Zwangsmomenten in der Familienerziehung gescheitert sind? Waren sie dann vorher zu schwach? Warum konnte

das Kind ihnen gegenüber nicht nachgeben, im Heim aber schon? Sind die Pädagogen die „besseren" Erzieher oder diejenigen, die das Kind eher akzeptieren kann?
B) Was bedeutet es, wenn das Heim im Namen der Eltern Zwangselemente gegen ein Kind anwendet, das vorher von diesen Eltern vernachlässigt, misshandelt, missbraucht oder sonst schmerzlich und demütigend behandelt wurde? Muss das Kind eine solche Koalition nicht als gegen sich gerichtet erleben und bekämpfen? Müssten sich diese Eltern nicht vorher beim Kind für das Leid entschuldigen, das sie ihm angetan haben? Müsste nicht auch das Heim die Schmerzen, die das Kind im Rahmen von Zwangspraxen erlitten hat, wahrnehmen und anerkennen?
C) Was bedeutet es, wenn auch die Zwangselemente des Heimes das Kind nicht erreichen und es entweder zu einer weiteren Eskalation oder zum Weglaufen und Untertauchen des Kindes kommt? War dann alles umsonst? Steht das Kind dann nicht noch isolierter da, alleine gegen alle? Haben sich die Erwachsenen getäuscht oder hat das Kind allen gezeigt, dass sie sich täuschen oder auch gemeinsam zu schwach sind? Und was kommt dann? Lässt man das Kind dann kollektiv als unbelehrbar fallen oder nehmen es die Eltern zurück, jetzt auch noch um die Illusion ärmer, dass Zwang helfen würde?

Wie man sieht, ist es hochgefährlich, ohne Delegation der Eltern Zwangselemente einzusetzen. Dennoch birgt auch die elterliche Delegation von Zwang Spannungen und Probleme. Ohne Zustimmung der Eltern zwingt man ohne emotional hinreichende Grundlage, die das Kind akzeptieren könnte. Doch auch mit Delegation der Eltern steht man aber keineswegs auf einer ethisch korrekten oder mit Sicherheit Erfolg versprechenden Seite.

3.1.3 Zwischenfazit

Wenn wir die bisherigen Ergebnisse betrachten, dann muss man zumindest vorläufig formulieren: Zwangselemente in Heimen und Gefängnissen im Sinne von Bildungsimpulsen zu gestalten, erscheint besonders schwierig und bedarf eigenständiger Begründungsformen, weil

- diese Institutionen oft nicht über die familientypische Mischung von Bindung, Bedürfnisbefriedigung, Wahlmöglichkeiten und Zwangsmomenten verfügen. Bei den Institutionen treten die Zwangselemente fast zwangsläufig außerhalb eines stabilen und langjährigen Beziehungsrahmens auf.
- die Delegation für Zwangselemente durch die Eltern entweder nicht eingeholt wird, nicht zu bekommen ist oder, auch wenn man sie bekommt, eben so viele Probleme wie Lösungen aufwirft.

Zusammenfassend lässt sich folgendes formulieren: Zwangsmomente haben in der Familienerziehung ihren Sinn und unverzichtbaren Stellenwert. Dies lässt sich für die Heimerziehung nicht ohne Weiteres beanspruchen. Im Gegenteil: Heime müssen die Aussicht auf Erfolg bei der Anwendung von Zwangselementen sehr viel genauer begründen als Familien. Viele Heimpädagogen wenden Zwang an, weil sie selbst gute Erfahrungen mit Zwangsmomenten in der eigenen Familie gemacht haben. Manchmal werden sie von den Kindern auch geradezu dazu eingeladen, weil diese sich die Pädagogen als Elternersatz oder eine quasi-elterliche Beziehung mit ihnen wünschen. In einigen Fällen mag das auch eine ausreichende Grundlage für Zwang bilden, weil der Rahmen dieser Beziehung von den gemeinsamen Aktivitäten her breit und relativ dauerhaft angelegt ist. Trotzdem verkennen die Fachkräfte auch in diesen Fällen, dass das Heim systematisch einen anderen Ort als die Familie darstellt und sie sich auch den Kindern gegenüber in einer gänzlich anderen Rolle befinden.

3.1.4 Angelehnte und eigene Einbettungsformen von Zwangselementen im Heim

Man kommt um die Frage nicht herum, was im Heim an die Stelle der familientypischen Einbettung von Zwang treten kann. Für die institutionellen Zwangselemente ist die Frage von zentraler Bedeutung, wie das Kind/der Jugendliche den gesamten Rahmen einschätzt, in dem diese Elemente auftreten (Wieland 2006). Nach unseren Erfahrungen aus den Interviews mit Kindern und Jugendlichen (siehe Kap. 5), stehen dabei die folgenden Fragen im Vordergrund:

- Ist das Verhalten der Fachkräfte mir gegenüber wenigstens immer wieder spürbar von *Wohlwollen* geprägt? Bedeute ich ihnen etwas als Person oder bin ich für sie nur ein abstrakter Fall?
- Wie sieht es mit *Bedürfnisbefriedigung in emotionaler und materieller Hinsicht* aus? Wie bilanziere ich für mich die durch den Rahmen „Heim“ mit verursachten Frustrationen im Vergleich mit den dort stattfindenden Befriedigungsergebnissen?
- Gibt es für mich wichtige Bereiche meines Lebens und des Lebens im Heim, in denen ich *selbst entscheiden oder mit bestimmen* kann?
- Werden meine *Autonomiewünsche* hier wahr- und ernstgenommen? Ist für mich ein Bemühen oder eine Bewegung von Fremdkontrolle hin zu mehr Selbstkontrolle erkennbar? Und gilt das auch für die Ausübung von Zwang? Habe ich Einfluss darauf, wie oft und in welcher Weise ich gezwungen werde, oder geschieht das gänzlich nach fremdem Ermessen?
- Bietet das Heim eine *anregende Umwelt*, in der Spaß, Bewegung, kulturelle Anregungen und interessante Beschäftigungen vorkommen?

- Sind die Pädagogen in eine für mich ersichtliche Hierarchie eingebunden, in der ihnen ein Vorgesetzter auf die Finger schaut? *Kontrolliert jemand die Kontrolleure* oder bin ich deren Willkür ausgeliefert? Wird es ernst genommen, wenn ich mich über Ungerechtigkeiten und Härten auf Seiten der Pädagogen beschwere?
- Leisten die Pädagogen einen engagierten Beitrag dazu, dass ich mich *hier sicher fühlen* kann? Oder bin ich auch hier den Übergriffen und Gewalttätigkeiten anderer Kinder und Jugendlicher ausgeliefert?

Sicher sind dies nicht alle Bedürfnisse, aus denen Kinder und junge Menschen Kriterien ableiten, um zu entscheiden, ob sie die Zwangselemente, denen sie im Heim ausgesetzt sind, ertragen, hinnehmen und sogar akzeptieren können. Fällt ihre Bilanz, bezogen auf diese und andere Kriterien, negativ aus, werden sie sich an diesem Ort nicht wohl fühlen können oder sich geradezu aufgerufen fühlen, diesen zu zerschlagen oder ihm zu entfliehen.

Trotz einiger deutlicher Akzentverschiebungen unterscheiden sich die Kriterien nicht grundsätzlich von denen, die ein Kind auch an die Bewertung seiner Familie anlegt. Insofern lehnt sich ein Heim, das die oben genannten Kriterien berücksichtigt, mit der Einbettung seiner Zwangselemente zunächst an die der Familie an. Dabei erkennt das Heim an, dass das Beziehungsversprechen nicht oder nur eingeschränkt verwirklicht werden kann. Diese Anlehnung ist wichtig und nicht zu ersetzen. Zwei Gründe sprechen allerdings dafür, dass sie in dieser Form nicht ausreicht: Aus den prozesshaften, häufig nur selten oder einmalig angewandten *Zwangsmomenten im Privatraum der Familie* werden im institutionellen Rahmen geplante, in bestimmten Situationen regelmäßig und im Kontext öffentlicher Erziehung angewandte, d.h. *institutionalisierte Zwangselemente*. Dazu gehört, dass ihr *rechtlicher Status* abgeklärt sein muss. Das heißt nicht, dass für jedes Zwangselement im Heim ein eigener Paragraph existieren sollte, der sie begründet und ihre Anwendung regelt. Aber es bedeutet, dass sie in Bezug auf rechtliche Grundbegriffe wie *Freiheitsbeschränkung*, *Freiheitsentzug* oder *pädagogische Maßnahme unterhalb der Schwelle rechtlicher Regelungsbedarfe* eingeordnet werden müssen.

Ein zweiter Unterschied zur familiären Anwendung besteht in dem professionellen Rahmen, in dem institutionelle Zwangselemente zum Einsatz kommen. Aus den mitunter spontan und unreflektiert angewandten Zwangsmomenten in der Familie werden im Heim – zumindest der Konzeption nach – *professionelle Erziehungsmittel*. Wie bei jeder Ausübung von riskanten Interventionsformen in allen Professionen geht damit die Pflicht einher, sie zu dokumentieren, zu reflektieren und zu evaluieren. Das bedeutet, dass die Institution ein zuverlässiges *Selbstbeobachtungsorgan* zu etablieren hat, das allen Mitarbeitern bestimmte Verfahren abverlangt, damit die Zwangselemente im Alltag nicht untergehen, sondern als bedeutsame Momente mit Begründungs- und Nachbearbeitungspflicht betrachtet werden. Jede Zwangsanwendung muss bezüglich ihres fachlichen Sinnes verantwortlich beschlossen und immer wieder auf der „Hinterbühne der Institution“ und gemeinsam mit anderen Fachkräften anderer Professionen reflektiert werden (Klatetzki 2000). Das Hilfeplangespräch nach § 36 SGB VIII ist dafür ein zentraler Ort, aber kann nicht der einzige bleiben. Hinzu treten müssen folgende Punkte:

- Professionelles Fallverstehen unter den Kollegen entlang folgender Fragen: Warum ist die Anwendung dieses Zwangselementes bei diesem speziellen Kind richtig oder falsch? Was erhoffen wir uns davon? Welche Risiken und unerwünschten Nebenwirkungen sind damit verbunden? Wie lange wollen wir es tun bzw. wann eine Zwischenauswertung machen?
- Die Nachbearbeitung mit dem Kind/Jugendlichen mit folgenden Fragen: Was hast du bei der Zwangsanwendung erlebt? Wie hast Du sie erlebt? Wie sieht Deine Bilanz von gerecht/ungerecht aus? Wie können wir die erneute Anwendung von Zwang verhindern? Falls es doch dazu kommt: Was würdest du dir das nächste Mal anders wünschen? Und wie können wir jetzt nach der Zwangsanwendung weitermachen?
- Eine professionelle Auswertung des Prozesses, in dem Zwangselemente angewandt wurden, hinsichtlich seiner beobachteten Wirkungen und Nebenwirkungen. Diese Ergebnisse sind in Relation zum subjektiven Erleben des Kindes bzw. Jugendlichen zu setzen. Erst danach können weitere Entscheidungen getroffen werden.

Wenn sich junge Menschen auf solche fachlich angeleiteten Verfahren der Entscheidungsfindung verlassen könnten, wäre bereits viel gewonnen. Dann unterschieden sich die Zwangselemente in ihrem Erleben nicht unbedingt in Hinsicht auf ihr kränkendes Potential, das nach wie vor als ungerecht oder ambivalent angesehen werden kann, aber zumindest in Hinsicht auf ihre **transparente Behandlung**: keine Zwangsanwendung wird ignoriert, alle Partner werden von jeder Zwangsanwendung informiert, jederzeit kann darüber ein offenes Gespräch mit verantwortlichen Erwachsenen stattfinden.

Damit ist zugleich ein dritter Grund dafür genannt, warum die Anlehnung an die Einbettung nach dem Familienmodell nicht ausreichen kann und Kinder und Jugendliche bei der Beurteilung von Zwang im Heim kritischer sind als bei der Einschätzung von Zwang in ihren Familien. Heimerziehung ist nicht nur öffentliche und professionelle Erziehung, sondern auch familienergänzende bzw. familienersetzende Erziehung. Explizit oder implizit tritt sie mit dem Versprechen an, in bedeutsamer Hinsicht anders zu sein als die Familie. Stellte das Heim nur die Verlängerung der eigenen Familie dar, gäbe es kaum einen guten Grund, dort hin zu kommen. Weil die Familie zentrale Momente der Erziehungsverantwortung nicht leisten kann, kommt das Kind ins Heim. Also darf es auch erwarten, dass es im Heim einer anderen Art des Umgangs mit seiner Person begegnet. Für das Kind mit familiären Zwangserlebnissen wird deswegen die Frage wichtig sein, ob der Zwang im Heim eine neue Qualität besitzt. Wird an diesem anderen Ort nur das alte Muster fortgesetzt, das aus Machtkampf, Überwältigung, Demütigung und Gewalt besteht (Winkler 1988)? Oder erlebt das Kind hier – auch im Zusammenhang mit Zwang – etwas Neues? Dies wird nur dann der Fall sein, wenn der Zwang im Heim fachlichen Richtlinien unterliegt, also nachvollziehbarer, weniger aggressiv, reflektierter, transparenter erbracht wird als vorher. Außerdem ist es wichtig, dass dieser Unterschied einen Gewinn im Erleben des Kindes darstellt.

Rechtsstaatlichkeit, Transparenz und Reflexivität sind unverzichtbare Strukturelemente jeder öffentlichen Erziehung. Das gilt erste recht für riskante Interventionsformen, wie sie mit den verschiedenen Formen von Zwang verbunden sind. Zwangselemente im Heim müssen sich an höheren und anderen Ansprüchen messen lassen als Zwangsmomente in der Familie. Deswegen müssen Qualitätsstandards unter breiter Beteiligung der Mitarbeiter, aber auch der Leitungskräfte und der Landesjugendämter entwickelt werden. (Ein Beispiel für solche Standards ist im Anhang aufgeführt.)

3.2 Welche Formen von Zwang wenden Heime an?

In diesem Kapitel geht es darum, mit Hilfe der in Kap. 1 entwickelten Theorie die Zwangspraxen von Heimen zu untersuchen. Leitfragen dabei sind: In welchen Formen und wie wird Zwang ausgeübt? Handelt es sich wirklich um Zwang oder nur um Druck oder noch etwas anderes, und wie kann man das begründen?

Bei der Beantwortung dieser Frage stehen uns in erster Linie drei Intensivgruppen zur Verfügung, in denen in verschiedener Hinsicht Zwangselemente angewandt wurden. Diese Heime, die wir im Rahmen eines Forschungsprojektes im Auftrag des Fachverbandes Evangelischer Erziehungshilfen in Westfalen (Eckart) und des Ministeriums für Generationen, Familie, Frauen und Integration in Nordrhein-Westfalen untersuchen konnten, sind (Schwabe et al. 2005):

- die Intensivgruppe *Die Spatzen* in Grünau-Heidequell, Träger: Johanneswerk Bielfeld,

- die Intensivgruppe *Step by Step*, Träger: Jugendhilfe Eckardsheim/ Bethel,
- die Intensivgruppe *Wellenbrecher*, Träger: Jugendhof Porta Westfalica.

Die Bandbreite der untersuchten Zwangselemente in den drei Einrichtungen umfasst:

- Auszeiträume in zwei Einrichtungen,
- nächtlichen Einschluss mit vorangehender Leibesvisitation,
- stundenweise geschlossene Türen während des Tagesablaufs,
- ausstiegssichere Fenster,
- verpflichtende Teilnahme an einem Punkte- und Stufensystem, das über An- und Aberkennung von Privilegien und unterschiedlichen Freiheitsgraden entscheidet,
- verpflichtende Teilnahme an Aktivitäten, durchgesetzt u. U. mit körperlichem Nachdruck.

Im Rahmen des vorliegenden Buches können wir nur einen Teil dieser Zwangselemente näher darstellen, eine CD-Rom mit ausführlichen Berichten ist über den Fachverband erhältlich. Trotzdem kann ein Großteil der empirischen Ergebnisse an dieser Stelle eingebracht werden. Dabei ist zu berücksichtigen, dass wir die schwierige Aufbauphase dieser Projekte, die ersten beiden Jahre, beobachtet haben. Allerdings kann erst nach etwa drei Jahren davon ausgegangen werden, dass ein neues Konzept reibungslos läuft. Insofern verwundert es nicht, dass wir auch Kritisches beobachtet haben. Unser Eindruck war, dass die Mitarbeiter und Leiter der Einrichtung in hohem Maße offen für Veränderungen und Verbesserungen waren, wenn sie durch uns auf Missstände aufmerksam gemacht wurden.

3.2.1 Zwang, die Aufnahme ins Heim betreffend

Die wenigsten Kinder kommen freiwillig ins Heim. Die Entscheidung ist von einer solchen Tragweite, dass man sie ihnen auch nicht alleine überlassen kann. Sie wird wesentlich von Erwachsenen gefällt, häufig solchen, gegenüber denen sich das Kind/der Jugendliche nicht offen positionieren kann. Deshalb ist es sinnvoll, bei Heimaufnahmen verschiedene Grade von (Un-)Freiwilligkeit anzunehmen bzw. beinahe in jedem Fall mit Ambivalenzen in Bezug auf diese Entscheidung zu rechnen. Von *Zwang* kann nur dann die Rede sein, wenn mit der Verweigerung des Eintritts in das Heim von Seiten des Kindes für dieses erwartbar bzw. glaubhaft

- Liebesentzug bzw. familiäre Exklusion seitens der Eltern droht nach dem Motto: Wenn du da nicht hingehst, dann bist du für uns als Sohn/ Tochter gestorben, dann entziehen wir dir unsere elterliche Zuneigung!

- eine von existenziellen Ängsten begleitete Preisgabe des Individuums droht nach dem Motto: Wenn du da nicht hingehst, dann kümmert sich niemand mehr um dich, weder die Eltern noch das Jugendamt, dann sitzt du auf der Straße und musst alleine schauen, wie du klar kommst!
- eine andere existenzielle Androhung verbunden ist z. B.: Wenn du nicht ins Heim gehst, dann musst du ins Gefängnis oder die Geschlossene Unterbringung und dort ist es noch viel schlimmer!
- Von Zwang sprechen wir auch, wenn der Familie das Sorgerecht entzogen wurde und deshalb andere Stellen auf dem Rechtsweg bestimmen, an welchem Ort sich das Kind/der Jugendliche aufzuhalten hat, auch wenn sich das Kind/der Jugendliche deutlich gegen das Heim als Unterbringungsform oder gegen eine spezifische Gruppe ausgesprochen hat. In diesem Fall muss das Kind/der Jugendliche damit rechnen, von der Polizei aufgegriffen und auch gegen seinen Willen in das Heim transportiert zu werden.

Unter solchen Bedingungen kann man zunächst von einem Zwangskontext sprechen: Das Kind/der Jugendliche wird zur Hilfe gezwungen. Wenn dieser Zwangskontext wie in den von uns untersuchten Heimen zusätzlich Zwangselemente enthält oder diese eine Rolle bei der Ablehnung der Hilfeform durch den jungen Menschen spielen (z. B. das Wissen um einen Auszeitraum etc.), müsste man Zwangskontext und Zwangselemente zusammen denken und doch begrifflich trennen. Da das Heim einen umfassenden Lebensort zur Verfügung stellt und sich das Kind von den Personen und Strukturen des Heimes in emotionaler wie materieller Hinsicht abhängig empfinden wird, bedeutet ins Heim gezwungen zu werden, einen erheblichen Eingriff in die Freiheitsrechte eines Individuums.

Fühlt sich der junge Mensch in emotionaler Hinsicht jedoch nicht an seine Eltern gebunden, kann das Leben auf der Straße oder ein Aufenthalt im Gefängnis durchaus seine Reize besitzen. In diesem Fall kann man nicht von Zwang im von uns definierten Sinne sprechen, sondern von einer äußerst eingeschränkten Wahl zwischen zwei schlechten Alternativen. Wählt das Kind das Heim bzw. lässt es sich dort hin schicken, darf man diesen Aufenthalt sicher nicht freiwillig nennen, aber auch nicht erzwungen. In den meisten Fällen wird es in dieser Situation eine ganze Reihe von Push- und Pullfaktoren geben. Im Erleben der jungen Menschen stehen je nach Situation die unangenehmen, sie (be)drängenden oder die mit Erwartungen und Hoffnungen verbundenen Faktoren im Vordergrund, auch wenn sie den Fachkräften gegenüber überwiegend den unfreiwilligen Status betonen werden (Kähler 2005).

Nur von außen betrachtet, kann man demnach nicht entscheiden, ob ein Kind/Jugendlicher gegen seinen Willen gezwungen wird, ins Heim zu gehen, oder nicht. Um diese Frage beantworten zu können, sollte man das Zusammentreffen der folgenden drei Elemente beobachten:

1. Jemand (Person, System), der darüber eine formale oder informelle Entscheidungsmacht besitzt, muss dringend wollen, dass das Kind ins Heim geht.
2. Das Kind hat deutlich gemacht, dass es nicht ins Heim will (verbal oder non-verbal).
3. Eine der oben geschilderten Konsequenzen wird angedroht oder kommt zum Einsatz und/oder das Kind/der Jugendliche fühlt diese unausweichlich auf sich zu kommen. Der junge Mensch sieht sich dabei existenziell so sehr bedroht, dass er sich fügt, sich aber gezwungen fühlt.

Über diese Punkte, insbesondere Punkt 3, geben die Jugendlichen fremden Forschern nicht ohne Weiteres Auskunft, was es methodisch nicht einfach macht, zu einer Einschätzung zu kommen, ob Zwang im definierten Sinne vorliegt (siehe Tab. 2). Auffällig war, dass Jugendämter und aufnehmende Heime die Frage nach dem Grad der Unfreiwilligkeit bzw. einer eigener Motivation oder das Vorliegen von Zwang bei der Aufnahme eher wenig systematisch reflektierten und selbst schwer einschätzen konnten. Unser empirisches Fazit lautet: Bei den von uns untersuchten Heimunterbringungen hat Liebesentzug als Zwangsform kaum eine Rolle gespielt, weder bei den Kindern noch bei den Jugendlichen. Bei den Kindern der Gruppe *Wellenbrecher* fiel auf, dass sie sich einen größeren Einfluss auf die Entscheidung ausmalten, als dieser von Eltern und Mitarbeitern eingeschätzt wurde. Viele Eltern der Jugendlichen von *Step by Step* waren, bezogen auf die Heimunterbringung, ambivalent und häufig unwillig oder auch unfähig, dazu eine klare Stellung zu beziehen. Die Angst, ohne weitere Jugendhilfe und zugleich auch ohne Versorgung auf der Straße zu stehen, wurde von einigen Jugendlichen als ernste existenzielle Bedrohung erlebt (3 von 21). Allerdings nicht bei allen; einige fühlten sich durchaus fähig oder sogar dazu geneigt, ihr Überleben auf der Straße auszuprobieren (5 von 21).

Tab. 2: Bandbreite der (Un-)Freiwilligkeitsgrade

	unklar	Zwang	unfreiwillig, kein Zwang	eigene Motivation	Gesamt
Kinder	3	1	2	6	12
Jugendliche	7	3	6	5	21

3.2.2 Zwang, der die physische Überwältigung und den Transport gegen den eigenen Willen betrifft

Dieses Zwangselement spielt bei den *Spatzen* und den *Wellenbrechern* in Verbindung mit dem Auszeitraum eine Rolle und wurde nur bei Kindern zwischen acht und zwölf Jahren angewandt. Die Kinder werden in spezifischen Konfliktsituationen, die sich entweder auf eine destruktive Weise wiederholen oder dazu führen, dass das Kind die Kontrolle über sich verliert bzw. andere angreift, aufgefordert, mit dem Pädagogen in den Auszeitraum hineinzugehen. Ziel des Aufenthalts ist es, dass sich das wütende Kind beruhigt und der zugrunde liegende Konflikt geklärt werden kann. Wenn die Kinder das Mitkommen verweigern, erfolgt ein mehr oder weniger totaler Zugriff auf den Körper des Kindes, d. h. seine Überwältigung. Häufig gehen die Kinder bei den ersten Anzeichen des Einsatzes von Körperkraft mit dem Pädagogen in den Raum; einige mussten aber auch unter heftiger Gegenwehr von zwei oder drei Erwachsenen in den Raum transportiert werden. In vier Fällen blieb es bei einer einmaligen Episode. In drei anderen Fällen wurden Kinder häufiger in den Raum verbracht. In drei Fällen konnten wir den Entwicklungsweg von der erzwungenen bis hin zur freiwilligen Nutzung des Raumes beobachten: Nach zwei, drei Überwältigungssituationen gingen diese Kinder auf Aufforderung durch die Pädagogen alleine in den Raum, noch später sogar aus eigener Initiative. Zumindest in diesen Fällen könnte man davon sprechen, dass der Fremdzwang zu einer Bildungsbewegung geführt hat, die dem Kind einen größeren Verhaltensspielraum und mehr Selbstkontrolle eingebracht hat.

Dass es sich bei der Verbringung des Kindes in den Auszeitraum gegen seinen Willen um Zwang handelt, ist klar. Die Kinder haben auf Grund ihrer körperlichen Statur keine Chance, sich gegen die Erwachsenen durchzusetzen. Einmal in den Auszeitraum verbracht, beruhigen sich die Kinder relativ schnell. Der Aufenthalt dauert selten länger als 20 Minuten; meist findet schon im Auszeitraum ein Gespräch statt, das den weiteren Verlauf des Tages und damit die Rückkehr des Kindes auf die Gruppe vorbereitet bzw. klärt. Später wird die Situation, die zur Auszeit geführt hat, noch einmal durchgesprochen, und die diesbezüglichen Aussagen der Kinder werden protokolliert.

Dieses Zwangselement wurde von den meisten der befragten Kinder, sowohl denen, die dem Zwang ausgesetzt waren, als auch denen, die ihn beobachtet hatten, gut geheißen. Das Vorhandensein des Raumes als Teil der Wohnsituation erweckt nach unseren Befragungsergebnissen kaum Angst bei den Kindern. Bei einigen ist die Maßnahme schambesetzt (am deutlichsten bei einem Mädchen), bei anderen stellt er eine unangenehme, aber keineswegs traumatisierende Erinnerung dar.

Trotz der Entwicklungsmöglichkeit vom Fremdzwang zur Selbstkontrolle dürfte diese Form von Zwang am nächsten bei Gewalt liegen und in der Fachöffentlichkeit die größten Bedenken hervorrufen. Umso dringender wäre zu klären, ob es sich bei solchen Zugriffen um Freiheitsbeschränkung mit pädagogischem Hintergrund oder um Freiheitsentzug handelt. Unterschiedliche Familienrichter haben dazu unterschiedlich Stellung bezogen, einige sahen in der Auszeitpraxis eine pädagogische Maßnahme im Ermessen der Einrichtung und des Jugendamtes bzw. der Eltern.

In der Gruppe *Step by Step*, in der 13- bis 16-jährige Jugendliche betreut werden, werden körperliche Auseinandersetzungen mit den Jugendlichen in der Regel vermieden. In Fällen, in denen die körperliche Begrenzung eines aggressiv agierenden Jugendlichen unabdingbar erscheint, wird die Polizei gerufen, also das offiziell befugte Ordnungsorgan. Das Auftauchen der Polizei beendet häufig das Agieren der Jugendlichen; es ist aber auch schon zu Überwältigungssituationen durch Polizisten gekommen, bei denen diese Pfefferspray oder ähnliche Mittel einsetzen mussten.

Dennoch kommt es von Zeit zu Zeit zu körperlichen Auseinandersetzungen zwischen Pädagogen und Jugendlichen im Rahmen der Durchsetzung von Regeln bzw. bei Kämpfen, bei denen es um Macht, aber auch Anerkennung des prinzipiellen Weisungsbefugnis von Erwachsenen gegenüber den Jugendlichen geht. Häufig gehen solchen Situationen Provokationen auf Seiten der Jugendlichen voraus (Schwabe 2004). Beispielsweise werden Jugendliche aus dem Haus getragen oder geschoben, wenn sie sich weigern, früh aufzustehen und das Haus zu verlassen. Auch wenn die Erwachsenen besonders darauf achten, dass dies defensiv, verletzungsfrei und möglichst ohne Demütigungscharakter erfolgt, zeigen die Befragungen der Jugendlichen andere Wahrnehmungen auf: Sie erleben den Zwang, den die Fachkräfte ausüben als aggressive Akte und fühlen sich durch diese zur Gegenwehr provoziert. Zudem schildern sie, dass es beim Hinausschieben oder Tragen zu Unfällen kommt, z. B. wenn sich der Jugendliche am Treppengeländer festklammert und seine Hand auf schmerzhafte Weise weggezogen wird.

Ganz sicher handelt es sich bei den Jugendlichen von *Step by Step* um solche, die es immer wieder auf Machtkämpfe anlegen, die Fachkräfte häufig und in kränkender Weise provozieren und auch enttäuscht oder unzufrieden wären, wenn die Erwachsenen darauf immer nur deeskalierend antworten würden. Gleichzeitig reagieren sie auf jede Ungerechtigkeit und jeden Schmerz im Rahmen der von ihnen mit konstellierten Situationen äußerst sensibel. Ob es die Demütigungserfahrung der aktuell erlebten körperlichen Überwältigung ist, die sie so empfindlich reagieren lässt, oder ob sie diese Szenen analog traumatischer Episoden aus ihrer Kindheit, in der sie tatsächlich misshandelt wurden, erleben, ist uns nicht immer klar geworden. Beide Gefühlsaufladungen dürften sich in vielen Fällen verbinden und zu einer verzerrten Wahrnehmung solcher Situationen führen, die man aber nicht einfach als falsch abtun darf.

Auf der Seite der Mitarbeiter geht es darum, einige wenige Basisregeln im Binnenraum durchzusetzen, notfalls eben auch mit körperlichem Zwang, damit diese nicht immer wieder neu ausgetestet werden müssen. Dabei hatten die Mitarbeiter immer wieder den Eindruck, in einen nachgeholten Kampf um Anerkennung verwickelt zu werden und diesem nicht ausweichen zu dürfen. Auffällig war, dass es zu dieser Art von Kämpfen nur zwischen den männlichen Jugendlichen und den männlichen Mitarbeitern kam. Die einzige in der Gruppe tätige Frau wurde in ihrer und der Wahrnehmung der anderen nicht in solche Konflikte verwickelt.

Als Externe haben wir *Step by Step* empfohlen, jeden Einsatz von Körperkraft zu dokumentieren und so transparent wie möglich zu behandeln. Der davon betroffene Jugendliche sollte anschließend die Chance bekommen, dazu Stellung zu nehmen; er muss Zugang zu einem niedrigschwelligen Beschwerdeverfahren bekommen, d.h. zu einer erwachsenen Person außerhalb der Gruppe, die sich um diesen Fall von Gewalt kümmert. Gleichzeitig müssen Jugendamt und Eltern von dem Vorfall informiert werden, und eine Nachbereitungssitzung muss anberaumt werden, in der der Jugendliche seine Sicht des Vorfalls darstellen kann. Der Jugendliche soll erleben, dass der Körpereinsatz von Seiten der Institution mit Vorsicht behandelt und keinesfalls als selbstverständlich übergangen wird. Er muss dabei aber auch auf seine Konfliktanteile hingewiesen werden bzw. damit konfrontiert werden, dass er vorher viele Aufforderungen erhalten hat, etwas bestimmtes zu tun, und der Körpereinsatz angekündigt wurde (Schwabe 2001a).

Alle denkbaren Einsätze von körperlichem Zwang gegenüber Jugendlichen sollten möglichst im Vorfeld der Aufnahme und/oder im Rahmen des Hilfeplangespräches mit allen Beteiligten vorbesprochen werden. Der Jugendliche soll sehen, dass seine Eltern bzw. das Jugendamt z.B. der Maßnahme, aus dem Haus getragen zu werden oder dem Wegnehmen der Bettdecke am Morgen für eine befristete Zeit oder bezogen auf eine bestimmte Häufigkeit ausdrücklich zustimmen. Die Heimmitarbeiter sollten sich in erster Linie als verlängerter bzw. beauftragter Arm anderer verstehen und so weit wie möglich aus der Dynamik des persönlichen Machtkampfes aussteigen.

3.2.3 Zwang, der die eigene Bewegungsfreiheit einschränkt

Bei den Gruppen *Step by Step* und *Wellenbrecher* wird das Haus zu bestimmten Zeiten abgeschlossen: während der internen Beschulung am Vormittag (ca. drei Stunden), während der Mittagsruhe (ca. eine Stunde), während des Abendessens bzw. der Tagesreflexion und während der

Nachtruhe (ca. sieben Stunden). Auf Grund der zeitlichen Befristung gilt dies auch im Einvernehmen mit dem zuständigen Landesjugendamt als *Freiheitsbeschränkung*, nicht als *Freiheitsentzug* (siehe Kap. 6). Alle Fenster in den beiden Häusern sind ausstiegssicher, d. h. können nur gekippt oder gar nicht geöffnet werden.

In der Intensivgruppe für Jugendliche ist der an die Türen delegierte Zwang relativ total: Ohne Schlüssel kann man das Haus nicht verlassen, und den Schlüssel haben nur die Pädagogen. Darüber hinaus sind die Fenster durch davor gehängte, riesige Plexiglasscheiben ausstiegssicher gemacht. Diese Sicherung kann prinzipiell nicht entfernt werden. In der Gruppe *Wellenbrecher* können die Kinder durch das Umschlagen eines Mechanismus die Türen öffnen, wobei gleichzeitig eine Alarmsirene ertönt. Das haben fast alle schon einmal ausprobiert. Die Kinder haben das Gefühl, aus dem Haus weglaufen zu können, wenn es unbedingt nötig wäre. Deswegen erleben sie die geschlossene Türe nicht als Zwang. Sie erleben die geschlossenen Türen überwiegend als lästig. Ähnliches gilt für die Fenster, die mit einem Türschloss gesichert sind.

Auch die Jugendlichen von *Step by Step* äußern: „Wenn's sein muss, komm ich hier raus", was allerdings tatsächlich einigen Aufwand erfordert. Sie reagieren auf den zeitlich befristeten Zwang zum Aufenthalt deutlich negativer. Manche fühlen sich wirklich erheblich eingeschränkt (z. B. die Raucher), andere eher herausgefordert, das Aussteigen trotzdem zu probieren. Für die Mehrheit stehen unangenehme Assoziationen im Vordergrund: Die geschlossenen Türen und Fenster erinnern sie an Psychiatrie oder Jugendarrest, beides Institutionen, die etliche bereits erlebt haben. Für manche steht bei der Ablehnung die bange Frage im Hintergrund: „Bin ich denn tatsächlich so schlimm, dass ich eingeschlossen werden muss?" Der Zwang berührt ihr Selbstbild. Für andere Jugendliche stellen die geschlossenen Elemente auf Grund der zeitlichen Befristung nach eigenen Angaben kein Problem dar; sie fürchten jedoch, von anderen Jugendlichen – innerhalb oder außerhalb des Heimgeländes – als „krasse Fälle" stigmatisiert zu werden. Dass sich beide Aspekte im inneren Erleben vermischen, auch wenn sie getrennt kommuniziert werden, dürfte klar sein.

Einschränkender jedoch als die geschlossene Tür erleben die Jugendlichen bei *Step by Step* die beschränkenden Ausgangszeiten. Diese sind aber nicht mit Zwangselementen verbunden. Das einzige, was die Jugendlichen beim Zu-spät-Kommen riskieren, wäre, um den Einlass bitten zu müssen, da die Eingangstür ab 22 Uhr geschlossen ist. Eventuell stellen sie sich vor, dass ihnen diese Bitte abgeschlagen würde oder mit unzumutbaren Unterwerfungsgesten verbunden wäre und sie gezwungen wären, draußen zu übernachten. Demnach würden sie also das Erlebnis einer Exklusionserfahrung fürchten. Je nach biographischem Hintergrund dürfte diese Phantasie an bereits stattgefundene Ausstoßungs-Szenen anschließen, seien sie nun real oder imaginär. Wenn diese erinnerten Szenen steuerungskräftig genug sind, dass sie das Zu-spät-Kommen verhindern, kann man von Zwang reden. Mit einer sofort folgenden Entlassung als Antwort auf das nächtliche Zu-spät-Kommen müssten die Jugendlichen aber sicher nicht rechnen. Insofern kann man diese Ausgangsbeschränkung nicht generell als Zwang definieren. Aus den von den Jugendlichen geäußerten Unmutsbekundungen zu schließen, kann diffuser Druck, der mit der Überschreitung einer Regel verbunden ist (hier die Ausgangszeit) unangenehmer und bedrückender erlebt werden, als ein institutionelles Zwangselement (z. B. zeitweise geschlossene Türen). Hier bewahrheitet sich, was wir im Einleitungskapitel vermuteten: Zwang besitzt neben der objektiven auch eine subjektive Dimension. Wir sollten genau hinschauen, was Jugendliche als einschränkend erleben, ohne dies vorschnell Zwang zu nennen, und zugleich darauf gefasst sein, dass sie etwas als Zwang erleben, was nach objektiven Kriterien nicht als solcher definiert wird.

3.2.4 Zwang, der die eigene Entscheidungsfreiheit einschränkt

Alle Kinder und Jugendlichen der drei Gruppen müssen an bestimmten Veranstaltungen des Heimes teilnehmen, die in verpflichtenden Freizeitaktivitäten oder Arbeitsdiensten bestehen. Der Nachmittag steht demnach nur sehr eingeschränkt zur freien Verfügung. Der Sinn dieser Aktivitäten besteht darin, dass die jungen Menschen ausreichend Bewegung erhalten, dass unbeschäftigte Zeiten, in denen dissoziale Neigungen die Überhand erhalten können, möglichst kurz gehalten werden und der Tag bzw. die Woche eine erkennbare Struktur aufweist. Die Verpflichtung zu solchen Aktivitäten erfolgte aus der Erfahrung der Fachkräfte, nach der bei dieser Zielgruppe die Einigung auf gemeinsame, freiwillige Aktivitäten häufig scheitert und dass die Kinder und Jugendlichen auch bei großen Unlust-Demonstrationen vor der Aktivität anschließend in eine deutlich bessere Stimmung geraten.

Solcherart verpflichtende Aktivitäten gibt es in vielen Heimen. Die Grade der (Un-)Freiwilligkeit auf Seiten der Kinder/Jugendlichen dürften erheblich variieren und vor allem davon abhängig sein wie attraktiv sie die jeweiligen Aktivitäten erleben. Von Zwang kann man hinsichtlich dieser Verpflichtung nur sprechen,

- wenn die Verweigerung dazu führt, dass Kinder und Jugendliche gegen ihren Willen an den Ort der Aktivität transportiert werden oder sie mit anderen Formen von Bestrafung rechen müssen, bei denen sie überwältigt werden.
- wenn die Verweigerung der Teilnahme glaubhaft und erlebbar zu Liebesentzug auf Seiten der Personen führt, von denen sich das Kind abhängig fühlt, oder zur (baldigen) Exklusion aus dem Heim führt.

In den von uns beobachteten Situationen waren solche Zwang ausübenden Strukturen nicht zu beobachten. Im Bedarfsfall überreden die Pädagogen die Kinder bzw. Jugendlichen zur Teilnahme oder bitten sie, wenigstens an den Ort der Gruppenaktivität mitzukommen und sich dort ruhig zu verhalten. Am ehesten mussten noch die Jugendlichen in der Gruppe *Step by Step* damit rechnen, u. U. mit einem Maximum an passiver Körperkraft aus dem Haus geschoben zu werden. Ein junger Mensch in der Gruppe *Wellenbrecher* erhielt nach seinen Verweigerungen bezüglich der Gruppenaktivitäten einige Zeit individuelle Angebote, so dass er sich zumindest auch bewegen musste. Er kam aber kurze Zeit später in die Kinder- und Jugendpsychiatrie und wurde von dort aus entlassen. So könnte für etliche Kinder, die diese Entwicklung beobachtet haben, die Idee mitschwingen, dass die Verweigerung der Aktivitäten der erste Schritt zur Entlassung sei, was den Zwangscharakter erhöhen würde. Das scheint aber nur ganz am Rande eine Rolle gespielt zu haben.

Für die Jugendlichen von *Step by Step* dürfte der Umstand eine Rolle gespielt haben, dass man mit der Teilnahme im Rahmen eine Programms Punkte verdienen oder bei Fehlen verlieren konnte. Das mag für einige unangenehmen Druck erzeugen. Ob und unter welchen Bedingungen man diesen Zwang nennen kann, beschäftigt uns im nächsten Abschnitt.

3.2.5 Zwang im Zusammenhang mit dem Entzug von Privilegien

In der Gruppe Step by Step müssen die Jugendlichen an einem Punkteprogramm teilnehmen. Je nach Anzahl der von ihnen täglich erreichten Verhaltenspunkte, können sie sich von einer Eingangsstufe mit sehr wenigen Privilegien über zwei weitere Stufen mit immer mehr Annehmlichkeiten bis eine vierte Stufe hocharbeiten. Fallen die Wochenpunkte mehrfach unter ein bestimmtes Level, kann ein Abstieg auf niedrigere Stufen erfolgen, und der Jugendliche muss erreichte Privilegien wie den Zutritt zum gruppeneigenen Clubraum, den selbst verwalteten Zimmerschlüssel, das Handy oder großzügigere Ausgangsregeln wieder abgeben. Das Punkteprogramm wird derzeit noch überwiegend verhaltensmodifikatorisch begründet. Für uns Externe ist es fraglich, ob das Programm tatsächlich auf der Grundlage dieser Theorie funktioniert, ob es nicht mit dem Anspruch der Verhaltensänderung die Ablehnung der Jugendlichen provoziert und ob in den Fällen, in denen es die Jugendlichen positiv anspricht, nicht ganz andere Wirkfaktoren eine Rolle spielen (Kenntner 1996).

Die Interviews, die wir mit den Jugendlichen geführt haben, zeigen, dass sie das Stufenprogramm als ein sehr mächtiges Instrument der Verhaltenskontrolle erachten. Beinahe zähneknirschend müssen sie gestehen, dass die Pädagogen damit etwas entwickelt haben, was sie zu Anpassungsleistungen nötigt. Es bleibt ein fremdbestimmtes System, dem sie sich unterschiedlich stark unterwerfen, das sie aber auch benutzen lernen und mit dem sie, wenn sie es kennen, auch spielen können. Beispielsweise führte uns ein Jugendlicher vor, dass er es sich leisten könne, dem Abendessen fernzubleiben und mit dem Ball auf das Küchenfenster zu schießen: Er habe genug Punkte für diesen Tag gesammelt, sein Stufenerhalt sei gesichert. Hier zeigt sich wiederum ein Lerneffekt, auch wenn er sicher nicht intendiert wurde: Der Zwang führt zu einer Bildungsbewegung, in der der Jugendliche zu kalkulieren lernt, wann sich Anpassung für ihn lohnt und wann nicht. Man kann das als eine zynische Haltung bezeichnen und als Negativ-Ergebnis des Systems darstellen. Auf der anderen Seite waren die Jugendlichen vorher oft nicht in der Lage, ihr Verhalten zu steuern, auch wenn sie wussten, dass vieles für sie auf dem Spiel stand. Insofern kann eine gelungene Verhaltenssteuerung auf Grund eigener Beobachtungen und Entscheidungen für diese Jugendlichen einen großen Entwicklungsfortschritt darstellen. Dem entspricht noch kein nachhaltiger Lernprozess bzw. keine intrinsische Motivation. Aber die Voraussetzungen dafür sind mit der Fähigkeit zur selbstbestimmten Verhaltenskontrolle, zu der auch das begrenzte Aussteigen und der Wiedereintritt in das System gehören, gegeben. Um Zwang handelt es sich bei diesem Punkteprogramm,

a) wenn die Teilnahme an diesem unausweichlich ist, sofern man in dem vorgegebenen Rahmen bestimmte Privilegien bekommen oder sich erhalten will.
b) wenn bzw. weil in dessen Rahmen bedeutungsvolle Privilegien entzogen werden können, auf die sich der Jugendliche zur Sicherung seines Selbstwertgefühls oder seiner Selbstachtung angewiesen sieht.
c) wenn die Jugendlichen erleben, dass die Nicht-Teilnahme an dem Punkteprogramm zu der Entlassung der Verweigerer führt.

Der Punkt a) trifft für alle zu und wurde auch längere Zeit so wahrgenommen. Er alleine reicht jedoch nicht aus, um das Punktesystem als Zwang zu bezeichnen. Denn die Jugendlichen können sich dem ganzen System entziehen, indem sie weglaufen oder die Rückkehr nach Hause durchsetzen, was etliche getan haben. Andere Jugendliche zeigten sich desinteressiert an den Privilegien und bewegten sich wochenlang auf Stufe 1, der unattraktivsten Stufe des Aufenthalts, schienen aber wenig darunter zu leiden oder holten sich ihre Privilegien dadurch, dass sie für Stunden oder Tage entwichen. Einige waren sicher durch die Verhaltensanforderungen des Programms überfordert; sie besaßen, selbst wenn sie gewollt hätten, nicht die inneren Möglichkeiten, daran erfolgreich teilzunehmen. Andere setzten von vornherein auf die Möglichkeit sich zu entziehen.

Erst wenn auch eines der Elemente b) oder c) auf das Punktesystem zutrifft, kann man von Zwang sprechen. Die mögliche existenzielle Bedeutung mancher Privilegien liegt wie z. B. beim Handy als wichtiges Statussymbol auf der Hand. Aber gerade an dieser Stelle gab es bei Rückstufungen keine Konflikte und keine heftige Gegenwehr. Die Stufenabstiege waren lange im Voraus absehbar, so dass die Jugendlichen innerlich auf sie vorbereitet waren und die materiellen Privilegien an die Fachkräfte abgeben konnten. Vielleicht wollten sich die Jugendlichen an dieser Stelle auch nicht die Blöße geben, für etwas zu kämpfen, was so offensichtlich verloren war, auch wenn sie es als schmerzlich erlebt haben. Auch die bei Verweigerung drohende Entlassung, welche die Jugendlichen in mehreren Fällen hautnah erlebt haben, dürfte den erlebten Zwangscharakter des Punkteprogramms bei einigen begründet oder verstärkt haben. Insofern kann das Punktesystem je nach der inneren Situation des Jugendlichen und der von ihm gefühlten Abhängigkeit vom Heimplatz und vom Programm ein Zwangselement darstellen. Mindestens vier von 16 Jugendlichen haben trotz anfänglichen Leidens unter dem Programm als Zwangselement im Laufe der Monate das Beste für sich herausgeholt, ohne das Gefühl zu haben, sich ihm zu sehr unterworfen zu haben. Nachträglich konnten sie dem Programm eine gewisse erzieherische Funktion zugestehen. Vier andere Jugendliche haben es von vorneherein nicht als schlimm empfunden und es für sich nutzen können. Dem gegenüber stehen acht Jugendliche, die an dem Programm gescheitert sind oder die Gruppe aus anderen Gründen in Form von wiederholtem Entweichen verlassen haben. Anderen Heimen mit Punkteprogrammen ist es nach eigenen Angaben besser gelungen, die Jugendlichen dafür zu motivieren. Dort steht weniger der Machtaspekt des Punkteprogramms im Vordergrund als der individuelle Nutzen für das Kind bzw. den Jugendlichen (Kenntner 1996; Mauthe et al. 2005; Ückermann/Günder 2005).

3.3 Vorerfahrungen mit Zwang

In stationäre Jugendhilfe werden in der Regel junge Menschen aufgenommen, wenn nach Einschätzung der Fachkräfte die familiären Ressourcen so erschöpft scheinen, dass Formen von familienersetzender Fremderziehung benötigt werden, um eine günstige Entwicklung des Kindes zu ermöglichen oder zumindest weiteren Schaden von ihm abzuwenden. Nicht alle diese Kinder und Jugendlichen bedürfen zu ihrer weiteren Erziehung institutioneller Zwangselemente. In vielen Fällen kommt es darauf an, eine tragfähige Beziehung zu ihnen aufzubauen, die auch das Austragen von Konflikten und das Einbringen von Begrenzungen unterhalb der Schwelle von Zwang beinhaltet. Auf etliche Kinder würde sich Zwang sogar ausgesprochen schädlich auswirken und mögliche Entwicklungen mehr verhindern als ermöglichen.

Zwangselemente können nur dann Erziehungsmittel genannt werden, wenn man fachliches Wissen darüber vorweisen kann, warum man Zwang und welche Form von Zwang man für ein bestimmtes Kind sinnvoll hält, und dabei auch Kinder entdeckt werden, bei denen das nicht der Fall ist. Angesichts der vielfältigen Schicksale der Kinder wird man so etwas wie eine klare Indikation für Zwang nicht erwarten dürfen. Allerdings muss man vor der Anwendung von Zwangselementen wenigstens die Klärung der Lebensgeschichte hinsichtlich des Themas Zwang leisten. Dabei können die Lebensgeschichten der Kinder relativ einfach kategorisiert werden. Zu unterscheiden sind:

A) Erziehungsschicksale, in denen zu früh, zu oft, zu rigide oder zu verwirrende Formen von Zwang angewandt wurden. Diese können massive Gewalterfahrungen einschließen; sie können Formen von sexueller Ausbeutung beinhalten, die zum Teil auf subtile Formen von Zwang aufbauen (Liebesentzug, Exklusionsandrohung).
B) Erziehungsschicksale, in denen zu spät, zu selten und zu unentschlossene Formen von Zwang angewandt wurden und das Kind zu häufig seinen Willen gegen den der Eltern durchsetzen konnte und deshalb zu wenig Anpassungsleistungen bzw. zu wenig Selbstkontroll-Kompetenzen erlernt hat. Häufig ist dies bei alleinerziehenden Müttern der Fall.
C) Erziehungsschicksale, in denen sich beide Muster (A und B) entweder in einem Haushalt rasch abgewechselt haben (inkonsistenter Erziehungsstil) und deswegen für das Kind Unberechenbarkeit in Bezug auf die Verhaltensanforderungen im Vordergrund stand oder die beiden Muster (A und B) in mehreren Lebensphasen mit verschiedenen Erziehungsberechtigten auf einander folgten. Auch auf diese Weise können Brüche in der Kontinuität und Verlässlichkeit entstanden sein.

Wenn wir die insgesamt 21 Jugendlichen und 17 Kinder hinsichtlich der häufig lückenhaften Akteninformationen betrachten, die wir im Rahmen des Projektes gesammelt haben, so würden wir diese vorläufig einteilen, wie es Tabelle 3 zeigt.

Tab. 3: Bisherige biographische Muster mit Blick auf Zwang

	Unklare Zwangsgeschichte	A)	B)	C)	Gesamt
Kinder	3	4	5	5	17
Jugendliche	8	4	3	6	21

Der einfachen Einteilung der Erziehungsschicksale in Bezug auf das Erleben von Zwang folgt leider keine ebenso einfache Empfehlung für die (Nach-)Erziehung dieser Kinder und Jugendlichen. Gemeinsam ist allen drei Gruppen, dass die öffentliche Erziehung beim Scheitern bzw. der Fehlentwicklung der bisher in der Familie praktizierten Zwangselemente einsetzt oder bei deren Fehlen. Sie tritt damit unmittelbar ein thematisches „Erbe“ an, das in der Familiensozialisation grundgelegt wurde. Ob sie will oder nicht, gerät sie damit in den Bann eines jeweils bestimmten Entwicklungsschicksals in Bezug auf Zwang. Das muss den Einrichtungen klar sein. Fachlich ist es deswegen dringend geboten, dass sich die Einrichtungen das individuelle Entwicklungsschicksal des Kindes/Jugendlichen gerade im Hinblick auf Zwang vergegenwärtigen und dieses zum Ausgangspunkt für ihre Praxis machen.

Welche Verhaltensweisen kommen mit den drei Gruppen auf die Einrichtungen zu? Kinder der Gruppe B) verhalten sich in der Regel auch in den Heimgruppen so grenzüberschreitend und undiszipliniert, dass sie mit Verhaltensansprüchen konfrontiert und ihnen Grenzen gesetzt werden müssen. Wie gewohnt, versuchen sie, diese in Form von Manipulation und Spaltung des Teams oder zwischen Elternhaus und Einrichtung oder in Form von offenem Widerstand zu unterlaufen. Insofern erscheint eine Erziehungspraxis angemessen, welche die Beachtung der schon abgesteckten, aber ebenso rasch übertretenen Grenzen konsequent einfordert, aber diesen Kindern auch aufzeigt, welche erweiterten Spielräume sich für sie auftun, wenn sie den Regeln Beachtung schenken. Häufig werden sich diese Kinder eher einem Erzieher zuliebe anpassen, als dass sie den Grund der Forderung einsehen. Auch über den Weg der Identifikation kann gelernt werden. Überschreiten diese Kinder die Regeln aber weiter, sollte ein spürbarer Druck aufgebaut werden, und das Brechen von Regeln muss mit Sanktionen belegt werden (Schwabe 1998). Zur Durchsetzung derselben können auch Zwangselemente sinnvoll sein, vor allem wenn man eine Delegation für diese erhält. Die Zwangselemente können den in diesem Buch geschilderten entsprechen, aber auch andere Formen von Zwang beinhalten. Einrichtungen bzw. Gruppen, die ein solches Erziehungskonzept umsetzen, sind ständig in der Gefahr, entweder zu rigide zu werden oder in ihrer Konsequenz zu erlahmen. Oft pendeln sie zwischen beiden Extremen. Deshalb sind sie immer wieder auf eine distanzierte Außenperspektive angewiesen, die sie zu steter Selbstbeobachtung und Korrektur anhält.

Einem Teil der Kinder wird dieser konsequente Erziehungsstil, der gleichzeitig attraktive Angebote macht, aber auch Grenzsetzung und u. U. Zwangselemente einführt, als eine Form von Halt gut tun, so dass sie sich zumindest innerhalb der Einrichtung und ihres Rahmens gut entwickeln. Ein anderer Teil dieser Kinder erlebt die Verhaltensanforderungen seitens der Einrichtung jedoch als uneinsehbare Zumutungen; sie werden sehr erfinderisch dabei sein, sich den Grenzsetzungen zu entziehen oder das System zu verlassen, z. B. indem sie ihre Eltern gegen dieses mobilisieren. Für die Pädagogen in Einrichtungen für solche Kinder, für die eine Nacherziehung in Sachen Selbstkontrolle ansteht, stellen sich vor allem folgende Fragen:

a) Haben sie ihre eigene Erziehungsbiographie im Hinblick auf Zwang und Zwangsmomente geklärt und können deswegen sowohl Zwangserfahrungen in gekonnter Form, aber auch alle anderen mit Erziehung verbundenen Erlebnisformen vermitteln? Anders: Sind sie in der Lage, die richtigen Verbindungsformen von Freiheit und Zwang bzw. Machtanspruch und Partizipation umzusetzen?
b) Gelingt es, einen klaren Auftrag – insbesondere einen elterlichen – für die Etablierung von Zwangselementen zu bekommen? Bei den justiziablen Formen von Zwangsanwendung muss das auch im Rahmen eines richterlichen Auftrags geschehen, in allen anderen Fällen muss der Hilfeplan einen solchen Auftrag formulieren. Wichtiger als die Pseudo-Zustimmung von Eltern, die in ihrer Hilflosigkeit oft alles mögliche zu unterschreiben bereit sind, ist eine saubere Auftragsklärung. Dies beinhaltet die Beantwortung der Frage, wer sich von der Anwendung von Zwang was erwartet und wie eindeutig er jeweils dahinter stehen kann. Eine klare Sortierung unterschiedlicher Positionen und Akzeptanzgrade ist häufig hilfreicher als die Etablierung eines formalen Konsens. Jugendhilfeeinrichtungen sollten allerdings sehr genau beobachten, wie viel Auftragsklarheit sie brauchen, um erfolgreich arbeiten zu können. Leider ist das benötigte Ausmaß an Klarheit nicht bei jedem Kind/Jugendlichen gleich.
c) Wie können Systeme der permanenten Reflexion und Kontrolle aussehen und funktionieren, die den schmalen Grad von konstruktiver Machtanwendung und destruktivem Machtmissbrauch bzw. von gekonntem Zwang und Gewalt beobachten? Die Anforderung wird umso höher, da die zu beobachtenden Grenzverläufe, bezogen auf ihre Ausschläge in die gefährliche Richtung, nicht eindeutig festzumachen sind, und viele Aktivitäten der Pädagogen ambivalent zu beurteilen sind. Freilich darf man bei dieser Erkenntnis nicht stehen bleiben: Auch wenn man sich nie sicher sein kann, ob und wem die Anwendung von Zwang dauerhaft hilft, muss es klare Verfahren geben, die eine Entscheidung über die Anwendung von Zwang als richtig oder falsch möglich machen. Dies gilt sowohl für die Hilfeplanung als auch für die einzelne Anwendungssituation.
d) Wann müssen Formen von Zwangsanwendung abgebrochen werden, weil ihre Risiken höher erscheinen als die beabsichtigten Chancen, und welche anderen Formen von Hilfe und Unterstützung sollten sich daran anschließen?

Bei Kindern der Gruppe A scheint der Erziehungshilfe auf den ersten Blick die Rolle des Befreiers zuzukommen. Die Intervention der Jugendhilfe beendet in vielen Fällen die jahrelange Willkür von elterlichem Terror mit oder ohne Erziehungsanspruch. Trotzdem zeigen sich die Kinder in den Heimen häufig nicht befreit. Im Gegenteil: Sie provozieren die Fachkräfte dazu, ihnen ähnlich rigide zu begegnen wie die Eltern, sie begehen Übergriffe auf andere Kinder, sie verhalten sich so undiszipliniert, dass auch bei ihnen eine Nacherziehung dringend geboten erscheint. Warum verhalten sich Kinder, die unter zu häufigem und zu rigidem Zwang gelitten haben, in den Erziehungshilfeeinrichtungen häufig extrem grenzüberschreitend und machen andere zu Opfern ihrer Willkür? Dabei mögen drei Motive eine Rolle spielen:

1. Traumatisierte Kinder wenden den Abwehrmechanismus an, den schon Anna Freud als „Identifikation mit dem Aggressor" und ihr Vater als „Wendung vom passiv Erlebten zum Aktiven" beschrieben haben (Freud 1974, 57f; Freud 1969, 4ff). Die Kinder führen aktiv aus, was ihnen von anderen angetan wurde und was sie ohnmächtig erleben mussten. Diese Art „ungeschickter" Trauma-Verarbeitung sichert zwar das psychische Überleben dieser Kinder, gefährdet aber in hohem Masse ihre Umgebung, insbesondere wenn sich bei ihnen im Zuge der ersten Bewältigungsversuche sadistische und masochistische Neigungen entwickelt haben.
2. Die Kinder fühlen sich häufig in hohem Maße an ihre misshandelnden Eltern gebunden. Trotz aller Leiden und Schmerzen, die ihnen angetan wurden, lieben sie ihre Eltern oder wollen zumindest nicht auf das Gefühl familiärer Zugehörigkeit verzichten. Diese Loyalitätsbeziehungen gebieten ihnen häufig, das neue Heim als „schlechten Ort" zu erleben. Diese Kinder arbeiten häufig gezielt darauf zu, dass das Heim für sie ein solcher „schlechter Ort" wird. Manchmal tun sie das unter Beifall der Eltern, manchmal aber auch nur, um diesen, die sich längst abgewandt haben, wenigstens innerlich verbunden zu bleiben (Conen 1991, 34ff; Conen 1992).
3. Diese Kinder haben bisher nur Formen der Außenkontrolle und -steuerung erlebt: Sie sind, was die Entwicklung von Selbstkontroll-Kompetenzen betrifft, gleichaltrigen Kindern um Jahre hinterher. Sie verfügen bei minimalen Ich-Kompetenzen über eine sehr viel größere Körperkraft, was zu gefährlichem Agieren führt, ohne dass Einsicht oder Mitleid bzw. Besorgnis dieses Agieren kontrollieren könnten (Winnicott 1974, 93ff).

Alle diese Gründe machen es wenig wahrscheinlich, dass man die Entwicklung dieser Kinder mit einem nur verstehenden und emphatisch mitfühlenden Erziehungsstil fördern kann, auch wenn diese Elemente die Grundlage bilden müssen. Darüber hinaus muss die Frage gestellt werden, ob diese Kinder überhaupt in der Lage sind, in einem Gruppensetting zu leben. Vielerorts steigert gerade ein solches Hass und Gier, weil dort die unbedingt notwendigen, individuellen Betreuungszeiten fehlen. Zugleich sind diese Kinder vielen Erziehungsstellen bzw. professionellen Pflegefamilien nicht zuzumuten, weil sie deren leibliche Kinder gefährden. Deswegen sind kleine Heimgruppen dann doch wieder geeigneter. Häufig verhalten sich die Kinder der Gruppe A anfangs zurückhaltend. Erst wenn sie sich einigermaßen wohl und sicher fühlen, zeigen sie ihr anderes Gesicht. Die oben genannten Gründe führen nach meiner Beobachtung häufig dazu, dass man die von nicht-legitimierbaren und ungekonnt angewandtem Zwang befreiten Kinder in den Einrichtungen erneut Formen der Kontrolle und des Zwangs unterwerfen muss, weil diese so herausfordernd und gefährlich agieren. Es ergibt sich nicht selten die Situation, dass man als Pädagoge Kinder/Jugendliche, die bereits zu viele falsche Formen von Zwang erfahren haben, erneut mit Zwangselementen konfrontieren muss. Von der entwicklungspsychologischen Dynamik her (siehe Kap. 2) ist das nachvollziehbar: Auch diese Kinder müssen gekonnten Zwang erleben, um sich entwickeln zu können. Praktisch ist das auf Grund der Ambivalenz, die selbst der gekonnten Anwendung von Zwang innewohnt, höchst kompliziert. Auch wenn man ohne Formen von Begrenzung und Zwang nicht auskommt, so ist es bei diesen Kindern gleichzeitig fatal, sie erneut durch Zwangsanwendung zu traumatisieren. Bisweilen stellt das die Fachkräfte vor unlösbare Probleme.

Trotz aller Schwierigkeiten sollte der Zwang, den die Jugendhilfe praktiziert, zumindest einige neue Elemente aufweisen und sich in mancher Hinsicht anders anfühlen als die „alten“ Zwangspraxen. Die entscheidenden Fragen sind deshalb:

- Welche Beziehungserfahrungen kann dieses Kind machen, die ihm Verlässlichkeit und Vertrauen vermitteln, ohne es mit seinen Eltern und seiner Herkunft in Konflikt zu bringen?
- Wie wende ich bei diesem Kind/Jugendlichen Zwang an, ohne dass es/er „mehr desselben“, d. h. eine unselige Wiederholung von destruktiven Mustern, praktiziert?
- Was sind neue Zwangserfahrungen bzw. Zwang begleitende Erfahrungen, die sich von den alten, destruktiven Zwangserfahrungen unterscheiden?
- Wann muss man Zwang radikal einschränken und die dadurch entstehenden Risiken anders handhaben, weil er offensichtlich von dem Kind/Jugendlichen weder verstanden noch akzeptiert werden kann?

In jedem Fall müsste das Neue in der Jugendhilfe die Erfahrung von Transparenz und Mehr-Personen-Verantwortung sein. Die Kinder und Jugendlichen sollen erleben, dass Zwang geplant und nicht spontan, reflektiert und nicht unreflektiert, und gemeinsam verantwortet statt heimlich angewandt wird.

Auch bei der dritten Gruppe von Kindern, die, bezogen auf Zwang und Grenzenlosigkeit, einen „Schlingerkurs“ erlebt hat, stellen sich ähnlich komplizierte Probleme. Wichtig ist auch hier, das frühere Erziehungsmuster zu kennen, um nicht in einen Kampf gegen die Kinder zu geraten.

3.4 Wie reagieren Kinder und Jugendliche auf Zwang bzw. Zwangselemente?

Einrichtungen sollten genau beobachten, wie die Kinder und Jugendlichen auf die Formen von Zwang und auf die Zwangselemente reagieren, welche die Einrichtung anwendet. Sicher kann man nicht erwarten, dass sich Kinder und schon gar nicht Jugendliche dankbar zeigen, wenn man sie mit Zwangselementen traktiert. Und doch wird man Grade der verbalen und nonverbalen Zustimmung bzw. Ablehnung beobachten können und müssen. Im Folgenden sind fünf Typen geschildert, die wir empirisch beobachtet haben und die einen großen Teil von möglichen Reaktionen abdecken dürften. Dabei sind die Reaktionsformen nicht statisch zu sehen. Sie können sich durchaus im Laufe eines Monats verändern. Gerade die Reaktionsform A darf man nicht zu schnell erwarten. Andererseits sind die Formen B und C von Anfang an genauestens zu beobachten, um falsche bzw. unpassende Formen von Zwang schnell wieder aufzugeben.

An der Praxis der geschlossenen Unterbringung macht mich persönlich tief misstrauisch, dass die Verantwortlichen trotz jahrzehntelanger Erfahrung nicht konkret angeben können, wie viele der von ihnen betreuten Kinder wie auf den Zwang reagiert haben. Die mehrfach gehörte Aussage, dass der Zwang sich am Ende bei fast allen als richtig herausgestellt habe und dass fast alle Kinder und Jugendlichen von ihm profitiert hätten, kann nach meiner Einschätzung nicht richtig sein. Zu unterscheiden sind bezüglich der Reaktionen auf Zwang:

- **Gruppe A:** Kinder und Jugendliche, die sich auf Zwangsformen einlassen können
- **Gruppe B:** Kinder und Jugendliche, die offen gegen Zwang oder die Heimstrukturen rebellieren (Reaktanz)
- **Gruppe C:** Kinder und Jugendliche, die sich überwältigt fühlen
- **Gruppe D:** Kinder und Jugendliche, die sich strategisch anpassen
- **Gruppe E:** Kinder und Jugendliche, die sich eher planlos und reaktiv anpassen
- **Gruppe F:** Kinder und Jugendliche, die weglaufen

A: Kinder und Jugendliche, die sich auf Zwangsformen einlassen können

Die Kinder und Jugendlichen halten die Zwangsform offen oder stillschweigend für die eigene Person für angemessen bzw. entwicklungsförderlich. Die spannende Frage ist, in welchem Alter, nach welcher Zeitdauer und wie lange Kinder und Jugendliche die von ihnen erlebten Zwangsformen für sich in dieser Weise empfinden und zu welchen Gelegenheiten sie das so formulieren können. Sicher wird es bis auf wenige Ausnahmen keine ambivalenzfreie Akzeptanz von Zwang geben können, dennoch sollte man Kinder und Jugendliche ernst nehmen, die bestimmte Zwangspraxen für sich als angemessen und richtig beschreiben. Bei den *Wellenbrechern* und den *Spatzen* haben wir Kinder kennen gelernt, welche ihre körperliche Überwältigung und ihr Verbringen an einen anderen Ort im Rahmen eines Auszeit-Programms, ausdrücklich als sinnvolle und hilfreiche Aktion benennen konnten(siehe Kap. 4). In der Bewertung dieser Kinder war der Gesamtrahmen der Heimgruppe in Ordnung; sie konnten z. B. wahrnehmen, „dass sich die Erzieher den Arsch für uns aufreißen“ (Günther, 12 Jahre, 1. Befragung, Porta, 11). Insofern stellten die Zwangserlebnisse für sie wirklich gut eingebettete Elemente in einer vielseitigen, insgesamt positiven Landschaft dar. Auch das Zwangselement Punkteprogramm konnte zumindest nachträglich von vier Jugendlichen offen als hilfreich anerkannt werden.

B: Kinder und Jugendliche, die offen gegen Zwang oder die Heimstrukturen rebellieren (Reaktanz)

Zu dieser Gruppe lassen sich die Kinder und Jugendliche rechnen, die sich den Zwangsformen oder -elementen offen widersetzen, indem sie ihre Mitarbeit verweigern, ihren Unmut ausdrücken und andere mit zur Rebellion anstiften. Für diese Verhaltensweisen steht der Begriff der *Reaktanz* (Kähler 2005, 63ff). Das Bild, das diese Gruppe vom Heim besitzt, dürfte das einer repressiven Anstalt sein, in der man gezwungen ist, sich aufzuhalten, was aber noch lange nicht heißt, dass man sich dem Reglement unterwerfen muss. Sich selbst sehen diese Kinder/Jugendlichen als Rebellen im Kampf mit einem zumindest lästigen, vielleicht aber sogar ungerechten System. Häufig werden Kinder/Jugendliche dieser Gruppe die Reibung und Auseinandersetzung mit den Pädagogen, die sich an der Realisierung des Zwangs entzünden, zumindest ein Stück weit genießen, weil diese sie auch in ihrem Status des Rebellen und damit in einem wesentlichen Aspekt ihrer Identität bestätigen. In manchen Fällen gibt dieser Kampf ihnen so etwas wie Halt, eventuell nur dadurch, dass er Kräfte bündelt und ihnen einen klaren Außenfeind zur Verfügung stellt, wodurch andere Emotionen häufig maskiert werden wie z. B. Gefühle von Leere, Niedergeschlagenheit.

Für manche Jugendlichen ist die Pose des Rebellen eine feste Rolle, die sie in jedem der bisher kennen gelernten Systeme eingenommen haben. Das ändert nichts daran, dass sie tatsächlich unter den Zwangselementen leiden, und es auch deshalb riskieren, sich in eskalierende Auseinandersetzungen mit den Pädagogen zu begeben, oder versuchen, zu entweichen.

Manche Jugendliche arrangieren sich als Rebellen mit den Mitarbeitern, wenn diese sie als Unfreiwillige und Rebellen anerkennen, und öffnen sich im weiteren Verlauf sogar diesem Konzept. Andere legen es wirklich darauf an, das System zu zerschlagen. Über kurz oder lang bringen sie die Einrichtung an ihre Grenzen. Und am Ende, wenn sie entlassen werden, ist oft nicht klar, ob sie erleichtert sind oder ein Stück enttäuscht, dass die Einrichtung ihnen – nach ihrer Wahrnehmung – so schnell nachgegeben hat. Viele dieser Kinder hätten es gerne gesehen, wenn man ihnen nachgelaufen wäre oder um sie gerungen hätte. Nach einer Zeit des Abstands können sie sich manchmal sogar vorstellen, in die Einrichtung zurückzukommen. Dennoch ist fraglich, ob das alte Spiel nicht wieder von vorne beginnen würde. In der Jugendlichengruppe *Step by Step* passen drei bis fünf Jugendliche in diese Gruppe, bei den sehr viel jüngeren *Wellenbrechern* lediglich einer von zwölf.

C: Kinder und Jugendliche, die sich überwältigt fühlen

Manche Kinder/Jugendliche fühlen sich angesichts des Zwangs, der über sie verhängt wird, überwältigt. Sie fühlen sich von den Pädagogen und ihren Zwangsmaßnahmen in eine hilflose und ohnmächtige Position gebracht. Gegenwehr scheint ihnen nicht (mehr oder noch nicht) möglich. Die ihnen entzogenen Freiheiten erleben sie als weiteren Anschlag auf ihr Gefühl von Würde und Selbstachtung. Angesichts des Einbruches von Zwang in ihr Leben, resignieren manche Kinder/Jugendliche und werden eher apathisch, andere reagieren verzweifelt, was in Formen von Protest übergehen kann, der am eigenen Körper ansetzt (z. B. Nahrungsmittelverweigerung, selbstschädigendes Verhalten) und bis hin zu Suizidversuchen gehen kann. Die Überzeugung, dass andere ihr Leben kontrollieren und sie nicht in der Lage sind, es selbst zu steuern, dürfte sich weiter verfestigen. Diese Erkenntnis scheint von ihnen eher depressiv verarbeitet zu werden. Eventuell gelingt es, diese Kinder/Jugendlichen davon zu überzeugen, dass sie ja doch Einfluss auf die Dauer und Art des Zwangs haben.

Bei den von uns beobachteten Kindern und Jugendlichen entsprechen nur zwei von 38 dieser Beschreibung. Beide verstärkten ihren Drogenkonsum immer mehr und schienen sich aus der Intensivgruppe wegbeamen zu wollen. Das Reaktionsmuster wurde mir gegenüber von der Erziehungsleiterin einer geschlossenen Einrichtung für Mädchen beschrieben; dort scheinen solche Reaktionen durchaus häufig vorzukommen.

D: Kinder und Jugendliche, die sich strategisch anpassen

Zu dieser Gruppe zählen wir die Jugendlichen, die angesichts der als Übermacht empfundenen Erwachsenenwelt beschließen, vorläufig nachzugeben, die aber von vornherein darauf setzen, die erbrachten Anpassungen nur zeitweise und oberflächlich zu vollziehen, um sie sobald als möglich wieder fallen zu lassen. Aus manch einer vorläufigen Anpassung wird zwar im weiteren Verlauf des Heimaufenthalts und auf Grund neuer positiver Erfahrungen mit den Erwachsenen eine dauerhaftere, obwohl das anfangs so nicht vorgesehen war. Dazu zählen wir mindestens drei der Jugendlichen von *Step by Step*.

Anderen Kindern/Jugendlichen gelingt es, ihr Programm durchzuhalten: Sobald die äußeren Zwänge und damit die „Kosten" für bestimmtes Fehlverhalten wegfallen, kehren sie zu ihren alten Verhaltensweisen zurück. Heime mit sehr klarem und stark kontrollierendem Rahmen beklagen oft, dass die Erfolge, die sie erzielt haben, in der nächsten Einrichtung verloren gehen. Sie schreiben das den nachsichtigeren Pädagogen zu, statt zu erkennen, dass die Kinder bei ihnen einfach nichts gelernt haben.

E: Kinder und Jugendliche, die sich eher planlos und reaktiv anpassen

Im Gegensatz zur Gruppe D überwiegt in dieser Gruppe eine Anpassung aus Reflex, aber ohne bewusste Reflexion. Man passt sich dem neuen System an, wie man sich vorher bestimmten Familienpraxen oder der Gang-Kultur angepasst hat. Man duckt sich unter den pädagogischen Zwang, nimmt an Privilegien, was man bekommen kann, glaubt aber nicht daran, dass diese Zwänge in der Lage sind, Entwicklungsimpulse zu geben oder gar das eigene Leben in eine selbst gewünschte Richtung lenken zu können. Was aus dieser Anpassung wird, muss offen bleiben. Für manche stellt sie nur eine Phase in ihrem Leben dar; für andere kann sie nach einem gewissen Gewöhnungseffekt der Beginn einer dauerhaften Verhaltensänderung sein, die zunächst aus einer sekundären Motivation erwachsen ist, aber im Lauf der Zeit mit eigenen Motiven angereichert und vielleicht sogar von diesen getragen werden kann. Für diese gilt nach dem Eintritt in ein weniger strenges Heim dasselbe wie für die Kinder der Gruppe D. Von den Jugendlichen bei *Step by Step* würden wir mindestens zwei von 21 hier einordnen.

F: Kinder und Jugendliche, die weglaufen

Im Gegensatz zu den Rebellen, die bleiben und kämpfen, kann man auch versuchen, sich dem System Heim und damit den Formen von Zwang zu entziehen. Diese Kinder und Jugendlichen legen viel Energie in die Versuche, sich räumlich zu distanzieren, indem sie – meist von Anfang an – weglaufen oder es zumindest versuchen. Häufig spielen wichtige Beziehungen, bequemere Alternativen oder die Attraktionen außerhalb des als langweilig erlebten Heims bei der Flucht eine Rolle: Man läuft nicht nur weg, sondern gezielt irgendwo hin. Diese Reaktion haben wir bei sechs Jugendlichen aus der *Step by Step*-Gruppe beobachtet. Offen bleibt bei ihnen freilich, ob ihr Weglaufen eine spezifische Reaktion auf die Zwangselemente oder den Zwangskontext oder einfach eine Unmöglichkeit darstellt, sich überhaupt anbinden zu lassen. Zwei dieser Jugendlichen entzogen sich auch einem sehr viel offeneren Setting, das auf die Intensivgruppe folgte.

Bei einzelnen Kindern/Jugendlichen – vor allem, wenn das Weglaufen erst nach einiger Zeit einsetzt – kann das auch im Zusammenhang mit dem Wunsch stehen, gesucht und gefunden zu werden. Sie hoffen, dass es nicht beim Weglaufen bleibt, sondern dass man sie vermisst und sich aktiv um ihre Rückkehr bemüht. Manche der Kinder müssen dieses Gesucht-Werden öfter erleben, um bleiben zu können; andere wollen wirklich nur weg und erleben es als Niederlage zurückgebracht zu werden.

Zusammenfassung

Auch wenn die sechs Reaktionstypen sicherlich eine individuelle, biographische Vorbahnung besitzen und jeder Jugendliche sein Muster in die Einrichtung mitbringt und dort (erneut) stabilisiert, so sollte man trotzdem von einer großen Bandbreite in Bezug auf die Entwicklung dieser Muster ausgehen. Wesentlich wird ihr Verlauf von der interaktionellen Dynamik geprägt, die der Jugendliche mit den konkreten Erwachsenen vor Ort erlebt. Aus Rebellen können bei einem freundlichen Umfeld strategisch Angepasste werden und aus diesen wiederum Kinder, die sich einlassen. Aber auch das Gegenteil ist möglich: Unbedarft angewandter Zwang kann Kinder und Jugendliche in die Rolle der Angepassten, die ihre dissozialen Neigungen lediglich für eine Zeit verstecken, oder in die der Rebellen oder Wegläufer treiben. Dies geschieht vor allem, wenn die Pädagogen nach dem Eindruck der Kinder und Jugendlichen zu mächtig auftreten oder sie vermuten müssen, dass ihr Wille gebrochen werden soll.

Für jedes Muster, das sich in einer Einrichtung konstelliert, besitzen die Fachkräfte eine Mitverantwortung, anders wäre Erziehung nicht denkbar. Insbesondere zu Beginn sollten sie in Erfahrung bringen, welches Reaktionsmuster das Kind bzw. der Jugendliche vorher zeigte, und sich darauf vorbereiten, dieses Muster kreativ zu unterlaufen.

Lernprozesse im Zusammenhang mit Zwangselementen stellen die Institutionen und die davon betroffenen Kinder und Jugendlichen vor große Herausforderungen. Manchmal kann für ältere Kinder oder Jugendliche der völlige Verzicht auf Zwang bzw. die punktuelle Anwendung von Zwang integrationsförderlicher sein als eine Verbindung verschiedener Zwangselemente oder Freiheitsentzug. In anderen Fällen kann die Erfahrung von gekonnt gehandhabtem Zwang frühe Entwicklungsbarrieren überwinden helfen. Immer sollte die Anwendung von Zwangselementen aber transparent und kontrolliert erfolgen. Für eine verbesserte Einschätzung bezogen auf ihre Wirksamkeit fehlen derzeit methodisch reflektierte Verlaufs- und Vergleichsstudien.

4 Auszeiträume in der Heimerziehung: Anwendungsformen, Chancen und Risiken

von Mathias Schwabe und David Vust

In diesem Kapitel soll ein institutionelles Zwangselement genauer untersucht und in Bezug auf seine Möglichkeiten und Chancen, aber auch Grenzen und Risiken ausgeleuchtet werden. Dabei geht es um das spezielle Zwangselement Auszeitraum, aber auch um eine exemplarische Art der Untersuchung von Zwangselementen überhaupt: Da wir in diesem Buch nur die Möglichkeit haben, eines von mehreren skizzierten Zwangselementen (siehe Kap. 3.3) genauer darzustellen, wollen wir am Auszeitraum vorführen, wie eine fachlich anspruchsvolle und seriöse Erörterung von Zwangselementen – insbesondere die Verzahnung von konzeptionellen und empirischen Perspektiven – aussehen kann.

Auszeiträume gab und gibt es in mehr Heimeinrichtungen, als offiziell bekannt ist. Sie existieren dort unter Namen wie Krisenzimmer, Beruhigungsraum, Isolierraum, Besinnungsstübchen etc. Bezogen auf solche Räume, kann man von pädagogischem Handeln im Graubereich sprechen, d. h. es handelt sich um Fachpraxen, die zwar verschwiegen werden und häufig weit über die damit befasste Mitarbeiterschaft bekannt sein dürften; andererseits werden sie nicht in den offiziellen Konzeptionen der Einrichtungen begründet und beschrieben. Außerdem liegt häufig keine Betriebsgenehmigung seitens der Landesjugendämter vor, und in individuellen Hilfeplänen werden sie nicht erörtert und damit auch, bezogen auf ihre Zielstellungen, nicht regelmäßig und systematisch ausgewertet. Insofern handelt es sich um pädagogische Interventionen, die abseits und außerhalb der pädagogischen Fachdiskurse praktiziert werden, was mit allem Recht das Misstrauen und die Skepis von Fachverbänden und Landesjugendämtern hervorruft (Krause et al. 2006).

4.1 Auszeiten und Auszeiträume in der Heimerziehung

In beinahe jedem Heimerziehungsprozess ereignen sich krisenhafte Entwicklungen und Momente, die einer besonderen Behandlung bedürfen. Häufig geht es um alltägliche Konfliktsituationen, die sich zugespitzt haben: Kinder bzw. Jugendliche haben ihren gegensätzlichen Willen artikuliert, die Emotionen sind „hochgekocht“, keiner kann oder will nachgeben und weiteres Argumentieren ist zwecklos. In solchen Momenten ist es häufig von Vorteil, die erregte Situation für den Moment beenden zu können, um sie später weiter zu bearbeiten. Das Kind und auch man selbst braucht eine Auszeit, einen Moment der Ruhe und des Nachdenkens. Dazu kann man das Kind wegschicken oder selbst weggehen. Da man als Pädagoge eine Art Hausrecht besitzt und häufig auch noch für andere Kinder verfügbar bleiben muss, ist es nicht selten das Kind bzw. der Jugendliche, das/der weggehen muss: in das eigene Zimmer, vor die Tür an die frische Luft oder auch in einen speziellen Raum, in dem z. B. ein Boxsack hängt oder weiche Matten liegen, an denen er seine Wut ausagieren kann. Für beinahe jede Person gibt es einen solchen, geeigneten und akzeptablen Ort, an dem sie sich beruhigen kann. Manchmal wird dieser Ort selbst gewählt und angesteuert, manchmal bekommt man ihn zugewiesen. Klar ist, dass dies bei Jugendlichen anders geregelt werden muss als bei Kindern.

Häufig geht es aber auch um gravierende Vorfälle: Ein Kind oder Jugendlicher hat einen Pädagogen geschlagen oder ein anderes Kind angegriffen. Jemand wurde physisch oder psychisch verletzt, die institutionellen Regeln wurden gebrochen (Schwabe 2001c). Auch in solchen Situationen – vor allem im Wiederholungsfall – kann es sinnvoll sein, dem Täter eine Auszeit zu verordnen: Man kann ihn, wenn das vom Familienkontext her möglich ist und vorher abgesprochen wurde, für zwei oder drei Tage nach Hause schicken; man kann ihn für die gleiche Dauer in eine andere Heimgruppe verlegen, sich mit ihm auf eine mehrtägige Pflicht-Wanderung begeben oder ältere Kinder mit mehr oder weniger Betreuungsintensität in einer Jugendherberge unterbringen. Wichtig ist, dass die Eskalations- und Gewaltdynamik vor Ort unterbrochen wird und das Opfer erst einmal zur Ruhe kommen kann, ohne direkt mit dem Täter konfrontiert zu sein. Genau so wichtig ist aber auch, dass der Aggressor die Möglichkeit erhält, über den Vorfall nachzudenken, um so etwas wie Reue oder einen Wiedergutmachungsimpuls zu spüren. Mit der Auszeit ist ebenfalls die Idee verbunden, dass der Täter bzw. die Restgruppe ein klares Signal erhalten soll nach dem Motto: „Gewalttaten dulden wir hier nicht! Wer so etwas tut, wird erst einmal ausgeschlossen". Eine solche zeitlich befristete Auszeit ist allerdings nur dann sinnvoll, wenn sie auch genutzt wird. Der gewaltsame Zwischenfall muss in diesen Tagen geklärt und aufgearbeitet werden. Art und Umfang einer Wiedergutmachung sind festzulegen. Dazu sind in der Regel verschiedene Gespräche und Abmachungen nötig. Manchmal müssen dabei Eltern und Jugendamt oder andere Außenstehende mit einbezogen werden, damit es nach der Auszeit zu einem geordneten Neuanfang kommen kann.

Geeignete Formen von Auszeiten und mögliche, rasch zugängliche Auszeiträume in einem weiten Sinne braucht demnach jede Heimgruppe. Sie bieten bedeutsame Möglichkeiten der Grenzsetzung und sollten deshalb gut ausgearbeitete und auch praktisch funktionierende Teile der eigenen Konzeption darstellen. Zusätzlich ist es sinnvoll, einen zeitlich befristeten Ausschluss als „Auszeit" zu definieren, als eine Zeit in der Schwebe, in der man sich neu sammeln und orientieren kann und nach der es mit dem Zusammenleben weiter geht oder im Einzelfall auch nicht. In diesem Wortsinn kann auch ein Aufenthalt in der Kinder- und Jugendpsychiatrie oder eine Entgiftung als „Auszeit" bezeichnet werden, die in einem speziellen externen Raum stattfindet.

Klar ist, dass die Kinder und Jugendlichen mit solchen Auszeiten nicht immer einverstanden sind. Weggeschickt zu werden, erinnert häufig an frühe Exklusionsängste; zusätzlich verstehen Kinder und Jugendliche, dass es sich dabei auch um eine Verordnung handelt, die ihre tatsächliche oder phantasierte Macht einschränken soll.

Insofern wehren sie sich u. U. gegen diese Verordnung, und es kann zu einem weiteren Konflikt um die Auszeit kommen. Manchmal kann man ein Kind oder einen Jugendlichen mit der Aussicht auf einen sicheren Neuanfang beruhigen, in anderen Fällen muss man die Auszeit auch gegen seinen Willen durchsetzen und darf sich nicht wundern, wenn das Kind oder der Jugendliche eher wegläuft, als sich an einen vorgegebenen Ort bringen zu lassen. „Wenn ich schon weg muss, dann will ich wenigstens bestimmen wohin!" könnte eine Begründung für dieses Verhalten lauten. Auch wenn es häufig schwierig ist, die (minderjährigen) Kindern über den Ort der Auszeit alleine bestimmen zu lassen, so kann man mit ihnen im Vorfeld oder nach einer ersten angeordneten Auszeit überlegen, was ein für sie geeigneter Ort sein könnte, den man im (nächsten) Notfall aktivieren kann. In der Regel halten sich die Kinder an solche Vorabsprachen, wenn die Krise eingetroffen ist. In der Erwachsenenpsychiatrie hat man in Bezug auf solche Vereinbarungen für den Notfall sehr gute Erfahrungen gemacht. Allein die Tatsache, dass man vor und nach dem Gewaltvorfall über die Zwangsmaßnahmen spricht, senkt bereits die Häufigkeit des Eintretens dieser Art von Notfällen (Dietz et al. 1998; Jonikas et al. 2004). Hier handelt es sich um ein schönes Beispiel dafür, wie Zwang und Partizipation miteinander verbunden werden können: „Dass etwas passiert, wenn du gewalttätig wirst, ist unverhandelbar. Was aber genau passiert und wie es umgesetzt wird, dafür gibt es jede Menge Wahlmöglichkeiten" lautet die Botschaft an den potentiellen Krisenpatienten bzw. Klienten.

4.2 Für welche Interventionsformen werden Auszeiträume gebraucht?

Der Hinweis auf die Notwendigkeit von Auszeiten und dafür geeigneten Räumen in allen Heimen war mir wichtig, um der Erörterung der speziellen Auszeiträume, die wir untersucht haben, ihren manchmal exotischen oder skandalösen Charakter zu nehmen. Auszeiträume im engeren Sinn sind für bestimmte Zwecke ausgewiesene, verletzungsarm gestaltete Räume, in die bestimmte Kinder in spezifischen, vorher definierten Situationen geschickt oder gegen ihren Willen gebracht werden können. Als Zielgruppe gehen wir von Kindern zwischen sechs und zwölf Jahren aus. Bis zu diesem Alter entspricht es in der Mehrzahl der Fälle dem Selbstbild von Kindern, dass Erwachsene ihnen körperlich eindeutig überlegen sind und in bestimmten Situationen dazu berechtigt sind, für eine gewisse Zeit Kontrolle über ihren Körper auszuüben. Ältere Kinder und Jugendliche erleben – auch nach unseren Beobachtungen – die Verbringung in den Raum unter Zwang zunehmend als eine Verletzung ihrer Würde oder fühlen sich, wenn man sie überwältigen möchte, zu einer körperlichen Auseinandersetzung mit dem Mitarbeiter herausgefordert.

In der Regel sollten Auszeiträume mindestens zwölf Quadratmeter groß sein, so dass man sich in ihnen auch zu zweit gut bewegen bzw. sich räumlich voneinander distanzieren kann. Ein Sichtfenster in den Raum ist unbedingt zu installieren, damit man sich von außen einen unaufdringlichen Überblick über die Situation im Raum verschaffen kann und gegebenenfalls entscheiden kann, ob man eingreifen möchte oder nicht. Verletzungsarm gestaltet bedeutet, dass alle scharfen Kanten wie z. B. Heizungsrippen verkleidet oder gepolstert sind. Die Fensterscheiben sollten aus bruchsicherem Glas gefertigt, Lampen sollten mit einem Schutzgitter versehen sein, so dass keine Gefahr besteht sich an Glassplittern zu verletzen. Der Boden sollte aus fest verklebtem Teppichboden guter Qualität bestehen, so dass man dort auch längere Zeit sitzen oder liegen kann, ohne zu frieren. Ein oder zwei Matten, eine Decke und drei, vier Schaumstoffpolster, die man gut werfen kann, sind von Vorteil, weil man sich an ihnen abreagieren kann. Der Raum sollte in einer neutralen, eher warmen Farbe gestrichen sein, aber auf jede Art von verniedlichendem Schmuck verzichten. Inzwischen gibt es professionelle Firmen, die solche Räume mit hohem Materialaufwand auch ästhetisch ansprechend gestalten. In der Regel reichen jedoch die Fähigkeiten eines guten Hausmeisters und ein Budget von 2000–3000 Euro aus, um einen solchen Raum einzurichten.

Wichtig ist, dass dieser Raum in Bezug auf das übrige Raumprogramm der Gruppe günstig liegt, so dass man keine weiten Wegstrecken zurücklegen muss, und der Zugang zu ihm jederzeit unverstellt ist, so dass man auch mit einem sich heftig wehrenden Kind rasch in den Raum gelangt. Auf die Türsicherung werde ich weiter unten zu sprechen kommen.

Auszeiträume können mit sehr unterschiedlicher Zielstellung genutzt werden, über die man sich klar werden sollte. Mindestens sechs verschiedene Anwendungsformen konnten von uns beobachtet werden:

A) Auszeiträume zur *Intervention in Krisen bei hocherregten Kindern*, die unmittelbar selbst- und/oder fremdgefährdend agieren. Dabei spielt es zunächst keine Rolle, ob der Pädagoge von Anfang an mit in den Konflikt mit dem Kind verwickelt war oder erst später hinzugekommen ist, nachdem sich das Kind bereits in Hoch- oder Höchsterregung befunden hatte (Dutschmann 1999, 14ff; Schwabe 2001a, 54ff). Für eine Krisenintervention, insbesondere wenn der Pädagoge eine juristisch eindeutige Schutzfunktion bzw. Aufsichtspflicht reklamieren will, muss er anschließend glaubhaft machen können, dass an diesem Ort ein ernstes Verletzungsrisiko für das Kind oder andere bestand (siehe Kap. 6). Waren es nur Tische oder Geschirr, die zu Bruch zu gehen drohten, besteht streng genommen kein Anlass für eine Krisenintervention, genau so wenig, wenn das Kind kontrolliert gegen das Schienbein des Pädagogen tritt, sich aber ansonsten noch im Griff hat. Auch wenn das Kind blind für die Folgen für sich und andere wütet oder sich in einem Erregungszustand befindet, der ein solches unkontrolliertes Wüten in absehbarer Zeit wahrscheinlich macht, wird der Pädagoge das Kind zunächst in kurzen Sätzen und mit wenigen Worten auffordern mit ihm mitzukommen. Erst wenn es darauf nicht eingeht, wird er es alleine oder mit anderen Erwachsenen zusammen überwältigen und gegen seinen Willen in den Auszeitraum bringen. Ein Pädagoge geht mit dem Kind in den Raum hinein, schließt die Tür, schließt den Raum aber nicht ab. Dies kann der Pädagoge sein, der direkt in der Situation der Hocherregung interveniert hat oder ein anderer Pädagoge, der das Geschehen eher am Rande verfolgt und lediglich beim Transport des Kindes mit Hand angelegt hat. Wer das sein soll, muss im Team oder in der Situation geklärt werden. Eine gewisse Flexibilität ist, bezogen auf die Aufgaben, die auf den Pädagogen zukommen, sicherlich sinnvoll.

Im Raum angekommen, versucht der Pädagoge alles, um das Kind zu beruhigen bzw. das von diesem empfundene Bedrohungsgefühl zu reduzieren (Schwabe 2000, 46f). Er sollte sanft und emphatisch mit dem Kind sprechen und Verständnis für dessen missliche Lage ausdrücken. Seine Aufgabe besteht in diesem Moment ausdrücklich nicht in der pädagogischen Bearbeitung des Konfliktes oder der Klärung des Konfliktanlasses. Er muss es eventuell ertragen, von dem hocherregten Kind beschimpft oder körperlich attackiert zu werden. Da der Ausnahmezustand noch kurze Zeit anhält, darf man in solchen Situationen weder zimperlich noch selbst erregbar sein. Es geht um eine Art emotionale erste Hilfe für ein Kind. Bezogen auf seinen eigenen Schutz, verhält sich der Pädagoge maximal defensiv. Er greift nur ein, wenn das Kind sich selbst zu schädigen droht (z. B. durch einen Stoffstreifen, den es von der Decke gerissen hat und sich um den Hals bindet), hindert das Kind aber gegebenenfalls am Verlassen des Raumes und versucht, es weiter zu beruhigen. In der Regel reicht es, dass er in der Nähe der Türe sitzt oder steht und diese mit seinem Körper abschirmt. Die Kontrolle über die Türsituation wird dadurch erleichtert, dass dort keine einfache Klinke angebracht ist, sondern z.B. ein Drehknauf oder ein Schiebemechanismus. Das Öffnen der Tür muss einfach bleiben, damit Kinder den Raum auch alleine aufsuchen und verlassen können, und darf doch eine gezielte Aufmerksamkeit verlangen, die ausschließt, dass man die Türe mit einem Schlag öffnen und weglaufen kann. Der Pädagoge bleibt zusammen mit dem Kind im Raum, zumindest bis die ersten Erregungswellen abgeklungen ist. Es sei denn, das Kind macht überzeugend deutlich, sich alleine besser beruhigen zu können bzw. seine Präsenz als weiteren Erregungsgrund zu empfinden.

Krise wird in vielen Fällen bedeuten, dass zwar die Möglichkeit des Kindes, auf Bedrohliches mit äußerster Heftigkeit zu reagieren, vorher bekannt war, aber nicht, dass es an diesem Tag geschehen und was der Anlass sein würde. Häufig handelt es sich um Anlässe, die erst im Nachhinein verständlich werden und zumindest nicht in erster Linie auf einen Konflikt mit dem Pädagogen selbst zurückzuführen sind. Ein Beispiel könnte sein, dass ein Kind auf Grund von noch nicht offen kommunizierten Misshandlungserlebnissen zur gleichen Zeit Angst davor hat, nach Hause zu fahren, zugleich aber auch nicht ertragen könnte, wenn ihm diese Heimfahrt verboten würde, weil es um seinen angestammten Platz zu Hause fürchtet. Ein anderer Grund kann sein, dass in der Therapie schmerzliche Erinnerungen berührt wurden, die das Kind an diesem Tag besonders empfindlich gegenüber den Hänseleien der anderen Kinder machen oder ihm zum dritten Mal in diesem Jahr der Gameboy aus dem Zimmer gestohlen wurde. Das nur schwer kalkulierbare Moment dieser Situationen macht sie zu echten Krisen. Eskalationsepisoden, die sich wiederholt an konkreten Auseinandersetzungen mit Pädagogen, noch dazu mit denselben, entzünden, können nicht Krisen genannt werden. Sie verlangen eine psychodynamische Entschlüsselung und eine präventive Steuerung, was bei echten Krisen nicht – oder nur sehr eingeschränkt – möglich ist.

B) Auszeiträume zur *pädagogischen Grenzsetzung in Form einer begleiteten Auszeit*. Anders als bei den häufig unplanbaren Krisenverläufen, die unter Stichpunkt A)besprochen wurden, handelt es sich hier um vorher gut bekannte Konfliktanlässe, auf die man sich einstellen und die man vorbesprechen kann: Die betroffenen Kinder machen sich schon seit Wochen oder Monaten immer wieder derselben Übergriffe schuldig, sei es, dass sie andere attackieren, ihnen Gegenstände wegnehmen oder sie gezielt einschüchtern. Immer wenn der Pädagoge eine solche Situation beobachtet oder nachträglich erfährt, fordert er das Kind auf, mit ihm in den Auszeitraum zu gehen. Mit dieser Intervention soll ein *eingespieltes Verhaltensmuster markiert und unterbrochen* werden. Aber noch mehr: In den verletzungsarmen Auszeitraum geht man mit dem Kind, weil man die Grenzüberschreitung nachbereiten will und man, belehrt aus ähnlichen Vorfällen mit Beteiligung desselben Kindes, bereits erwartet, dass dieses Vorhaben nicht nur friedlich ablaufen wird. Man rechnet als Pädagoge damit, dass das Kind auf die Konfrontation mit seinem Fehlverhalten mit einem Angriff gegen den Pädagogen reagiert, weglaufen will oder den Anlass dazu benützt, sich vor den anderen Gruppenmitgliedern in Szene zu setzen. Deswegen möchte man, dass der Konflikt über sein Verhalten in einem vom Erwachsenen kontrollierbaren, geschützten Rahmen stattfindet.

Der Auszeitraum wird demnach als ein *spezieller Ort der Konfliktaustragung oder Konfliktnachbearbeitung* eingeführt. Inwieweit dabei rechtliche Fragen berücksichtigt werden müssen, wird an anderer Stelle geklärt (siehe Kap. 6). Als Pädagoge geht man mit dem Ziel in den Raum, an einem günstigen Ort eine eventuell auch länger dauernde Auseinandersetzung mit dem Kind darüber zu führen, was erlaubt ist oder nicht. Auch im Fall der Verhaltensmuster-Unterbrechung wird das Kind zunächst aufgefordert freiwillig in den Raum mitzukommen. Dies kann mehrfach oder mit Hilfe eines vorher vereinbarten Formelsatzes geschehen. Weigert sich das Kind, wird es überwältigt und gegen seinen Willen in den Auszeitraum gebracht. Ein Pädagoge bleibt bei ihm und verdeutlicht ihm den Sinn der Grenzsetzung, wenn sich das Kind beruhigt hat und ansprechbar zeigt. Hier wird es in der Regel derjenige sein, der auch das unerwünschte Verhalten markiert hat, es sei denn, ein anderer dazu gekommener Pädagoge hat den besseren Zugang zum Kind.

Bei der Konfrontation mit dem unerwünschten Verhalten dürfen die eigene Betroffenheit des Pädagogen, seine Gefühle von Ärger und enttäuschter Hoffnung durchaus eine kontrollierte Rolle spielen. Er darf das Kind im Raum im Einzelfall sogar verbal weiter konfrontieren oder gar provozieren, wenn dieses sich mit der Errichtung einer coolen Fassade der Auseinandersetzung zu entziehen trachtet. Alles, was der Persönlichkeit des Pädagogen entspricht und das Kind beeindruckt, aber weder einschüchtert, noch bedroht, ist in solchen Momenten in Ordnung. Häufig wird dieses schon auf den Transport in den Raum mit Ärger und/oder Wutweinen reagieren. Neben den konfrontativen Elementen sind deswegen durchaus auch spiegelnde und empathische Kommentare gefragt. Im besten Fall stellt sich auch beim Kind ein persönliches Betroffenheitsgefühl ein. Dieses kann man für ein Gespräch über die Hintergründe seines Verhaltens nutzen. Nicht selten erfährt man als Pädagoge in solchen Situationen auch lebensgeschichtlich und therapeutisch relevante Details, mit denen man sorgsam umgehen muss. Der Abschluss der Intervention besteht in einer Abmachung zwischen Kind und Erwachsenem, wie es draußen in der Gruppe weitergehen kann und soll. Diese sollte realistisch sein, d. h. das Kind nicht mit Versprechen überfordern, die es nicht halten kann. Trotzdem besteht auch hier die Aufgabe des Pädagogen darin, zu kontrollieren, ob das Kind allem Möglichen zustimmt, um schnell aus der unangenehmen Situation im Raum herauszukommen, oder ob es sich um eine halbwegs aufrichtige Abmachung handelt. Halbwegs aufrichtig meint nicht, dass das Kind Anzeichen echter Einsicht oder Reue zeigen muss. Aber zumindest sollte es den Pädagogen anhören und ihm den Eindruck vermitteln, dass dessen Versuch der Normenverdeutlichung bei dem Kind angekommen ist.

Mit der Intervention der begleiteten Auszeit ist die Hoffnung verbunden, dass die persönliche Konfrontation zwischen Pädagogen und Kind den Konflikt über das unerwünschte Verhalten auf eine Beziehungsebene hebt und dort weiter bearbeitet werden kann. Das Ziel ist es, mit dieser Form der Intervention dem Kind Entwicklungsimpulse zu geben, so dass es Schritt für Schritt das Verhalten aufgeben kann, das es in den Raum geführt hat. Ein erster Schritt zur Veränderung kann darin bestehen, den Druck zur Verhaltensänderung zu erhöhen, d.h. dass das Kind zunächst lediglich daran Interesse hat, die unangenehme Intervention der begleiteten Auszeit zu vermeiden. Wie wir später sehen werden, kann es dabei bleiben, aber auch zu weiteren Entwicklungen führen (siehe Kap. 4.3).

Anders als in Situation A) wird der Pädagoge in der Situation der pädagogisch motivierten Grenzsetzung rascher auf respektvolles Verhalten drängen und gezielte, aggressive Angriffe gegen seine Person verbieten, es sei denn, das Kind ist im Konfliktverlauf in einen Zustand der von ihm selbst nicht mehr kontrollierbaren Hocherregung geraten. Anders als in A) endet der Aufenthalt in dem Auszeitraum nicht schon dann, wenn sich das Kind beruhigt hat, sondern erst, wenn ein vernünftiges Gespräch über das Verhalten stattgefunden hat, das den Anlass für die Raumnutzung dargestellt hat.

Der wichtigste Unterschied zur Krisenintervention (A) besteht aber darin, dass es sich bei der begleiteten Auszeit um eine *individuell geplante, pädagogische Intervention* handelt. Sie kann von den Pädagogen des Heims nicht alleine beschlossen und umgesetzt werden, sondern muss über das *Verfahren Hilfeplangespräch* nach § 36 KJHG einer vorangehenden Erörterung mit allen Beteiligten der Hilfe unterzogen werden. Voraussetzung dafür ist, dass die Pädagogen es bisher auf mindestens zwei unterschiedlichen Wegen probiert haben, das unerwünschte Verhalten des Kindes in den Griff zu bekommen. Nur wenn sie mit verschiedenen pädagogischen Strategien experimentiert haben und dabei auch kreativ gewesen sind, dürfen sie an das Erziehungsmittel Zwang, hier in Form des Auszeitraumes, denken. Nur wenn die Mitarbeiter des Jugendamtes und die Eltern diese Intervention für sinnvoll halten und ihr ausdrücklich – zumindest für eine bestimmte Zeit oder zur Probe – zustimmen, kann sie beginnen, auch wenn diese Rechtsgrundlage nicht alleine zur Legitimation dienen kann (siehe Kap. 6). Der junge Mensch wird auf eine altersgemäße Weise mit in die Beratung einbezogen oder vorab darüber informiert. Insbesondere die Verhaltensweisen, die zu einer Verhaltensmusterunterbrechung und Auszeit führen, müssen klar definiert und ihm bekannt sein. Auch der Ablauf der Auszeit-Prozedur, die Anzahl und die Art der Ansage, die Art seines Transportes etc. sollten mit ihm vor Beginn der Intervention besprochen werden.

Aber auch das reicht noch nicht aus: Zu einer guten Hilfeplanung gehört, dass man sich vorher Gedanken darüber gemacht hat, ob dieses spezifische Kind mit einer solchen Maßnahme zu erreichen ist oder nicht. Eine Voraussetzung dafür ist, dass es zumindest potentiell in der Lage ist, sein eigenes Verhalten steuern zu können. Ebenso muss ausgeschlossen werden, dass dieses besondere Fehlverhalten für das Kind eine Art unverzichtbare Überlebensstrategie darstellt, die man ihm noch nicht oder nicht auf diese Weise wegnehmen kann. Man bedarf also eines abgesicherten Bildes über den Entwicklungsstand des Kindes und muss über eine sozialpädagogische Diagnose oder zumindest über einige Hypothesen zum Fallverstehen verfügen (Mollenhauer/Uhlendorff 1998; Müller 2006). So könnte es z. B. sein, dass das Kind durch die Auszeit-Intervention zu einem Zeitpunkt gegen die Pädagogen eingenommen wird, zu dem der Beziehungsaufbau in eine sensible Phase getreten ist. Denkbar wäre auch die Gefahr einer Re-Traumatisierung, vor allem bei Kindern, die bereits in der Familie oder in anderen Heimen destruktive Erfahrungen mit Zwang gemacht haben. Das alles verweist darauf, dass vor dem Einbringen in das Hilfeplangespräch ein intensiver Prozess der fachlichen Reflexion stattgefunden haben muss, bevor man zu einer solchen Zwangsmaßnahme greifen darf.

C) Auszeiträume zur Time-out-Prozedur. Auch die *Time-out-Prozedur* dient der *Begrenzung von Verhalten, ist allerdings mit einer kurzfristigen Isolierung des Kindes* verbunden, d. h. in der Regel mit dem Abschließen des Raumes. Als fachliche Grundlagen für Time-out-Behandlungen werden die Prinzipien der Verhaltensmodifikation angeführt, die im Fall von Time-out in einem Bestrafungsreiz, der Isolierung, bestehen, der möglichst regelmäßig und gleichförmig mit dem unerwünschten Verhalten bzw. dem Entzug möglichst aller positiven Verstärker in Bezug auf dieses gekoppelt werden soll. Es geht demnach um einen Prozess des Verlernens unerwünschter Verhaltensweisen. Andere Verhaltensstrategien, die an die Stelle des unerwünschten Verhaltens treten sollen, müssen parallel dazu eingeübt und eventuell positiv verstärkt werden (Bellingrath 2001; Margraf 2000). Systematisches Time-out wurde und wird in Deutschlang am häufigsten in Kinder- und Jugendpsychiatrien angewandt. Nach einer unsystematischen Telefonumfrage verfügten sieben von zwölf Kinder- und Jugendpsychiatrien über einen ausgewiesenen Time-out-Raum. In fünf von zwölf Einrichtungen wurde er auch eingesetzt. Verwunderlich ist, dass es dazu bisher kaum veröffentlichte empirische Forschungsstudien gibt (Fegert 2000; Fegert et al. 2001, 281ff; Jonikas et al. 2004; Kowerk 1990; Schmied/Ernst 1983).

Im Unterschied zum klassischen verhaltenstherapeutischen und auch amerikanischen Sprachgebrauch, in dem Time-out immer mit Isolierung in Zusammenhang gedacht wird, hat sich in Deutschland Time-out als Begriff für alle möglichen Auszeitmaßnahmen, auch solche freiwilliger Natur oder mit Begleitung durch einen Pädagogen, etabliert. Das wird erst dann problematisch, wenn Mitglieder unterschiedlicher therapeutischer oder pädagogischer Kulturen auf einander stoßen und vermeintlich von derselben Praxis sprechen, hinter der sich aber sehr unterschiedliche Phänomene verbergen können. Time-out erfolgt jedes Mal, wenn das Kind vorher klar definierte, für andere physisch oder psychisch verletzende Verhaltensweisen zeigt. Wie bei B) ist es auch bei dieser Form der Grenzsetzung von größter Wichtigkeit, dass die mit einer Time-out-Konsequenz gekoppelten Verhaltensweisen eindeutig definiert werden und alle Beteiligten darunter dasselbe verstehen. Dabei handelt es sich auch hier um einen Lernprozess für alle Beteiligten. Beispielsweise war ein von uns beobachtetes Kind völlig überrascht darüber, dass es auch bei einer körperlichen Attacke auf ein anderes Kind, die im Fahrradkeller stattfand, mit der Pädagogin nach oben in den Auszeitraum gehen sollte. Bisher war das aus praktischen Gründen nur bei Übergriffen im Wohnbereich erfolgt. Weil der Fahrradkeller für das Kind außerhalb davon lag, rechnete es nicht damit, dass die an sich bekannte Regel auch an diesem Ort gelten könnte.

Auch beim Time-out wird das Kind u. U. gegen seinen Willen in den Raum gebracht, verbleibt dort aber alleine; die Tür wird in der Regel für kurze Zeit abgeschlossen, um das Kind am eigenmächtigen Herauskommen zu hindern. In der amerikanischen Literatur zum Time-out ist, bezogen auf die Isolierungsdauer, meist von wenigen Minuten die Rede (Committee 1997; Dorfman/Kastner 2004; dos Reis 2004; Kazdin 1980, 234; White et al. 1972). Nach den dort gemachten Angaben darf das Kind den Raum nach Ablauf der vorher festgesetzten Isolierungszeit auf jeden Fall wieder verlassen, d. h. es findet in der Regel kein Nachgespräch statt und es wird keinerlei Bedingung für das Wiedererlangen der Bewegungsfreiheit gestellt. Diese inhaltlichen Klärungsprozesse, die in der Regel eine hohe soziale und möglicherweise auch emotionale Aufladung besitzen, werden an anderen Orten zu anderen Zeiten, meist im Beisein eines ausgebildeten Verhaltenstherapeuten ausgetragen. Dafür muss das Kind eventuell nach fünf oder zehn Minuten noch einmal in den Raum. Time-out-Behandlungen, bei denen das Kind in den ersten Tagen zehn Mal oder noch häufiger isoliert werden muss, stellen nach Literaturberichten keine Seltenheit dar (Kadzdin 1977, 231).

Hintergrund der Isolierung ist der Wunsch, dass das Kind in eine möglichst *reizarme Umgebung* gelangt, in der es möglichst wenig positive Verstärker vorfindet, da es diese sonst mit dem vorher gezeigten, unerwünschten Verhalten in Verbindung bringen könnte. Fände es beispielsweise im Time-out-Raum attraktives Spielzeug vor oder böte dieses Zimmer eine besonders interessante Aussicht, so bestünde die Gefahr, dass es die Häufigkeit des unerwünschten Verhaltens steigern könnte, um über die Auszeit-Prozedur in den Genuss des Raumes zu kommen. Insofern wird großer Wert darauf gelegt, dass die Durchsetzung des Time-out kurz und unspektakulär für Zuschauer und möglichst ohne emotionale Involvierung seitens des Mitarbeiters erfolgt, so dass die unvermeidbaren sozialen Kontakte keine Verstärkerqualität erlangen.

Die Interventionsform Verhaltensunterbrechung mit Isolierung wurde zu Beginn unserer Untersuchung von keinem der beiden Heime praktiziert, ja nicht einmal für praktizierenswert gehalten. Im Gegenteil: Sie wurde mit starkem Affekt von den Mitarbeitern abgelehnt. Erst der unbefriedigende Verlauf eines Interventionsprozesses mit begleiteter Auszeit bei einem Jungen brachte die Mitarbeiter auf Anraten eines Kinder- und Jugendpsychiaters dazu, es mit dieser Interventionsform zu probieren. Der Junge hatte zuerst im Heim die begleitete Auszeit erlebt, später in der Psychiatrie wiederholt Time-out. Nach seiner Rückkehr ins Heim zeigte er in den begleiteten Auszeit-Situationen sehr viel stärker als vorher den Wunsch, den Mitarbeitern wehzutun, so dass diese verstärkt mit seiner Abwehr beschäftigt waren. Zugleich steigerte er das Anlass-Verhalten, bis der berechtigte Verdacht entstand, dass die Situation im Auszeitraum ihm die Möglichkeit gab, sadistische Impulse auszuagieren, und diese Möglichkeit eine Art sekundären Lustgewinn darstellte, der sich zunehmend mit der Auszeit und dem Auszeitraum verband. Deswegen entschieden sich die Mitarbeiter nach Beratung durch Leitung und Kinder- und Jugendpsychiater dazu, von der begleiteten Auszeit zur Verhaltensmuster-Unterbrechung mit Isolierung überzugehen. Für den Jungen war dieser Wechsel nicht all zu überraschend oder unangenehm, da er die andere Interventionsform bereits von der Kinder- und Jugendpsychiatrie her kannte. Zumindest eine Zeitlang konnte er – neben allem Ärger, den er empfand – annehmen, dass die neue Interventionsform eine Hilfe darstellen sollte. Dennoch muss der Gesamtverlauf der Intervention rückblickend als unbefriedigend eingeschätzt werden (siehe Kap. 4.4).

Das Beispiel lehrt, dass es durchaus Kinder und Situationen geben kann, in denen eine Auszeit mit Isolierung sinnvoll erscheinen kann. Fraglich ist, wie die Rechtsgrundlage dafür aussehen oder wie sie geschaffen werden kann (siehe Kap. 6). Fraglich bleibt zudem, ob man die Reaktion der Kinder auf diese Intervention, insbesondere auf Begleitung oder Isolierung, voraussehen kann und deswegen schon beim ersten Anlauf zu einer als passend erlebten Interventionsform kommen kann. Möglicherweise handelt es sich hier um einen Prozess, in dessen Verlauf man die richtige Form erst entwickeln muss. Ganz sicher ist eine individuelle Zwangsgeschichte eines Kindes, in der Alleine-gelassen-Werden bereits angstbesetzt erlebt wurde, ein Ausschlussgrund für Auszeit mit Isolierung. Genauso klar ist, dass Kinder, die momentan nicht in der Lage sind, nahe Beziehungen mit Erwachsenen einzugehen, von einer begleiteten Auszeit eher nicht profitieren können. Wichtig erscheint mir, dass man nicht von Anfang an so tut, als habe man mit der Interventionsform Auszeitraum ein Allheilmittel gefunden. Auch gegenüber den Partnern in der Hilfeplanung ist es angemessen, mit diesem Vorschlag und seiner Ausgestaltung nicht all zu sicher aufzutreten: Alle einschneidenden Interventionen, die in Persönlichkeitsrechte eingreifen, bleiben riskant und verlangen eine aufmerksame Beobachtung und Dokumentation; sie müssen u. U. mehrfach angepasst oder variiert oder auch abgebrochen werden, wenn die eingetretenen Risiken überhand nehmen. Selbstverständlich gilt auch für die Auszeit mit kurzzeitiger Isolierung alles, was wir weiter oben in Bezug auf Hilfeplanung ausgeführt haben.

Die Isolierung des Kindes, die bei den meisten Anwendungsfällen im Kindesalter mit dem Verschließen der Türe einhergeht, stößt bei vielen Pädagogen auf fachlich und/oder ethisch begründete Skepsis und Abwehr. Sie fühlen sich dabei an Karzer oder Isolationshaft, also schwarze Pädagogik, erinnert. Das Abschließen der Tür wird von einigen Autoren unmittelbar mit entwürdigenden Maßnahmen gleichgesetzt und damit als Verstoß gegen den Gewaltschutzparagraphen gebrandmarkt, ohne dass näher erläutert würde, warum der Akt des Türe-Abschließens mit Entwürdigungserlebnissen verbunden sein muss (Landesjugendamt Rheinland 2006, 42ff).

Dennoch stellt die Isolierung mit Einschluss vom fachlichen Standpunkt her sicher etwas anderes dar, als die unter B) vorgestellte Intervention der pädagogischen Grenzsetzung in Form einer begleiteten Auszeit: Im sozial- und heilpädagogischen Denken setzt man zur Unterbrechung des unerwünschten Verhaltens auf die Macht der menschlichen Begegnung im Konflikt bzw. auf die Einbettung oder Neu-Kontextualisierung des unerwünschten Verhaltens, das bisher eventuell gar keine oder ganz anders geartete Beziehungsimplikationen aufwies, auf eine Beziehungsebene zwischen Pädagogen und Kind. Im begrifflichen Rahmen der Verhaltensmodifikation geht es dagegen um einen einsamen Lernprozess. Das Kind soll durch unangenehme Reize bzw. den Entzug von positiven Verstärkern dazu gebracht werden, sein bisheriges Verhalten aufzugeben. Die Beziehungsdynamik zwischen Pädagogen und Kind wird dabei eher als Störvariable gesehen denn als Katalysator. Tatsächlich kann man das Differenzieren auch übertreiben. Wenn man annimmt, dass es sich bei den Formen B) und C) um verschiedene Lernprozesse mit unterschiedlicher Reichweite handelt, sollte man davon ausgehen, dass auch Kinder verschieden sind und dass einigen von ihnen das Lernen auf beiden Wegen, aber anderen nur auf jeweils einem davon zugänglich ist. Wie wir oben gesehen haben, ist es nicht einfach, das von vorneherein klar zu erkennen. Deswegen sollte man keine allzu tiefen ideologischen oder moralischen Gräben zwischen diesen beiden Interventionsformen aufreißen, aber ihre Unterschiede und ihre unterschiedlichen Risiken klar benennen.

Speziell in Deutschland scheint sich in den letzten Jahren eine Vermischung der beiden Interventionsformen angebahnt zu haben, von der noch nicht klar ist, ob sie einer De-Professionalisierung oder einer neuen pragmatischen Form gleichkommt. Nach meinem Eindruck setzen vor allem die Kinder- und Jugendpsychiatrien trotz vorbildlicher Dokumentation der einzelnen Time-out-Situationen nicht mehr auf eine systematische und konsequente Umsetzung des verhaltensmodifikatorischen Konzeptes: Meist wird keine Verhaltensbeobachtung vorgeschaltet, die über die Anzahl der unerwünschten Verhaltensweisen zu Beginn der Behandlung aufklären würde und damit auch über den Erfolg der Maßnahme. Zudem werden die für Time-out relevanten Verhaltensweisen nicht klar genug beschrieben, alternative Unterbrechungstechniken nur kurz ausprobiert und wenig variiert und Isolierungszeiten vorher nicht genau festgelegt. Häufig findet zum Ende der Time-out-Zeit ein Gespräch mit dem Kind statt, von dessen Ergebnis der weitere Verbleib im Raum abhängig gemacht wird. Hier besteht Diskussions- und Klärungsbedarf über einheitliche Fachstandards.

D) Ebenfalls unter die Rubrik *Grenzsetzung* fällt eine von uns beobachtete Raumnutzung, die wir *präventive Eskalation* nennen. Diese Intervention besteht in einer bewusst herbeigeführten, frühzeitigen Konfliktzuspitzung mit dem Ziel der Unterbrechung einer sich anbahnenden, quälenden Konflikteskalation, die sich ansonsten über Stunden oder den ganzen Tag hinziehen und alle Beteiligten stark belasten würde. In der Regel wird der Pädagoge selbst entscheiden, dass und wann er in den Konflikt mit dem Kind gehen wird und damit auch in den Auszeitraum. Das Kind wird gezwungen dorthin mitzugehen. Die bewusste Entscheidung für den Konflikt bzw. den Sprung auf eine eventuelle weitere Eskalationsstufe erfolgt mit dem Risiko, weitere Erregung oder Gegenwehr auszulösen und die damit einhergehende Aggression auf sich zu ziehen. Damit geht man als Pädagoge bewusst die eigene Gefährdung bzw. eine Situation der Hocherregung, wie wir sie unter A) beschrieben haben, ein. Oftmals wird eine solche aggressive Entladung geradezu angestrebt. Allerdings kontrolliert man die Zeit und den Ort, an bzw. zu dem sie stattfindet. Die Verlagerung des Konfliktes und der Entladung an einen anderen, verletzungsarmen Ort geht mit der Chance einher, die sich aufschaukelnde destruktive Stimmung des Kindes wieder in den Griff zu bekommen und den dahinter stehenden Konflikt lösen zu können. Nach der Entladung zeigt sich das Kind häufig entlastet und entspannt; das gezwungene Verbringen in den Auszeitraum mündet in ein offenes Gespräch.

Sicher handelt es sich bei der präventiven Eskalation um eine Intervention, die selten erforderlich erscheint und sehr gut vorbereitet werden muss. Während unserer Hospitationen in den Heimen konnten wir uns selbst ein Bild davon machen: Nico, ein damals 10-jähriger Junge, wirkte an einem Tag schon beim Aufstehen bzw. beim Frühstück gereizt und provozierte immer wieder ältere Kinder, von denen er wusste, dass sie ihn zurückärgern oder gar schlagen würden. Diese von ihm selbst angezettelten Konflikte konnten jedoch unterbunden werden, bevor sich einer der Parteien zu weit hineingesteigert hatte. Gegenüber den Erziehern zeigte sich Nico auch bei Alltagsforderungen wie Zähneputzen, die er an anderen Tagen einfach erledigte, widerständig und bockig. Mit viel gutem Zureden konnte die Morgensituation bewältigt werden. Allerdings wurde Nico bereits nach einer Stunde aus der Schule zurückgeschickt.

Obwohl die Pädagogen ihm bei der Erledigung der Schulaufgaben engagiert halfen und ihn zwischendurch auch mit Spielangeboten oder einer Entspannungsmassage belohnten, zeigte er sich weiter unwillig und aggressiv. Auf Gespräche darüber, was ihm schlechte Laune bereiten würde, ob er etwas Beängstigendes geträumt habe oder was ihn sonst beunruhigen würde, ließ er sich nicht ein. Als im Laufe des Vormittags zwei andere, jüngere Kinder dazu kamen, ärgerte er diese so heftig, dass die Erzieher mehrfach schützend eingreifen mussten. Nico erschien dabei innerlich getrieben, sein Körper wirkte verspannt, seine Gesichtszüge wirkten verbissen. Mehrfach gelobte er von sich aus, jetzt aufzuhören, schaffte es aber nicht. Spätestens zu diesem Zeitpunkt war klar, dass es an diesem Tag „krachen" würde, d. h. dass Nico einen Konflikt mit erheblichem Wut- oder Gewaltausbruch inszenieren würde. Ohne einen solchen schien er auch bei guter Begleitung und Steuerung nicht durch den Tag zu kommen. Wann dieser erfolgte, schien nur noch eine Frage der Zeit. Deswegen beschlossen die Mitarbeiter auch in Rücksprache mit dem Erziehungsleiter, es besser früher als später darauf ankommen zu lassen. Bei einer ersten Verfehlung am Mittagstisch – er hatte mit seiner Gabel ein anderes Kind gestochen – wurde er noch ermahnt, bei einer zweiten aufgefordert den Raum zu verlassen. Allerdings ahnte die Pädagogin schon, dass er nicht freiwillig in sein Zimmer gehen würde. Nachdem er dies lautstark verweigert hatte, packte sie ihn deswegen und brachte ihn direkt in den Auszeitraum. Schon auf dem Weg dorthin begann er, wild um sich zu schlagen und zu treten. Im Raum angekommen, steigerte sich seine Wut noch einmal: Er beschimpfte die Erzieherin lautstark, drohte mehrfach an, sie zu töten, trat gegen die Wände und bewarf sie mit Polstern. Sie schützte sich defensiv, hielt ihn aber fest, wenn er sie mit seinen Händen angriff, was zweimal geschah. Nachdem er etwa zehn bis zwölf Minuten heftig getobt hatte, ebbte seine Wut langsam ab. Aus einem leichteren Angriff auf die Erzieherin mit einem Schaumstoffwürfel entwickelte sich ein gemeinsames Spiel, bei dem er ihr den Würfel gezielt aus der Hand treten musste. Dabei gewann er endgültig die Kontrolle über sich zurück. Später konnte er erzählen, dass er sich Sorgen um seine kleinere Schwester machte. Diese sei ja jetzt ganz alleine zu Hause und damit auch den aggressiven Ausbrüchen seiner

Mutter ausgesetzt. Zugleich wurde aber auch deutlich, dass er seine Schwester um die exklusive Nähe zur Mutter beneidete. Dieses Gefühlschaos hatte ihn wohl in wachsende Spannung versetzt. Nachdem er darüber geredet hatte, wirkte er deutlich entspannter. An diesem Tag kamen keine weiteren Konflikte mehr vor.

E) Eine weitere Intervention stellt die Nutzung des Auszeitraumes *zur Verhinderung des Entweichens oder des Sich-Entziehens* in bzw. nach Konfliktsituationen dar, insbesondere dann, wenn deren Austragung oder Klärung noch ansteht oder nicht zu einem befriedigenden Ende gekommen ist. Zielgruppe dieser Intervention sind Kinder, die bereits mehrfach entwichen sind bzw. sich als Alternative zur Konfliktklärung im Heim in ein anderes Milieu flüchten. Zu klären ist jeweils, worin diese Fluchtbereitschaft besteht: Geht es dabei überwiegend um eine manipulative Vermeidung von Ärger und Unlust? Oder empfindet das Kind in diesem Moment große Angst oder ein nicht zu bewältigendes Kränkungsgefühl, das es mit seinem Weglaufen beschwichtigen oder reparieren will? Auch hier darf man eine Zwangsmaßnahme wie die Nutzung des Auszeitraumes erst beschließen, wenn man über ein abgesichertes Fallverstehen verfügt. In der Regel werden das Kind und der Pädagoge unterschiedliche Vorstellungen darüber haben, ob das Kind den Konfliktschauplatz verlassen könne und wie bzw. wie weit der Konflikt noch zu klären sei. Bei dieser Intervention kann sowohl der Schutz- als auch der Grenzsetzungsgedanke im Vordergrund stehen. Weiß man z. B., dass ein Mädchen den Konflikt um das Aufräumen seines Zimmers dazu nutzen wird, zum Stiefvater zu laufen, der es sexuell missbraucht hat, kommt dem Schutzauftrag besonderes Gewicht zu. Bei einem anderen Kind, das auch schon zu Hause diktieren wollte, ob und wann es sich für sein Fehlverhalten entschuldigt, und das seinen Eltern gezielt Angst gemacht hat, indem es nach Konflikten weglief, steht folgende Grenzsetzung im Vordergrund: Die Erwachsenen bestimmen, wie der Konflikt weiter ausgetragen wird, nicht das Kind.

In der Regel wird es sich auch hier um eine geplante Intervention handeln und damit um eine Spielart der oben ausgeführten Verhaltensmusterunterbrechung mit Begleitung in den Raum. Anders verhält es sich, wenn sich die Tendenz zum Weglaufen in Hocherregung konstelliert und z. B. an die Androhung gekoppelt wird, über eine nahe gelegene Autobahn zu rennen. In beiden Fällen wird man das Kind am Weglaufen hindern und es u. U. gegen seinen Willen in den Auszeitraum bringen. Der Pädagoge bleibt dann bei dem Kind, bis der Konflikt hinreichend geklärt ist. Hinreichend kann in vielen Fällen nicht bedeuten, dass das Kind verbindlich und glaubhaft zusichert, nicht mehr weg zu laufen. Darauf zu setzen, wäre in vielen Fällen falsch, weil das Kind im Auszeitraum häufig zu Versprechungen bereit ist, die es in Freiheit aber nicht mehr einhalten kann oder an die es sich nicht gebunden fühlt. Damit wären

Enttäuschungen auf beiden Seiten vorprogrammiert. Hinreichend kann oft nur heißen, dass die spontan oder von langer Hand geplante Flucht hinausgezögert wird. Man gewinnt durch den Auszeitraum Zeit, dem Kind zu verdeutlichen, welches bekannte Muster gerade abläuft und welche Risiken es mit seinem Weglaufen eingeht, und kann ihm eine Belohnung in Aussicht stellen für den Fall, dass es den schwierigeren Weg auf sich nimmt, sich dem Konflikt zu stellen und da zu bleiben.

In solchen Situationen befinden sich die Kinder bis auf wenige Ausnahmen nicht im Stadium der Hocherregung mit Selbst- und Fremdgefährdung. Insofern bedeutet die zeitweilige Verhinderung ihres Weglaufens Freiheitsbeschränkung, vielleicht sogar Freiheitsentzug (siehe Kap. 6).

F) Schließlich können Auszeiträume der *Selbst-Beruhigung* von erregten Kindern dienen, die diesen Raum freiwillig und selbstbestimmt aufsuchen und ihn jederzeit wieder verlassen können. Diese Form ist auch in Heimen oder Gruppen mit Jugendlichen verbreitet. Denkbar sind zwei Varianten, die sich auch auseinander entwickeln können. Der Raum kann dem Kind oder Jugendlichen bereits beim Vorstellungsgespräch als ein Beruhigungszimmer gezeigt worden sein, das dem Schutz vor Angriffen auf andere Personen oder vor Zerstörung der eigenen oder fremden Besitztümer dient. Dazu müsste er so eingerichtet sein, dass er zum gezielten Ausagieren von Aggressionen oder zum „Ablassen von Frustrationssäure“ (Redl 1976) dienen kann. Er müsste Dinge enthalten, die man als funktionale Äquivalente attackieren oder zerstören kann oder an denen man seine Kraft und Wut abarbeiten kann. Das können z. B. Plakate mit menschlichen Figuren sein, die man zerfetzen kann, oder Schaumstoffpuppen, die man stellvertretend misshandeln kann. Diese Gegenstände dürfen nicht zu weich und nicht zu hart sein, nicht zu wertvoll, aber doch auch von einem gewissen Wert. Wichtig ist es, dass das Kind/der Jugendliche Modelle vorfindet, die diesen Raum so benutzen. Dazu muss es eine Einrichtungskultur geben, die solches Verhalten ausdrücklich billigt oder fördert.

Eine andere Variante besteht darin, mit den Kindern, insbesondere aber mit Jugendlichen, Verhaltenspläne bzw. Kontrakte aufzustellen, die bei nicht verbalisierbarer Wut ausdrücklich das Aufsuchen des Raumes beinhalten. Der Auszeitraum dient dann vor allem der Gewaltprophylaxe. In Konfliktsituationen können steuernde Hinweise wie „Achtung, du explodierst gleich, geh doch besser in den Wutraum“ durchaus sinnvoll sein. Bei jugendlichen Gewalttätern kann es auch Sanktionen dafür geben, wenn sie den Raum trotz Aufforderung nicht aufgesucht haben, sich aber an anderen Personen abreagiert haben. Das senkt zwar die Freiwilligkeit der Nutzung in Richtung von Auflagen oder lässt das Aufsuchen des Raumes sogar zur Bedingung für die Fortsetzung der Hilfe werden. Auf den Jugendlichen kann dadurch Druck ausgeübt werden. Wird dieser mit der Androhung einer möglichen Entlassung kombiniert, kann er auch als Zwang interpretiert werden. Dennoch bliebe es bei der klaren Ansage: „Du musst den Weg dorthin allein finden. Niemand wird dich packen und dort hin schleppen. Du musst es alleine schaffen!"

Für Kinder kann dieser Raum zunächst ein neuartiges Angebot darstellen; manche werden es nutzen, andere nicht. Die Erwachsenen sollten dafür werben, aber keinen Druck ausüben. Eine Ausnahme stellen die Kinder dar, die eine zwangsweise Nutzung des Raumes erdulden mussten. Für diese Gruppe ist es ein großer Fortschritt, wenn die Kinder auf Aufforderung mit dem Betreuer in den Raum gehen oder ihn alleine aufsuchen, um sich dort auszupowern.

Wie groß die Bandbreite der möglichen Anwendungsformen von Auszeiträumen ist, wird mit dieser keineswegs vollständigen Beschreibung bereits deutlich. Die Hauptunterschiede bestehen in folgenden Parametern: Schutz und Aufsicht versus pädagogische Grenzsetzung, Planbarkeit versus Unplanbarkeit. Allerdings darf man sich deren Verteilung nicht schematisch vorstellen, wie man es der Broschüre des Landschaftsverbandes entnehmen könnte (Stoppel 2003): Nur in der Krisensituation (A) handelt es sich um einen reinen Fall von Aufsicht und Schutz. Trotzdem wird man auch hier mit der Art und Weise des Schützens pädagogische Intentionen verfolgen. Das Kind soll sich in Krisensituationen sicher fühlen, unabhängig davon, ob es die Gefahr eher psychisch von innen oder physisch von außen erlebt. Der Pädagoge versucht, nicht nur als Funktionsträger, sondern nach dem Modell einer „haltenden Umwelt-Mutter" (Winnicott 1974, 56ff, 96f) auch als Person zur Verfügung zu stehen. Generell betrachtet, fallen Krisen eher in den Bereich des Unplanbaren; trotzdem wird es immer wieder Kinder geben, bei denen man mit Krisen rechnet und deshalb besser darauf vorbereitet ist als bei anderen.

In den Situationen der pädagogischen Grenzsetzung (B) und (C) geht es um die geplante und gezielte Unterbrechung eines Verhaltensmusters, aber auch Überlegungen des Fremd- und Selbstschutzes spielen eine Rolle. Es geht auch darum, dass andere Kinder nicht zu Opfern des Agierens von Einzelnen werden, auch wenn keine unmittelbare Fremdgefährdung im Sinne ernster Verletzungen vorliegt. Auch bei der präventiven Eskalation handelt es sich um eine geplante Intervention auf Grund der Entdeckung eines zwar nicht regelmäßigen, aber periodisch wiederkehrenden Musters. Überlegungen von Schutz und pädagogischer Grenzsetzung mischen sich.

Im Überblick über die Schilderungen (A) bis (E) wird deutlich, dass die verschiedenen Interventionsmöglichkeiten mit sehr unterschiedlichen fachlichen Begründungen verbunden sind. Das birgt die Gefahr, dass alle möglichen Praxen mit darauf zugeschnittenen Theorien legitimiert werden können. Daraus folgere ich, dass die Erlaubnis für solche Raumnutzungen von Seiten der Heimleitungen oder Landesjugendämter unverantwortlich ist, solange kein Klärungsprozess darüber stattgefunden hat, was man bzw. wen man mit diesem Raum genau erreichen will und welche fachlichen Grundlagen man dafür bemüht, aber auch zur Kontrolle der eigenen Praxis verwenden möchte. Auf die immense Bedeutung solcher Klärungsprozesse wurde bereits weiter oben hingewiesen.

4.3 Das Grünauer Konzept

Für die Erstellung einer schriftlichen Konzeption bedarf es eines Diskussions- und Klärungsprozess mit allen Beteiligten und auf allen Hierarchieebenen. Einen solchen Prozess der fachlichen Selbst- und Fremdklärung, bezogen auf die Einrichtung und Nutzung eines Auszeitraumes, haben die heilpädagogische Einrichtung Grünau-Heidequell im evangelischen Johanneswerk und das Landesjugendamt Westfalen-Lippe in einem mehrjährigen Prozess geleistet und zum Abschluss gebracht. Im Mittelpunkt stand dabei die Intensivgruppe *Die Spatzen*, die Kinder im Alter von sechs bis zwölf Jahren betreut. Die Mehrzahl der Kinder stammt aus hoch belasteten Familien und hat beinahe durchgehend Formen von körperlicher Misshandlung und/oder sexuellem Missbrauch erlebt oder beobachtet.

Zu Beginn der konzeptionellen Arbeit war man sich alles andere als einig. Pädagogischer Bedarf, der von Einzelfällen ausging und mit intensiven, zum Teil schmerzlichen Erlebnissen für die Mitarbeiter gekoppelt war, prallte auf generelle pädagogische Überlegungen, bürokratische Erfordernisse und politische Bedenken. Im Lauf der Jahre ist es gelungen, die Standpunkte einander anzunähern und die kritischen Fragen zu klären. Wichtig war die Erteilung der Betriebsgenehmigung auf Probe zu einem Zeitpunkt, zu dem es auch noch offene Fragen gab. Dies war möglich, weil auch die Mitarbeiter des Landesjugendamtes erleben konnten, dass die Einrichtung ihre Praxis vorbehaltlos offen legte und weiter an einer Fortentwicklung des ersten Konzeptionsentwurfes interessiert war. Als *Eckpunke dieses Konzeptes* wurden ausgehandelt:

1. *Bandbreite der Interventionen*: Der Auszeitraum der Spatzen dient der Unterbrechung von Verhaltensmustern *mit Begleitung des Pädagogen in den Raum und mit Isolierung (Time out)*. Die Interventionsform *Präventive Eskalation* wird als Variante der Verhaltensmusterunterbrechung mit Begleitung betrachtet und kann dort ebenfalls stattfinden. Der Raum ist nicht für Krisenintervention vorgesehen. Im Einzelfall kann sie aber auch in diesem Raum geleistet werden. Auch ein solcher Fall muss dem Landesjugendamt gemeldet werden. Spätestens wenn ein Kind zum zweiten Mal für eine Krisenintervention gemeldet wird, muss die Einrichtung ein Hilfeplanungskonzept vorlegen, das beschreibt, wie sie den Krisen präventiv begegnen wird.

Zur Verhinderung von Fluchtsituationen ist der Raum nicht vorgesehen. Allerdings soll er allen sechs Kindern der Gruppe als Spielzimmer und Selbstberuhigungsraum zu Verfügung stehen. Aus diesem Grunde ist alles zu fördern, was den Spielzimmercharakter des Auszeitraumes festigt bzw. alles zu vermeiden, was den Bestrafungscharakter des Raumes erhöhen könnte. In regelmäßigen Gesprächen zwischen Team und Erziehungsleitung ist zu erörtern, inwieweit dieses Anliegen umgesetzt werden konnte bzw. was zur besseren Umsetzung zur Verfügung gestellt werden muss. Alle Pädagogen sind dazu angehalten, sich gegenseitig regelmäßig Feedback über ihre Art der Konfliktaustragung mit den Kindern und insbesondere über die Art und Weise und Häufigkeit der von ihnen verantworteten Auszeitraumnutzung zu geben.

2. Die *Betriebserlaubnis* für den Auszeitraum gilt immer nur für *zwei Kinder*, die vor der Anwendung der Auszeit beim Landesjugendamt namentlich angemeldet werden müssen. Die Betriebsgenehmigung gilt nur für den Rahmen einer Intensivgruppe und ist ausdrücklich beschränkt auf Kinder. Die Festlegung auf zwei Plätze soll verhindern, dass der Raum bereits belegt ist, während ein zweites oder drittes Kind zur Nutzung ansteht. In dem gesamten Untersuchungszeitraum gab es allerdings nur einen Monat, in dem die Raumnutzung parallel für zwei Kinder anstand. Das Produktive der Beschränkung kann man auch darin sehen, dass es die Mitarbeiter dazu anregt, auch weiterhin sehr unterschiedliche Räume und Orte in jeweils individueller Passung für die Bewältigung von Konflikten und Krisen zu nutzen. Bei den *Spatzen* werden Kinder also durchaus auch in ihr Zimmer oder in eine andere Gruppe geschickt, so wie es sich jeweils für diese Kinder als gut und praktikabel herausgestellt hat. Auch deswegen bleiben relativ wenig Kinder für die spezielle Auszeitraumnutzung übrig.
3. Für Kinder, die bereits vorher in der Kinder- und Jugendpsychiatrie eine *Time-out-Behandlung* erfahren haben und bei denen die *Fortsetzung* derselben empfohlen wird, sollen die behandelnden Ärzte möglichst bereits vor der Aufnahme in das Heim eine schriftliche Empfehlung verfassen. Offen bleibt, ob diese dann im Heim in Form eines Time-out mit Isolation oder in Form einer begleiteten Auszeit durchgeführt werden soll. Hier sind an Einzelfällen orientierte Lösungen anzuvisieren, mit der Maßgabe, sie genau zu beobachten und gegebenenfalls zu revidieren.
4. Für Kinder, bei denen die Idee der Auszeitraumnutzung neu entsteht, muss vor Beginn der Maßnahme ein *individuelles Auszeitkonzept* verfasst werden, in dem die Gründe für die geplante Maßnahme, die damit angestrebten Ziele, Chancen und Risiken der Auszeitnutzungen und konkrete Absicherungsverfahren beschrieben werden. Jedes individuelle Auszeitkonzept muss das zu unterbrechende Verhalten genau beschreiben und belegen, was an bisher erfolglosen Verände-

rungsversuchen vorangegangen ist. Wenn es sich um eine Erstnutzung im Rahmen der Kinder- und Jugendhilfe handelt, muss ein Kinder- und Jugendpsychiater an der Erarbeitung dieser individuellen Auszeitkonzeption beteiligt oder diese ihm zu einer formlosen Begutachtung mit Zustimmung vorgelegt werden. Unter anderem ist dabei auch die Zwangsgeschichte des Kindes möglichst genau zu rekonstruieren. Wichtig ist beispielsweise, ob das Kind früher eingesperrt oder in einer Konfliktsituation misshandelt wurde, um etwaigen Re-Traumatisierungen vorzubeugen.

5. In beiden Fällen – Verhaltensmuster-Unterbrechung mit Begleitung oder mit Isolierung (Time out) – müssen die Maßnahmen *im Hilfeplangespräch* allen relevanten Planungspartnern vorgestellt und dort gemeinsam verabschiedet werden. Es ist klar, dass es sich dabei nicht nur um eine schnelle, formale Zustimmung handeln darf nach dem Motto „die Fachleute haben bereits entschieden", sondern um einen gemeinsamen Abwägungsprozess von Chancen und Risiken der Auszeitraumnutzung, an dem Eltern, Jugendamt, Mitarbeiter und auch das Kind in angemessener Form beteiligt werden müssen. Im Hilfeplanprotokoll sind Konsens und Dissensgründe festzuhalten, ebenso wie Fristen, innerhalb derer Eltern z. B. ihre Zustimmung geben oder in welchen Abständen sie von der Häufigkeit der Raumnutzungen informiert werden wollen (jedes Mal, monatlich, von HPG zu HPG etc.). Eltern bzw. Personensorgeberechtigte müssen nicht immer voll und ganz mit der Maßnahme einverstanden sein. Es reicht zunächst aus, wenn sie für eine bestimmte Frist ihr Einverständnis geben. Ohne dieses ist die Auszeitraumnutzung aus rechtlichen Gründen nicht möglich.
6. Alle Eltern und alle Jugendämter werden *im Aufnahmeprozess* eines neuen Kindes über die *konzeptionelle Besonderheit Auszeitraum informiert.* Das betrifft auch die aufzunehmenden Kinder. Diese Vorabinformation soll dazu beitragen, dass Eltern und Kinder etwaige Erlebnisse oder Berichte rund um die Auszeitraumnutzung besser einordnen können. Sie dient aber auch dazu, die grundsätzliche Akzeptanz für Zwangselemente zu prüfen, auch deshalb, weil es bei dieser Zielgruppe prinzipiell bei jedem Kind geschehen kann, dass eine solche Nutzung den Eltern vorgeschlagen wird.
7. Jeder Prozess der Auszeitraumnutzung wird von *regelmäßigen kinder- und jugendpsychiatrischen Fallbesprechungen* begleitet. Diese sind bei den *Spatzen* sowieso vorgesehen. Wie oft diese Fallbesprechungen stattzufinden haben, ist nicht festgelegt.
8. Jedes der Kinder, die den Auszeitraum nutzen, bekommt zusätzlich eine Form *therapeutischer Begleitung.* In dieser Forderung zeigt sich der Anspruch, dass die Auszeit auf keinen Fall die einzige Art der Behandlung sein darf, die das Kind in Grünau erfährt, sondern dass auch andere Formen der therapeutischen und heilpädagogischen Förderung einbezogen werden.

9. Jede *Auszeitraumnutzung ist auf einem dafür vorgesehenen Formblatt zu dokumentieren* und zeitnah dem Landesjugendamt, dem örtlich für das Kind zuständigen Jugendamt und den Eltern mitzuteilen.
10. Mit jedem Kind ist nach der Raumnutzung eine *persönliche Reflexion* in kindgerechter Sprache durchzuführen. Die Meinungen und Kommentare des Kindes sind möglichst im Wortlaut zu dokumentieren.
11. Der Raum muss *von außen einsehbar* sein. Während der Nutzung sollen die Kollegen regelmäßig beobachten, wie es dem Kollegen und dem Kind (begleitete Auszeit) oder dem Kind alleine (Time-out) geht, und gegebenenfalls intervenieren. Zeiträume für den Sichtkontakt sind dafür nicht vorgeschrieben.
12. Unmittelbar nach Beginn der Auszeitraumnutzung oder parallel zu dieser ist die *Rufbereitschaft* zu informieren. Diese kommt unverzüglich in die Gruppe, begleitet die Auszeit, wenn auch aus der Distanz, und interveniert nur, wenn sie es für nötig hält oder darum gebeten wird.

Sicher müssen nicht alle Konzeptelemente in dieser Form formuliert werden. Wie viele Funktionen man in dem Auszeitraum zusammenlegen will und ob man seinen Charakter als Spielzimmer für alle erhalten möchte, muss jeweils diskutiert werden. Auch die Festlegung auf immer nur zwei anzumeldende Kinder erscheint rigide und könnte nach einer Beobachtungszeit auch auf ein Kind oder drei Kinder festgelegt werden. Weiter kann in Frage gestellt werden, ob ein Kinder- und Jugendpsychiater immer die geeignete Person für die Reflexion des Fallverlaufes mit Auszeitnutzung ist. Hier wird es weniger auf die formale als die fachliche Legitimation ankommen. Ein externer Sozial- oder Heilpädagoge kann dazu ebenso geeignet sein wie ein Psychologe oder ein Kinder- und Jugendlichentherapeut.

Trotz solcher Diskussionen von Details muss der gesamte Konzeptionsentwurf als äußerst beeindruckend und modellhaft bezeichnet werden. Insbesondere die Punkte individuelles Auszeitkonzept (4), Absicherung über Hilfeplanung (5), regelmäßige Verlaufsbesprechung mit einer externen Fachkraft (8), ausführliche Dokumentation jeden Verlaufes (9) und Nachbesprechung mit dem Kind (10) inklusive der Möglichkeit, den Raum von außen einzusehen (11), sind *unverzichtbare fachliche Qualitätsstandards* für die Nutzung von Auszeiträumen.

Dass die Konzeption hohe Anforderungen an Mitarbeiter und Leitung stellt, ist nicht zu bestreiten. Besonders erfreulich ist, dass die Konzeption unseren Beobachtungen nach im Laufe ihrer Etablierung immer besser umgesetzt wurde und einzelne Versäumnisse relativ rasch problematisiert werden. Sicher ist für diese hohe Qualität entscheidend, dass die Mitarbeiter mit an der Ausformulierung der Standards beteiligt wurden und die

Kultur in der gesamten Einrichtung einerseits klar hierarchisch-kontrollierend, andererseits aber auch fehlerfreundlich angelegt ist.

Neben der speziellen Konzeption für den Auszeitraum, gibt es selbstverständlich auch eine für die Arbeit der gesamten Intensivgruppe. Kernelemente dieser Konzeption sind ein strukturierter Alltag, stundenweise, auf die Fähigkeiten der Kinder abgestimmte Beschulung, ein individueller Therapieplan, der je nach Diagnose und Neigung der Kinder verschiedene Elemente wie Spiel-, Reit-, Moto- und Ergotherapie umfasst, aber auch regelmäßige Aktivitäten wie Klettern, Kochen und Basteln. Der Alltag in der Gruppe ist von einem hohen Maß an Ordnung und Zuwendung geprägt. Diese Hinweise auf das *Gesamtsetting* sind von besonderer Bedeutung, weil man erst aus ihnen ersehen kann, welche *konkrete Einbettung* das institutionelle Zwangselement Auszeitraum in dieser Intensivgruppe erfährt.

4.4 Quantitative Aspekte der Nutzung von Auszeiträumen in zwei Einrichtungen

Quantitative Daten über die Nutzung von Auszeiträumen konnten wir in zwei Einrichtungen bzw. Intensivgruppen sammeln. Die erste Gruppe, die Spatzen, haben wir bereits im vorangegangenen Kapitel skizziert. Die Zielgruppe der zweiten Einrichtung besteht aus Kindern und Jugendlichen zwischen zwölf und 14 Jahren, die aus der Psychiatrie entlassen wurden. In der ersten Einrichtung erstreckte sich unser Beobachtungszeitraum von November 2002 bis Juli 2006, in der zweiten von September 2004 bis Juli 2006. Der Dokumentationsstandard war in der ersten Einrichtung sehr hoch, weshalb wir hier sehr viele unterschiedliche Daten zusammentragen konnten. In der zweiten Einrichtung ist uns lediglich die Häufigkeit bekannt, mit der der Auszeitraum genutzt wurde.

In Heim 1 wurde der Auszeitraum von vier Kindern insgesamt 22 Mal zwangsweise genutzt, in Heim 2 innerhalb von sechs Monaten elf Mal. Nach dieser ersten Nutzungsphase gab es eine Unterbrechung der Raumnutzung, die Konzeption wurde neu ausgearbeitet.

Über die Häufigkeit, mit der die vormals von Zwang betroffenen acht Kinder auf Vorschlag oder Aufforderung der Mitarbeiter hin in den Raum gingen und wie oft sie ihn von sich aus aufgesucht haben, um dort ihre Wut auszuagieren, geben die zweite und dritte Spalte der Tabelle 4 Auskunft. Tatsächlich dürfte die Zahl der Raumnutzungen in beiden Einrichtungen höher liegen, da nicht alle selbstinitiierten Nutzungen beobachtet und erfasst wurden. In Heim 1, in welchem der Spielzimmercharakter des Auszeitraumes sehr viel stärker ausgeprägt ist, gingen auch andere Kinder, die nie zwangsweise in den Auszeitraum gebracht wurden, freiwillig zum Abreagieren ihrer Wut hinein, obwohl dieser dort nicht die einzige legitime

Tab. 4: Nutzung des Auszeitraumes

Name, Alter, Heim	Häufigkeit und Dauer	Verlauf und Ergebnisse
Leo, 10 Jahre Heim 1	3 x in vier Monaten unter Zwang, 5–8 x freiwillig bzw. auf Aufforderung	Anlass waren aggressive Übergriffe auf Kinder und Erwachsene. Die Intervention erfolgte geplant. Leo wehrte sich anfangs sehr heftig gegen den Transport in den Raum. Im Raum tobte er bis zu einer Stunde, so dass die Person im Raum mehrfach abgelöst werden musste. Leo ging später zweimal auf Aufforderung mit in den Raum; wieder später nutzte er den Raum etwa 5 mal auf Hinweis oder von sich aus alleine. Die aggressiven Übergriffe gingen deutlich zurück.
Norbert, 11 Jahre Heim 1	1 x	Es handelte sich um eine einmalige Krisenintervention. In Folge des Aufdeckens traumatischer Erlebnisse in der Therapie kam es zu einem Zustand der Übererregung mit Einschlafschwierigkeiten und nächtlichem Randalieren. Im Raum konnte sich Norbert schnell beruhigen und die Hilfe der Betreuerin annehmen.
Thekla, 10 Jahre Heim 1	1 x	Es handelte sich um eine geplante Intervention (begleitete Auszeit) aufgrund von wiederholten, heftigen aggressiven Übergriffen auf Erwachsene. Nach einer einmaligen Grenzsetzung kam es zu keinem weiteren Übergriff. Das Mädchen reagierte sehr beschämt.
Nico, 10 bzw. 11 Jahre Heim 1	17 x in zehn Monaten unter Zwang, 12 x freiwillig bzw. auf Aufforderung, Psychiatrie: 38 x in sechs Monaten, Gesamtdauer: 16 Monate	Nico sucht Konflikte anfangs zur Regulierung innerer Spannungen. „Präventive Eskalation" als geplante Intervention, aber auch zur Begrenzung aggressiver Übergriffe auf andere Kinder und Erwachsene. PädagogInnen gehen mit in den Raum. Später entwickeln sich zunehmend sadistische Formen von Aggressivität. Während eines Psychiatrieaufenthaltes macht er Erfahrungen mit „Time-out" anlässlich aggressiver Übergriffe. Zurückgekehrt in die Einrichtung „genießt" er die begleitete Auszeit und steigert das aggressive Verhalten. Deswegen Übergang zum „Time-out". Anfangs mit deutlicher Abnahme der Aggressivität, die sich dann aber eher stabilisiert. Über einen Abbruch der Intervention wird nachgedacht.
Tom, 11 Jahre Heim 2	6 x in sechs Monaten	Tom wurde aufgrund aggressiver Übergriffe, die zum Teil Fremdgefährdungscharakter besaßen, anfangs spontan, später geplant in den Raum gebracht. Dies geschah bei mittelstarker Gegenwehr. Er beruhigte sich dort relativ schnell. Später suchte er den Raum mehrfach von sich aus auf, sei es zum Rückzug, sei es zum Ausagieren von Wut. Die aggressiven Übergriffe gingen stark zurück.
Kevin, 12 Jahre Heim 2	3 x in drei Monaten	Kevin wurde aufgrund aggressiver Verweigerungen gegenüber PädagogInnen in den Raum gebracht (begleitete Auszeit). Er wehrte sich heftig, zeigte sich auch anschließend uneinsichtig. Die Verweigerungen gingen deutlich zurück.
Hans, 14 Jahre Heim 2	1 x	Es handelte sich um eine Grenzsetzungssituation, bei der die Rolle des Raumes vorher nicht geklärt war (begleitete Auszeit). Nach heftiger Gegenwehr wurde auf eine Wiederholung der Intervention verzichtet. Später Entlassung des Jugendlichen wegen aggressiver Übergriffe und Verweigerung der Mitarbeit.
Thilo, 13 Jahre Heim 2	1 x	Es handelte sich um eine Krisensituation mit Hocherregung. Der Transportweg war zu lang. Der Pädagoge geht mit in den Raum. Nach heftiger Gegenwehr wurde auf eine Wiederholung der Intervention verzichtet.

Form darstellt, Wut und Ärger abzubauen. Da es in der zweiten Einrichtung zu Beginn unserer Untersuchung Probleme mit dem Dokumentationssystem gab, waren für uns lediglich die insgesamt 38 Nutzungen in Heim 1 genauer auszuwerten.

Das Durchschnittsalter der Kinder in Heim 1 betrug zehn Jahre. Die zur Nutzung bestimmten Kinder waren im Durchschnitt zwei Jahre jünger als die Kinder bzw. Jugendlichen in Heim 2. Im Beobachtungszeitraum wurden dem Landesjugendamt fünf Kinder zur Raumnutzung gemeldet. Bei zwei gemeldeten Kindern kam es anschließend nicht zu einer Raumnutzung, da die bereits vor der Aufnahme als gravierend beschriebenen Konflikte und Probleme anders gelöst werden konnten. Bei einem Kind (Norbert) kam es zu einer Krisenintervention, die dem Landesjugendamt nachgemeldet wurde.

Die insgesamt 22 Nutzungen mit Zwangscharakter in Heim 1 bestehen aus 14 begleiteten Auszeitraumnutzungen und acht Time-out-Nutzungen. Die Dauer der Auszeitraumnutzungen variierte in Heim 1 zwischen fünf Minuten und einer Stunde und 40 Minuten. Im Mittel betrug die Zeit im Auszeitraum 25 Minuten; die Mehrzahl der Nutzungen dauerte zwischen zehn und 15 Minuten.

Berechnet man den reinen Durchschnittswert, könnte man sagen, dass es in Einrichtung 1 in den 43 Beobachtungsmonaten ca. 0,5 mal pro Monat zu einer erzwungenen Nutzung des Auszeitraums kam oder anders: alle zwei Monate einmal. Dem gegenüber steht die Nutzung des Raumes als Spiel- oder Rückzugsraum. Da diese nach Angaben der Mitarbeiter in der Häufigkeit in Abhängigkeit zum Wetter und in Abhängigkeit zur jeweiligen Zusammensetzung der Kindergruppe stark schwankt, haben wir drei Mal für jeweils 14 Tage Nutzungsprotokolle ausgelegt, die von den Pädagogen gewissenhaft ausgefüllt wurden. Diesen Protokollen ist zu entnehmen, dass der bei den Kindern „Krisi“ oder „Time-out-Raum“ genannte Raum im Winter 2004 innerhalb von 14 Tagen sieben Mal zum Spielen genutzt wurde, im Frühjahr 2005 vier Mal und m Sommer 2006 zwei Mal. Daraus ergibt sich ein monatlicher Mittelwert von sieben bis acht Nutzungen bzw. ein hochgerechneter ungefährer Wert von ca. 300–350 selbst initiierten Nutzungen von November 2002 bis Juli 2006, die den 22 gezwungenen Nutzungen gegenüber gestellt werden müssen.

Die meisten freiwillig im Raum verbrachten Spielzeiten der Kinder gehen über 60 Minuten und länger, die längste beinahe drei Stunden. Die Spielaktionen umfassen Tobespiele ebenso wie ruhiges Budenbauen, Monopoly-Spielen oder das Hören von Kassetten. In der Sommerzeit wird der Raum aus nachvollziehbaren Gründen weniger zum Spielen genutzt als im Herbst und Winter. Zieht man sieben Wochen im Jahr ab, welche die Kinder zu Hause oder in Ferien sind, ergeben sich aus der Hochrechnung der uns vorliegenden Protokolle ca. 80 Nutzungen pro Jahr. Für den gesamten Beobachtungszeitraum heißt das: Kürzere Spiel- oder Rückzugzeiten von 15 Minuten und darunter sind dabei eher selten zu beobachten.

Stellt man den 0,5 gezwungenen Nutzungen im Monat die als durchschnittlich angenommenen 14 Nutzungen im Winter bzw. die vier bis acht Nutzungen in den anderen Monaten gegenüber, so wird deutlich, dass die Nutzung für Zwangsmaßnahmen den Raum im Erleben der Kinder atmosphärisch nicht so negativ auflädt, dass er nicht auch für andere Zwecke genutzt werden könnte. Alle Kinder, die zwangsweise in den Raum gebracht wurden, nutzten ihn später auch wieder als Spielzimmer. Begleitete Auszeit und Time-out führten bei den beobachtenden Kindern nicht dazu, dass ihnen der Raum verleidet wurde. Informativer als der Durchschnittswert der gezwungenen Nutzung ist ein Blick auf die Verteilung der 26 Nutzungen im Lauf von 43 Monaten. In 30 der 43 Monate fand keine Nutzung im engen Definitionsrahmen des Raumes als Zwangselement statt. Der längste Zeitraum der Nichtnutzung geht von Januar 2003 bis Dezember 2004, umfasst also 24 Monate. Das schließt nicht aus, dass Kinder in dieser Zeit in den Raum geschickt wurden. Aber sie mussten nicht gegen ihren Willen dorthin gebracht werden.

Auch zwischen April 2005 und Oktober 2005 gab es sechs Monate lang keine Nutzung. Dafür ereigneten sich bis zu neun Mehrfachnutzungen, z. B. im Februar 2006, in dem ein Kind acht Mal im Auszeitraum war, davon fünf Mal gezwungen, und ein zweites Kind einmal in den Raum gebracht wurde. Der Februar 2006 ist auch der einzige der 43 Monate, in denen zwei Kinder parallel Erfahrungen mit dem Raum gemacht haben. Ansonsten scheint das Prinzip zu gelten: ein Raum – ein Nutzer. Trotzdem können bis zu zwei Kinder angemeldet sein, und der Raum kann gleichzeitig bei zwei Kindern zur Anwendung kommen. Zusammenfassend sehen wir, dass lange Zeiten, in denen der Raum gar nicht belegt war, Monaten gegenüber stehen, in denen er sehr intensiv genutzt wurde.

Fazit:

- Die Zahl der Nutzungen ist in beiden Heimen niedriger als erwartet. Vor allem die langen Zeiten der Nicht-Nutzung in Heim 1 weisen darauf hin, dass die Raumnutzung nicht inflationär geschieht. Nur weil der Raum existiert, wird er nicht automatisch genutzt.
- Anmeldungen für den Auszeitraum auf Grund hochproblematischer Schilderungen aus anderen Heimen oder der Psychiatrie führen in Heim 1 nicht automatisch zu seiner Nutzung. Das spricht dafür, dass die Mitarbeiter nach der Aufnahme des Kindes sehr genau prüfen, ob es zur Problembewältigung Alternativen zum Auszeitraum gibt.
- In vier von acht Fällen kam es nur zu einer einmaligen Nutzung. Bei zwei Kindern war eine zweite Nutzung nicht nötig. Bei zwei anderen

Fällen wurde die Intervention wegen der Risiken der heftigen Gegenwehr beim Transport abgebrochen. Nur in einem Fall kam es zu einer längerfristigen Nutzung über sechs Monate Dauer (18 Monate).

- Bei drei von vier Mehrfachnutzern kam es nach dem gezwungenen Transport auch zum Mitkommen auf Aufforderung bzw. zu vorgeschlagenen oder selbst initiierten Nutzungen des Raumes. Nur in einem Fall musste bei jeder Nutzung Zwang angewandt werden.
- Es kann durchaus gelingen, den Raum als Spielzimmer bzw. Selbstberuhigungszimmer zu etablieren, auch wenn dort gezwungene Nutzungen stattfinden und auch für alle Kinder beobachtbar sind. Der Raum wird durch diese nicht kontaminiert. Auch diejenigen Kinder suchen den Raum als Spielzimmer auf, die ihn zwangsweise nutzen mussten.
- Bei älteren Kindern und Jugendlichen ist das Überwältigt-Werden und der gezwungene Transport in den Raum mit hohen Verletzungsrisiken für alle Beteiligten verbunden.

4.5 Verlaufsbeispiele

Mit acht beobachteten Auszeitnutzungs-Verläufen liegt uns nur eine kleine Zahl von Fällen vor, so dass die folgenden Ausführungen zu Verlaufsmustern vorsichtig beurteilt werden müssen. Auf detaillierte Schilderungen der Interventionen und ihrer beobachtbaren Folgen, wie wir sie in den Forschungsberichten dargestellt haben, müssen wir hier verzichten. Bisher konnten wir vier Verlaufsmuster identifizieren bzw. plausibel konstruieren:

Verlaufsmuster A (Norbert, Thekla)
Hier handelt es sich um eine einmalige oder sehr seltene Nutzung unter Anwendung von Zwang bei Kindern, der eine rasche und relativ stabile Verhaltensänderung folgt. Die Interventionen waren angekündigt und gut geplant. Offensichtlich war das Erleben der Grenzsetzung so eindrucksvoll und dramatisch, dass das Kind bemüht ist, eine Wiederholung zu vermeiden. Bei aller Dramatik reagierten die Kinder auf die Intervention im Nachhinein mit Verständnis, wenn auch gepaart mit Beschämung. Ob parallel zur deutlichen Verhaltensveränderung mittel- oder langfristig mit unerwünschten Nebenwirkungen oder Symptomverschiebungen zu rechnen ist, kann derzeit noch nicht eingeschätzt werden.

Verlaufsmuster B (Thilo, Kevin)
Hier handelt es sich um eine einmalige Nutzung des Raumes unter Anwendung von Zwang bei älteren Kindern bzw. Jugendlichen. Die Interventionen erfolgten eher spontan und waren den Jugendlichen im Vorfeld

nicht klar genug angekündigt worden. Diese reagierten auf den gezwungenen Transport in den Raum mit heftiger Gegenwehr und machten auch anschließend deutlich, dass sie ihn als ungerechtfertigten Übergriff bewerten. Auch bei den Pädagogen stellten sich anschließend Skepsis und Selbstzweifel ein, so dass von Wiederholungen Abstand genommen wurde. Bei der Nachbesprechung wurde der Wunsch, Zwang in Zukunft zu vermeiden, auch von den Pädagogen offen angesprochen. Andererseits waren die Probleme mit den Jugendlichen dadurch nicht gelöst und blieben weiter virulent. In einem Fall führten sie zu einem Abbruch des Heimaufenthalts.

Verlaufsmuster C (Leo, Tom, bedingt Kevin)
Hier fand eine mehrfache Nutzung des Raumes innerhalb von drei bis sechs Monaten statt. Die ersten Einsätze gingen mit körperlichem Zwang einher und wurden auch mit heftiger Gegenwehr seitens des Kindes beantwortet. Die Interventionen erfolgten geplant und angekündigt. Bei der Nachbesprechung äußerten die Pädagogen den Wunsch, Zwang in Zukunft – wenn möglich – zu vermeiden, machten aber auch deutlich, dass sie auf das gewalttätige Verhalten des Kindes im Ernstfall in der gleichen Weise reagieren würden. Bei den nächsten Auszeitraumnutzungen gingen die Jungen auf Aufforderung mit in den Raum. Sie wussten, dass sie ansonsten mit körperlichem Zwang dorthin gebracht würden. Auch wenn sich zwischendurch Rückfälle in den erzwungenen Transport ereigneten, so schienen die Kinder doch prinzipiell zu einer Kooperation mit ihren Pädagogen bereit zu sein. Sie nutzen den Raum auch auf Anregung bzw. von sich aus, wenn absehbar ist, dass sich Konflikte oder Wutausbrüche anbahnen. Das gewalttätige Verhalten wird nach drei bis sechs Einsätzen konstant seltener. Verlaufsmuster C zeigt am klarsten, was wir unter entwicklungsförderlichem Impuls beschrieben haben, der von Zwang ausgehen kann: Die Kinder machen eine *Entwicklung, die von Fremdkontrolle zur Selbstkontrolle* geht, und es gelingt ihnen, die gewalttätigen Impulse zu bezähmen (siehe Kap. 2). Sicher spielt dabei eine Rolle, dass sie diese sensibler wahrnehmen und ihnen früher entgegensteuern können und sich dabei auch von zugewandten Erwachsenen unterstützt fühlen. Ob und wie es ihnen gelang, diese Impulse auch zu transformieren, können wir leider nicht sagen.

Verlaufsmuster D (Nico)
Bei Nico handelt es sich um eine häufige Nutzung, wenn auch mit längeren Pausen. Insgesamt lassen sich in diesem Einzelfall vier Phasen unterscheiden: In der ersten Phase ging man von einer periodischen Übererregung des Jungen auf Grund von Traumatisierungen aus. Als Antwort darauf schien präventive Eskalation mit viel Halt gebender Beziehung im Raum sinnvoll. Kaum aber waren die Planungen für die Intervention ab-

geschlossen und diese zum ersten Mal angewandt, wurde Nico zu einer sechsmonatigen intensiven Abklärung in die Kinder- und Jugend-Psychiatrie geschickt. Diese war zwar schon bei seiner Aufnahme sechs Monate davor beschlossen worden, kam aber, bezogen auf die Planung der Auszeitintervention, ungelegen. Aus Furcht, diesen Behandlungsplatz zu verlieren, kam Nico in die Klinik, wobei er Teil seiner Heimgruppe blieb und dort jedes Wochenende und auch einen Teil der Ferien verbrachte. In der Klinik begann nun Phase 2, die Time-out-Behandlung des aggressiven Verhaltens, das der Junge dort noch viel mehr zeigte als im Heim. Weil er im sicheren Rahmen der Klinik nun endlich zeigen konnte, wie viel Hass und Wut in ihm schlummerten? Oder weil er sich in diesem neuen Rahmen mit wenig Tagestruktur viel unsicherer fühlte als in der Heimgruppe? Beides wäre möglich.

Obwohl Nico in der Psychiatrie insgesamt 38 Mal in den Time-out-Raum gebracht wurde, gibt es für die Veränderung des Verhaltens keine klare Tendenz. Es scheint, dass er sich bereits in der Psychiatrie an diese Form der Intervention gewöhnt hat und ihr entweder etwas abgewinnen konnte oder sich durch sie zu einer Verhärtung seiner Symptomatik herausgefordert sah. Auch hier scheint beides möglich. Geradezu sträflich ist, dass die sechs Monate in der Psychiatrie keinerlei Erkenntnisse zur Psychodynamik insbesondere der aggressiven Ausbrüche gebracht haben. Auch nach einem Jahr lag noch kein ausführlicher Bericht darüber vor, was die Erwachsenen mit Nico in der Psychiatrie erlebt hatten und wie sie ihn einschätzten.

Phase 3 beginnt, nachdem Nico ins Heim zurückgekehrt ist. Dort setzte man nach einer sechswöchigen Pause, in der er keine gewalttätigen Angriffe und keine Symptome von Überregung zeigte, die begleitete Auszeit fort. Bei diesen Interventionen ereigneten sich sehr dichte Begegnungen, in denen es Nico gelang, im Raum von höchster Wut auf spielerisches, aggressives Verhalten umzuschalten oder auch nach einem Wutweinen seine Traurigkeit über seine Lebenssituation zu thematisieren. Mehrfach ging er auf Aufforderung in den Raum mit oder suchte ihn freiwillig auf. Er schien Fortschritte zu machen und etwas lernen zu wollen. Gleichzeitig steigerte er aber in einzelnen Situationen seine aggressiven Attacken auf die Frauen, die ihn in den Raum gebracht hatten. Er wollte ihnen nach eigenen Worten wehtun und schaffte das auch immer wieder. Daraufhin machte sich eine gewisse Angst im Team breit. Rätselhaft bleibt aber, warum Nico das aggressive Verhalten fünf Pädagoginnen gegenüber gleich häufig zeigte, dem einzigen Mann in der Gruppe und zwei anderen Frauen gegenüber aber nicht. Schließlich wurde Phase 4 eingeläutet: Das Team kehrte auf Anraten eines Kinder- und Jugendpsychiaters zur Time-out-Intervention mit Isolierung zurück. Das wurde Nico gegenüber klar angekündet und begründet. Das erste Mal ging er sogar auf Aufforderung hin mit. An anderen Tagen randalierte er während der Isolierung so heftig, dass es ihm gelang, die Fußbodenleisten herauszureißen und das Sichtfenster aus dem Rahmen zu schlagen. Auf Grund dieser Heftigkeit wurden unabgesprochene Zusatzsanktionen eingeführt: Beispielsweise musste Nico die Zeit im Time-out-Raum später in seinem Zimmer nachsitzen, weil man das Gefühl hatte, er genieße die massive Aufmerksamkeit, die damit verbunden ist. Nico war zu Beginn der Time-out-Behandlung zwei, drei Wochen gar nicht im Raum; dann wieder drei oder vier Mal kurz hintereinander. Die Anzahl der Interventionen nahm im Verlauf der nächsten drei Monate deutlich ab. Nico musste nur noch einmal im Monat in den Raum. Allerdings musste er jedes Mal zwangsweise dorthin gebracht werden. Dann nahm das Anlassverhalten wieder zu. Eine längere Phase der Raumnutzung bis zu dreimal in der Woche begann. Keiner versteht so richtig, warum und wieso. Es wachsen die Phantasien, dass dem Jungen in dieser Heimgruppe eventuell nicht zu helfen ist. Aber noch lebt Nico im Heim, und die Interventionen im Auszeitraum sind nicht abgeschlossen.

Wenn wir überlegen, was für die *unterschiedlichen Verläufe* eine Rolle spielt, so drängen sich zwei *Faktoren* förmlich auf: das Alter der Kinder und die Art und Weise der Interventionsplanung. Bei älteren Kindern oder Jugendlichen und mangelhafter Vorbereitung, die sich u. a. in Ankündigungen ausdrückt, die nicht klar genug sind, scheinen die Auszeitinterventionen zum Scheitern verurteilt. Ob das bei besserer Planung anders verlaufen wäre, wissen wir nicht. Immerhin kennen wir eine Einrichtung, der es gelingt, bezogen auf Auszeiträume, Kontrakte mit den Jugendlichen abzuschließen, die nach mündlicher Auskunft zu einem hohen Prozentsatz eingehalten werden.

Bei den Verlaufsmustern A und C scheint eine klare Ankündigung und gute Vorbereitung zum Erfolg der Intervention beizutragen. Ebenso wichtig ist der Faktor, dass es sich um Kinder handelt, die den Erwachsenen im Zusammenhang mit dieser Intervention nichts oder nicht nur Feindseliges unterstellen. Offensichtlich gelingt es den Pädagogen im Verlaufsmuster A und besonders C, den Kindern andere Unterstützungsformen anzubieten, das Gewalt-Problem in den Griff zu bekommen. Dies scheint auch der Wunsch der Kinder zu sein, weswegen sie sich auf eine Kooperation mit den Pädagogen einlassen.

Im Verlaufsmuster D hat es weder an guter Planung noch an der klaren Ankündigung gefehlt. Trotzdem wurde im Verlauf von fast eineinhalb Jahren weder das unerwünschte Verhalten eindeutig weniger, noch steigerte sich die Freiwilligkeit, mit der das Kind den Raum aufsuchte. Die körperliche Überwältigung blieb nötig und schien für das Kind in irgendeiner Weise einen Gewinn darzustellen. Ungünstig war sicher der unkoordinierte Wechsel vom Time-out in der Klinik zur begleiteten Auszeit in der Einrichtung, die bald wieder aufgegeben werden musste. Ungünstig ist sicher auch die nicht eindeutige Beschreibung des konkreten Verhaltens, also was in den Raum führt und was nicht. Zumindest in der Klinik differierten die Anlässe. Ganz offensichtlich ist es in diesem Fall aber ein Mangel an Fallverstehen, der sich beinahe von Anfang an durchzieht: Die Art und Weise seines aggressiven Agierens und seiner Hintergründe scheinen unverstanden. Ebenso der Zusammenhang zwischen dem Übererregungs-Phänomen und den gezielten sadistischen Attacken. Was treibt den Jungen um? Wie kann man sich sein Seelenleben vorstellen? Geht es ihm in der Psychiatrie eher darum, sich als unbeugbar zu präsentieren oder lernt er, dem Zwang Vorteile welcher Art auch immer abzugewinnen? Manipuliert er seine Umgebung mit den aggressiven Attacken oder sind sie Ausdruck seiner Sehnsucht nach einer unzerstörbaren Umwelt? Wie kann man sich das Ineinander von Fortschritten und Symptomverschärfungen nach seiner Rückkehr ins Heim vorstellen? Das Problem ist nicht, dass diese Fragen nicht klar beantwortet werden konnten, sondern dass sie nicht wieder und wieder bzw. mit immer neuen Inhalten gestellt wurden. Irgendwann – so scheint es zumindest nachträglich – war die eigene Unsicherheit der Pädagogen zu groß, als dass man sich noch Fragen stellen konnte, und man hielt sich an einer geplanten Intervention fest, ohne dadurch mehr Sicherheit zu gewinnen. Man könnte Verlaufsmuster D als gescheitert bezeichnen und folgende Regel formulieren: Sollte es innerhalb von zwei bis fünf Monaten und nach sechs bis acht erzwungenen Auszeitraumnutzungen keine Verbesserung des Anlass-Verhaltes oder zumindest keine Entwicklung in Richtung freiwilligerer Nutzung geben, so muss die Auszeit-Praxis entweder grundlegend verändert oder beendet werden.

Wie viel auch für eine solche klare Regel spricht, so wenig kann man ihre rigide Anwendung empfehlen: Nicht immer ist nach so kurzer Zeit schon abzusehen, ob eine pädagogische oder therapeutische Intervention im intendierten Sinne wirkt oder nicht. In vielen Fällen erleben wir mit Klienten Entwicklungslinien, die immer wieder durch Krisen oder Stagnationen geprägt sind oder als zwiespältig eingeschätzt werden müssen, also über längere Zeit weder der Erfolgs- noch der Misserfolgsseite eindeutig zuzurechnen sind. Selbst wenn wir bei Nico davon ausgehen, dass die körperliche Überwältigung von ihm auch angestrebt wurde, so muss das nicht unbedingt mit einem masochistischen Lustgewinn gleichgesetzt werden. Vielleicht brauchte Nico immer wieder das Erlebnis, dass andere eindeutig stärker sind als er und seine gewalttätigen Impulse beherrschen. Fraglich wäre dann in erster Linie, wie es gelingen könnte, ihn dafür zu gewinnen, diese Aufgabe schrittweise in eigene Regie zu nehmen.

Die 16 Auszeitraumnutzungen von Nico nach der Entlassung aus der Kinder- und Jugendpsychiatrie erstrecken sich über einen Zeitraum von zehn Monaten, die 38 Nutzungen in der Psychiatrie über einen Zeitraum von vier Monaten. Damit liegt die Häufigkeit der erzwungenen Verbringung in der Psychiatrie etwa fünf bis sechs Mal höher als in der Intensivgruppe.

Die Kinder- und Jugendpsychiatrien besitzen in Bezug auf die Nutzung von Auszeit- oder Time-out-Räumen unter Zwang einen größeren Erfahrungsschatz und offensichtlich auch mehr Gelassenheit im Umgang mit diesem Konzept- oder Behandlungselement als Heime. Sie nutzen es unserem Eindruck nach im Gegensatz zur Jugendhilfe relativ offen und selbstverständlich und ohne es grundsätzlich infrage zu stellen. Wir haben nicht herausgefunden, wo und wie die Kinder- und Jugendpsychiatrien ihre Erfahrungen mit diesem Element diskutieren bzw. welche Standards für die Anwendung von Time-out gelten. Offensichtlich müssen alle Time-out-Raumnutzungen genau dokumentiert werden. Was die rechtliche Absicherung betrifft, ist uns das Verfahren unklar. Im Fall von Nico liegt eine sehr gute Dokumentation vor.

4.6 Chancen und Risiken von Auszeiträumen

Was die von Auszeitraumnutzung betroffenen Kinder aus eigenem Erleben zu diesem Zwangselement berichten, folgt in Kapitel 5. Hier formulieren wir ein Fazit aus Sicht der externen Fachkräfte: Chancen ergeben sich nicht automatisch aus dem Vorhanden-Sein eines Auszeitraums. Sie resultieren aus dem Prozess der gemeinsamen Konzeptionierung eines solchen Raums und der laufenden Beobachtung der Raumnutzungspraxis. Die hier aufgeführten Chancen gelten aus den oben besprochenen Gründen für *Kinder bis zu einem Alter von etwa zwölf Jahren.* Im Einzelfall ist unabhängig vom Alter sehr genau darauf zu achten, wie schmerzlich und demütigend ein Kind die zwanghafte Verbringung in den Raum erlebt. Solche Überlegungen müssen bei der Erarbeitung von individuellen Auszeitkonzeptionen beachtet werden und können im Einzelfall dazu führen, dass diese nicht realisiert werden, weil die Risiken oder Nebenwirkungen als zu belastend gelten müssen.

1. Mit Hilfe von Auszeiträumen können Einrichtungen hochaggressiv agierende Kinder besser und länger aushalten. Dies liegt u. a. daran, dass die Mitarbeiter mit einem solchen Raum erleben, dass sie der Aggressivität der Kinder nicht hilflos ausgeliefert sind, sondern ihr mit aktiven Interventionen begegnen können. Verlegungen in andere Einrichtungen oder der Ruf nach der Kinder- und Jugendpsychiatrie erfolgen oftmals aus einem Gefühl der Ohnmacht heraus, insbesondere wenn Mitarbeiter wiederholt verletzt und gekränkt wurden, ohne darauf angemessen reagieren zu können. Insofern ist es wichtig, Mitarbeitern ein fachlich legitimes und zugleich überprüfbares

Machtmittel an die Hand zu geben, das ihnen immer wieder einen Machtüberhang in Bezug auf das Kind gewährt (Wolf 1999). Dem Kind kommt der Auszeitraum in sofern zu Gute, als dieser eine Verlegung in eine andere Einrichtung oder in die Kinder- und Jugendpsychiatrie vermeidet und das Kind von der Beziehungskontinuität in der Gruppe und mit den Mitarbeitern profitieren kann.

2. Für Mitarbeiter stellen die geplanten Auszeitnutzungen ein klares Konzept für das eigene pädagogische Verhalten und damit ein Orientierungsmittel in schwierigen Situationen zur Verfügung. Um diese Qualität zu erlangen, muss das individuelle Auszeitkonzept im Team, mit der Leitung und einem Kinder- und Jugendpsychiater entwickelt und schriftlich fixiert werden, bevor es zum Einsatz kommt. In die Erarbeitung eines individuellen Auszeitkonzeptes fließen demnach Elemente des Fallverstehens, der kinder- und jugendpsychiatrischen Diagnostik, der Hilfeplanung, aber auch der Alltagsstrukturierung und Konfliktintervention ein. Insofern handelt es sich um einen intensiven Prozess, in dem Menschen verschiedener Hierarchieebenen und Professionen Wissen austauschen und auf der Grundlage dieser vertieften Wissensbasis Handlungsrichtlinien erarbeiten, die sie gemeinsam verantworten. Die Mitarbeiter können sich darauf verlassen, dass ihre Interventionen, auch die mit Zwang verbundenen, von allen Beteiligten mitgetragen, aber auch kontrolliert werden. Insofern befördert die Auszeitraumnutzung Transparenz, Klarheit und Mut zur Intervention, die sicher auch auf anderen Wegen erreichbar wären, über die Auszeitraumnutzung aber in einer strukturierten Weise geschehen.
3. Auszeitraumnutzungen bieten, wie wir in den untersuchten Fällen gesehen haben, durchaus die Chance, aggressives Verhalten einzudämmen. Ob es sich dabei um einen kurzfristigen Anpassungs- oder einen nachhaltigen Lernprozess handelt, muss in den hier geschilderten Fällen offen bleiben und wird nur aus dem Abstand von Jahren heraus beurteilt werden können. Immerhin gab es bei einigen Kindern eine Bewegung, die im Lauf mehrerer Monate von Fremdzwang zu Selbstkontrolle weist. Dennoch müssen wir davor warnen, den Raum an sich zu überschätzen: Die Auszeitraumnutzung sollte als ein Teil einer umfassenden Hilfeplanung betrachtet werden, die auch, vielleicht sogar vor allem, andere pädagogische und therapeutische Methoden für die Weiterentwicklung eines Kindes nutzt. So ist es z. B. bei aggressiven Kindern wichtig, ihnen angemessene und legitime Formen aufzuzeigen und anzubieten, in denen sie Wut- und Hassgefühle äußern und nach und nach transformieren können.
4. Heimerziehung findet als Erziehung Einzelner in einer Gruppe von anderen Kindern statt. Mit dem Mittel des Auszeitraumes kann man den Bedürfnissen der anderen Kinder nach Sicherheit und Schutz Rechnung tragen. Sie selbst bzw. ihr Eigentum werden von einem Kind, das sich fremdaggressiv verhält, geschützt, weil die Mitarbeiter

mit dem Auszeitraum eine Möglichkeit besitzen, frühzeitig begrenzend mit Fremdaggressionen umzugehen. Die klare Begrenzung, wie sie über den Auszeitraum möglich wird, stellt auch für andere Kinder ein klares Signal dar, dass aggressives Verhalten in dieser Gruppe einerseits geahndet wird, andererseits nicht zur Ausstoßung eines Kindes führt. Beide Botschaften sind wichtig.

5. Auszeiträume in Einrichtungen der Jugendhilfe bieten die Möglichkeit des Anknüpfens an eine in der Psychiatrie begonnene Time-out-Behandlung. Auch ein Beginn einer begleiteten Auszeitraumnutzung in Abstimmung mit der weiterhin verantwortlichen Kinder- und Jugendpsychiatrie ist denkbar. Im ersten Fall setzt die Einrichtung etwas fort, was das Kind bereits aus der Psychiatrie kennt. Die Time-out-Behandlung sollte dennoch neu in der Hilfeplanung verankert und auch erneut mit dem Kind besprochen werden. Ebenso denkbar ist, dass für ein Kind in Absprache mit einem Kinder- und Jugendpsychiater ein begleitetes Auszeit-Konzept entwickelt wird. Beide Formen – begleitete Auszeit und Isolierung bzw. Time-out – sind als Methoden für unterschiedliche Kinder gleichermaßen geeignet oder ungeeignet. Auch hier kommt es auf Überlegungen zur individuellen Auszeitnutzung auf der Grundlage eines hinreichenden Fallverstehens an. Entscheidend ist, dass die Nutzungen an den beiden Orten Heim und Psychiatrie aufeinander abgestimmt werden und eine sinnvolle Einheit darstellen oder einen sinnvollen, gewünschten Kontrast. Dazu ist ein Austausch der Mitarbeiter beider Einrichtungen unbedingt erforderlich.

Risiken, die mit der Nutzung von Auszeiträumen verbunden sind:

1. Das Hauptrisiko stellt nach unseren Beobachtungen die Gefahr dar, mit dem Auszeitraum in eine noch zu wenig verstandene Falldynamik zu intervenieren. In drei der acht untersuchten Fälle, konnten wir den Ausführungen und Beobachtungen der Mitarbeiter nicht klar entnehmen, auf welchem emotionalen Hintergrund man die aggressiven und manipulativen Akte der Kinder ansiedeln könnte, insbesondere ob der Charakter ihrer Aggressionen instrumenteller oder expressiver Natur waren (Schwabe 2001a, 44ff) und wie diese Verhaltensweisen in ihre Lebens- bzw. Familiengeschichte einzuordnen wären. Das Risiko, sich mit dem Auszeitraum auf den Weg einer zu schnellen und zu einseitigen Symptomorientierung zu begeben anstatt den Weg des Fallverstehens weiter zu vertiefen, scheint groß. Im Laufe der Auszeitnutzungen wurden die gewonnenen Daten in Heim 1 zwar besonders sorgfältig dokumentiert, aber nicht systematisch auf das Vorverständnis des Kindes bzw. die Vertiefung des Fallverstehens bezogen.
2. Das zweite Risiko besteht darin, dass die Auszeitraum-Prozeduren Mängel in der Hilfeplanung oder der Ausstattung des Umfeldes verdecken: In einem Fall begann die Auszeitraumnutzung, kurz nachdem

die zusätzliche Einzelbetreuung des Kindes (Nico) durch das Jugendamt beendet wurde. Das kann ein Zufall sein, das kann aber auch eine Reaktion auf das Fehlen der Einzelbetreuung sein. Auch wenn es eine Reaktion darstellt, wäre zu prüfen, ob der Wegfall der Einzelbetreuung eine produktive Lücke darstellt. Denn es ist ja nicht wünschenswert, dass ein Kind immer nur auf Grund von Einzelbetreuung konfliktfrei leben kann. Das kann notwendige Entwicklungsschritte auch verzögern. Insofern kann die Auszeitraumnutzung auch eine gute Fortführung der Hilfeplanung, nun aber mit anderen Mitteln, sein. Andererseits muss geprüft werden, ob der Junge überhaupt in der Lage ist, den Anforderungen des Alltags und der Gruppe zu genügen bzw. ob sein Entwicklungspotential dazu fortgeschritten genug ist. Denn ansonsten stellt die Auszeitraumnutzung nichts anderes dar als eine Reaktion auf Überforderung des Kindes bzw. auf Versorgungsmängel im Alltag.

In einem andern Fall schien die Auszeitraumnutzung einer Tagesklinik auf Grund der aggressiven Verhaltensweisen eines Jungen notwendig, kam aber im Heim nicht zustande und wurde dort auch gar nicht für nötig gehalten, obwohl der Junge vorsorglich als Nutzer angemeldet worden war. Im Heim besaß der Junge im Gegensatz zur Tagesklinik ein eigenes Zimmer, das er für Rückzüge in aggressiven Situationen nutzen konnte. Dort ließ er sich auch hinschicken und konnte sich abreagieren. So wurde nachträglich deutlich, dass der Junge mit seinem Agieren in der Klinik auf das Fehlen eines Rückzugsraumes reagiert hatte. Ein solcher Rückzugsraum war im Raumprogramm der Tagesklinik nicht vorgesehen, führte aber zumindest bei diesem Jungen zu Formen der Begrenzung, die er später mit dem Rückzugsraum nicht mehr brauchte.

Diese beiden Beispiele zeigen, wie leicht der Auszeitraum in eine Kompensationsfunktion von strukturellen Lücken bzw. fachlichen Mängeln geraten kann, die besser auf anderen Wegen zu schließen wären oder die durch die Auszeitraumnutzung nur verdeckt werden.

3. Die Verbringung in den Auszeitraum mit und ohne Begleitung stellt eine einschneidende Intervention dar, die schon an sich Bestrafungscharakter entwickeln kann und in der Time-out-Logik auch entwickeln soll. Trotzdem herrschte in beiden Einrichtungen ein Geist vor, nach dem die Auszeitraumnutzung in erster Linie als Hilfestellung verstanden wurde. Auszeitraumnutzung wurde als eine geeignete Methode der Verhaltenssteuerung und Unterstützung der Entwicklung des Kindes betrachtet. Insofern müssen alle Aktivitäten, welche die Auszeitnutzung als Strafe erscheinen lassen oder diese mit weiteren Sanktionen kombinieren, sehr aufmerksam beobachtet werden. Mit dem Auszeitraum ist den Pädagogen einerseits ein potentes Machtmittel an die Hand gegeben. Andererseits sind mit der Nutzung auf Seiten der Mitarbeiter häufig Gefühle von Ärger, Angst und Frustra-

tion verbunden, vor allem, wenn das Kind auf diese Art der Nutzung nicht oder anders als erwartet reagiert. Zusätzlich wird man als Mitarbeiter vor, während oder nach der Auszeitraumnutzung immer wieder mit den eigenen Gefühlen von Anspannung, Angst und Ärger konfrontiert. Dass sich gegenüber dem randalierenden Kinde auch Bestrafungswünsche einschleichen und dass damit Machtmissbrauch nahe liegt, ist nicht von der Hand zu weisen. In beiden Heimen haben wir Beispiele dafür erlebt, die allerdings rasch aufgedeckt und gut bearbeitet werden konnten.

4. Bei allen invasiven Formen der Zwangsanwendung kann es zu unbeabsichtigten Formen der Re-Traumatisierung kommen. Die Kinder, die in Heime kommen, haben häufig eine lange Geschichte von destruktiven Zwangserfahrungen hinter sich, sei es, weil diese zu früh, zu oft und zu hart einsetzten, sei es, weil sich Phasen von Grenzenlosigkeit mit solchen von rigidem Zwang abgewechselt haben, ohne dass die Kinder verstanden warum. Die aktuelle Zwangsanwendung kann immer auch die alten Zwangserlebnisse berühren, so sorgfältig sie auch geplant worden ist. Insbesondere bei Kindern, die in hocherregten Situationen misshandelt wurden oder für längere Zeit ohne Kontakt eingeschlossen wurden, können die begleiteten und unbegleiteten Auszeitraumnutzungen korrigierende Erfahrungen beinhalten, aber auch frühere Traumata berühren. Insofern ist es wünschenswert, dass das Personal im Raum geschult in der Wahrnehmung von *Flash-Back-Situationen* ist. Noch wichtiger ist, dass die individuelle Zwangs-Geschichte eines Kindes vor der Auszeitraumnutzung abgeklärt wurde, so dass man in etwa weiß, welche Zwangsmaßnahme das Kind erlebt und wie es diese empfunden hat.
5. In Heim 1 kam es in einem Fall zu einer zu wenig abgestimmten und nicht optimal passenden Abfolge von Time-out und begleiteter Auszeit zuerst im Heim, dann in der Klinik und dann wieder im Heim. Solche wechselnden Zuständigkeiten und Aufenthaltsorte für ein Kind sind nicht zu vermeiden und in vielen Fällen wünschenswert. Klinik- und Heim-Mitarbeiter muss allerdings klar sein, dass es sich bei den beiden Praxen um unterschiedliche Formen mit verschiedenen emotionalen Botschaften an das Kind handelt. Keine der Einrichtungen kann verlangen, dass die andere die begonnene Behandlung ungeprüft fortführt. Im Interesse des Kindes sind jedoch Abstimmungsprozesse geboten. Dazu gehört auch die Einbeziehung des Kindes, dem erklärt werden muss, was mit ihm geschieht und warum eventuell etwas geändert wird.
6. Ein anderes Risiko, das wir zum Teil auch in beiden Heimen beobachten konnten, besteht im Wechsel von Definitionen und Zielen während der Auszeitraumnutzung, ohne dass diese hinreichend reflektiert werden. So ist die Anfangsbegründung für die Raumnutzung bei Nico anfangs eine andere, als drei, vier Monate später und noch

später treten weitere Ziele bei der Begrenzung seines Verhaltens in den Vordergrund. Sicher resultieren diese Änderungen auch daher, dass der junge Mensch, der die Auszeitraumnutzung erlebt, darauf reagiert und diese u. U. in den Rahmen seiner Macht-Politik gegenüber den Mitarbeitern integriert. Gelingt es ihm die Maßnahme in irgendeiner Form zu instrumentalisieren und in ihrem Effekt auf sich selbst zu neutralisieren, beispielsweise dadurch, dass er sie als selbst gewollt präsentiert und ihren Zwangscharakter leugnet, dann sind die Erwachsenen einerseits angehalten, darauf zu reagieren, und müssen andererseits aufpassen, dass sie sich nicht in endlose Kämpfe oder einen Konflikt um den Konflikt verwickeln lassen. Das schriftlich festgelegte individuelle Auszeitkonzept sollte bei Bedarf überarbeitet werden. Sollten die ursprünglich gezeigten aggressiven Verhaltensweisen in den Hintergrund treten, andere aber in den Vordergrund, so sollte man sehr genau überlegen, ob es zu ihrer Bearbeitung weiterhin des Auszeitraumes bedarf oder nicht.

7. Wie bei allen invasiven Maßnahmen ist es auch bei der Auszeitraumnutzung u. U. schwierig, den richtigen Zeitpunkt zu finden, zu dem man diese als erfolgreich beenden kann, auch bei mäßigem Erfolg fortsetzen oder wegen fehlendem Erfolg abbrechen muss. Einmal angefangen, ist es vor allem bei Maßnahmen, die im Vorfeld einen hohen Legitimationsaufwand bereitet haben, schwer, wieder auszusteigen. Auf der anderen Seite darf man sich nicht zu schnell zu große Erfolge erwarten und die Maßnahme beenden, wo sie gerade ins Laufen gekommen ist. Die entscheidende Frage ist, wer in welchem Zeitraum Erfolge erwartet, wer was als Erfolg definiert und wer wann eine Maßnahme beendet. Im Optimalfall bilden sowohl das vierteljährliche Hilfeplangespräch als auch die regelmäßigen Fallbesprechungen mit dem Kinder- und Jugendpsychiater geeignete Orte, diese Fragen zu stellen und zu klären.

5 Die Stimmen der von Zwang Betroffenen hören, verstehen und einordnen

von Mathias Schwabe und Thomas Evers

In diesem Kapitel wollen wir den Stimmen der Kinder und Jugendlichen Raum geben, die während ihres Aufenthaltes in einer Intensivgruppe mit Zwangselementen konfrontiert wurden. Die Zitate stammen aus mehreren Befragungen, die wir in allen drei untersuchten Intensivgruppen durchgeführt haben. Gemäß dem Motto „Hilfreich ist nur, was als hilfreich wahrgenommen und anerkannt wird“ scheinen die Kinder und Jugendlichen die am meisten geeigneten Zeugen in Bezug auf den Nutzen und Schaden von Zwang zu sein (Bitzan et al. 2006; Müller-Kohlenberg/Kammann 2000, 100ff). So einleuchtend und politisch korrekt eine solche adressatenorientierte Haltung sein mag, so beschränkt bleibt sie doch auch.

> „Schon aufgrund unserer Alltagserfahrung wissen wir (...), dass wir uns missverstehen können, dass wir manchmal nicht ehrlich sind, dass wir zuweilen keine Lust haben, über uns in authentischer Weise zu erzählen, dass wir gelegentlich unbedacht unsere Äußerungen über uns durch die wechselhafte ‚Naivität der ersten Einfälle‘ bestimmen lassen, dass wir unsere wirklichen Beweggründe nicht immer kennen, daß wir gelegentlich unkritisch übernommene Sprachformen wiedergeben, und daß unsere Interpretationen nach Maßgabe des ‚Modells‘ eigenen Handelns und Orientierens bloß Projektionen oder Übergeneralisierungen darstellen oder unserem Wunschdenken oder unseren Erwartungshaltungen entsprungen sein können.“ (Aschenbach et al. 1985, 38)

Müssen wir uns nicht auch damit auseinander setzen, dass die Stimmen von Kindern und Jugendlichen immer nur Teilwahrheiten repräsentieren können, mit anderen Beobachtungen abgeglichen und interpretiert werden müssen?

5.1 Methodische Vorbemerkungen

Mit der Befragung von Kindern und Jugendlichen in Heimen betreibt man als Interviewer nicht nur eine Form der Datenerhebung, sondern eröffnet immer auch ein komplexes System von Phantasien, Hoffnungen und Ängsten im gesamten institutionellen System: Die Kinder und Jugendlichen geben in der Regel gerne Auskunft über ihr Erleben und ihre Einschätzungen, wenn sie von Externen befragt werden. Die meisten fühlen sich aufgewertet, wenn man sich für ihre Meinung interessiert, einen Termin mit ihnen abstimmt und ihre Äußerungen mit einem Aufnahmegerät festhält. Etliche wünschen sich ausdrücklich, dass ihre Ansichten, Beschwerden oder Verbesserungsvorschläge von den Forschern an die Verantwortlichen weiter transportiert werden. Damit sind Hoffnungen verbunden, so dass es auch zu Enttäuschungen kommen kann, wenn die Befragung für die Jugendlichen zu keiner Veränderung führt. Nur für wenige stellt das Interview von Anfang an eine lästige oder verunsichernde Angelegenheit dar. Anonymisierungsfragen sind für die Befragten oftmals zweitrangig. Etliche Jugendliche sagten uns etwa: „Was ich Euch sage, sage ich jedem ins Gesicht, ich habe damit keine Probleme." Trotzdem ist es nach unserer Beobachtung von großer Bedeutung, wie in der beforschten Institution bereits mit der Ankündigung der Befragung und nach Bekanntgabe der Ergebnisse mit den Informationen umgegangen wird, welche die Kinder gegeben haben. Versteckte oder offene Ansagen von Seiten der Pädagogen, in denen sie den Kindern zu verstehen geben, dass diese sich über das Heim positiv zu äußern hätten, lösen Irritationen aus, selbst wenn sie nur scherzhaft gemeint waren. Ebenso reagieren die Jugendlichen sehr sensibel auf noch so subtile Vorwürfe, sie hätten bei bestimmten Schilderungen übertrieben, einseitig dargestellt oder die Unwahrheit erzählt.

Ein solcher Eindruck kann sich jedoch immer wieder bei den Pädagogen einstellen, wenn sie mit den Befragungsergebnissen konfrontiert werden. Manchmal sind sie sehr erleichtert darüber, dass die Kinder und Jugendlichen mit ihnen und ihrem Handeln grundsätzlich einverstanden sind. So wird deutlich, dass auch die Pädagogen in solchen Intensivgruppen auf Sinnstiftung durch die Jugendlichen angewiesen sind (Wolf 1999, 187f). Manchmal müssen sie allerdings auch zur Kenntnis nehmen, dass die Kinder und Jugendlichen bestimmte Ereignisse, Routinen oder Settingelemente negativer und einschränkender erleben oder einschätzen als die Erwachsenen. Nicht selten stellt sich bei den Pädagogen der Eindruck ein, die Kinder und Jugendlichen würden die externen Interviewer dazu benutzen, ihr Handeln oder das Konzept anzuschwärzen. Sie wehren sich zu Recht dagegen, dass den Aussagen der Kinder und Jugendlichen eine dokumentarische Bedeutung zugestanden wird und berufen sich darauf, dass deren Wahrnehmungen doch häufig von subjektiven Interessen bestimmt und verzerrt seien. Das ist zweifellos richtig: Auch Erinnerungen stellen Ergebnisse von komplexen Konstruktions- und Bearbeitungsprozessen dar (Förster 1987, 25ff, 77ff). Leitungspersonen dürfen sich bei der Bewertung der Arbeit der Pädagogen nicht alleine auf die Aussagen der Kinder und Jugendlichen stützen. Andernfalls würden die Kinder und Jugendlichen zu Richtern gemacht und die Forscher dazu benutzt, deren

Urteile an die Leitung zu transportieren. Gefragt ist deswegen ein transparenter und reflektierter Umgang mit den Informationen aus den Interviews im ganzen institutionellen System. Befragungen führen in der Regel zu Verstörungen mehrerer Systemteilnehmer auf mehreren Ebenen und müssen deswegen sorgsam behandelt werden.

Allerdings gilt es, der Haltung, Kinder erzählten überwiegend Unsinn und seien deshalb nicht ernst zu nehmen, frühzeitig und energisch entgegenzutreten. Erstens erwiesen sich einige Kinder, zumindest was bestimmte Themen betrifft, als sehr genaue Beobachter der äußeren, aber auch ihrer inneren Realität. Zweitens gilt das, was die Pädagogen für die Wahrnehmung und das Erleben der Kinder reklamieren, selbstverständlich auch für sie selbst: Auch sie nehmen subjektiv wahr und verarbeiten das Erlebte ebenfalls im Rahmen ihrer persönlichen und/oder beruflichen Interessen. Insofern sind Befragungen unter der Perspektive, welche gemeinsamen und welche unterschiedlichen Wahrnehmungen von Kindern und Erwachsenen damit in den Blick geraten, besonders relevant. Das gilt sowohl institutionsintern wie für die Forscher. Wichtig ist zunächst nicht, was tatsächlich stattgefunden hat, sondern wie es die Kinder erlebt haben. In ihrem Verhalten können sie nur von den eigenen, inneren Bildern ausgehen. Wenn die Pädagogen ein Verhalten verändern wollen, können sie nicht umhin, an diese inneren Bilder und Erlebnisweisen anzukoppeln, wie verzerrt sie diese auch immer einschätzen mögen. Eine andere Wirklichkeit besitzen die Kinder nicht (Watzlawick 1981). Und auf eine generelle Infragestellung ihrer Wirklichkeit mit dem Hinweis auf eine objektivere und deswegen überlegene Erwachsenenwirklichkeit werden sie ganz sicher mit Abwehr reagieren. Aber die Lage ist noch komplizierter. Erinnern ist das eine, die Versprachlichung des Erlebten das andere. Was meint z. B. Ingo (16 Jahre), wenn er von der Psychiatrie erzählt:

> *„Weil da konnte man gar nicht aggressiv werden. Da hatte man keine Chance. Die haben einen Pieper und so. Dann kommt man auf's Fixierbett ein paar Tage und dann kommt Kanüle in den Arm und dann wirst Du mit Medis vollgepumpt."* (Ingo, 232–234, 2. Befragung, 2005)

Wer ist „man", der „keine Chance" hat? Spricht Ingo hier aus eigener Erfahrung von körperlicher Überwältigung oder kolportiert er „Stories" aus der Psychiatrie, die er von anderen gehört hat? Kann es sein, dass ein Jugendlicher dort tatsächlich über mehrere Tage auf einem Bett fixiert bleibt? Oder dehnt sich die Zeit beim erzwungenen Liegen scheinbar unendlich, so dass es einem vorkommt wie ganze Tage? Und was meint „mit Medis vollgepumpt"? Das körpernahe Erleben, dass die eingeführten Substanzen das Körpergefühl und die Eigenwahrnehmung verändern oder die bewusste Überschreitung einer angemessenen Dosis durch einen Arzt, um einen renitenten Jugendlichen zu bestrafen oder länger als nötig ruhig zu stellen? Oder was will Nils (15 Jahre) ausdrücken, wenn er berichtet: Die Plexiglasscheiben

> *„dienen dazu, dass wir nicht abhauen. (...) Das wär' zum Beispiel, wenn wir mal Hunger haben, nachmittags, dass wir dann nichts essen dürfen. (...) Das dürfen wir genau erst zu den Essenszeiten. Nur wenn wir zu den Essenzeiten kommen, danach dürfen wir nicht mehr essen, da müssen wir verhungern."* (Nils, 474–478, 2. Befragung, 2005)

Nils moniert, dass der Zugang zu Essen im Heim reglementiert ist, dass man sich nicht einfach etwas nehmen kann, wenn man Hunger hat. Sehr wahrscheinlich glaubt er nicht, er würde in die Gefahr kommen, dort tatsächlich verhungern zu müssen. Das scheint zunächst nur eine Art Redewendung zu sein. Dennoch können wir annehmen, dass er zu einer oder mehreren Gelegenheiten, in denen ihm Essen vorenthalten wurde, so etwas wie ein intensives Hungergefühl empfunden hat. Vielleicht hat er dieses oder den Akt des Vorenthaltens als besonders schmerzhaft oder beängstigend erlebt. Vielleicht trägt er die Phantasie in sich, dass andere ihn verhungern lassen könnten. Vielleicht hat er mit dem Entzug von Essen oder mit Mangel an oraler Versorgung tatsächlich traumatisierende Erfahrungen gemacht. Vielleicht reichen fünf oder 15 Minuten, in denen er auf Nahrung warten muss, auch schon aus, um diese Ängste zu reaktivieren. Sicher ist, dass das Thema Essen für ihn eine wichtige, auch beziehungsstiftende Rolle spielt, denn ein paar Sätze weiter, als es um die wenigen von ihm geschätzten Betreuer geht, charakterisiert er diese folgendermaßen: *„Ja, die machen Clubraum auf, [bei denen] dürfen wir einfach mal essen"* (510).

Die „guten" Menschen erlauben auch zwischen den fixen Essensterminen den Zugang zu Nahrungsmitteln und setzen damit ihre Macht bedürfnisorientiert bzw. im Sinne der Jugendlichen ein. Spannend wäre es, im Team der Pädagogen über diese wahrscheinlich auch von anderen Jugendlichen als unterschiedlich erlebten Formen des Machtgebrauches der Erwachsenen ins Gespräch zu kommen (Wolf 1999).

Neben solchen sprachlichen Übersetzungsproblemen, die zu Unklarheiten oder Missverständnissen führen können, muss aber auch geprüft werden, ob die Kinder und Jugendlichen in der Befragungssituation tatsächlich in differenzierter Weise Auskunft geben oder diese sie dazu motiviert, *systematisch* nur Ausschnitte ihrer komplexen Erlebnisweisen zu *fokussieren*. Voranahmen der Befrager können die Kinder und Jugendlichen in bestimmte Richtungen lenken, was bei einem so heiklen Thema wie Zwang eine besondere Rolle spielt. Aber auch die *Art der Fragen* und *die Form des Interviews* können bereits Weichen stellen. Unserer Erfahrung nach bringen Fragen, die sich für Bewertungen und Urteile interessieren, vor allem bei Jugendlichen die Tendenz zur Kritik und Abwertung hervor bzw. verstärken diese. Fragen wie „Wie findest Du das Punkteprogramm?“ scheinen für die Jugendlichen Einladungen darzustellen, vorgefasste und/oder allgemein in der Peergroup propagierte Meinungen abzugeben, die längst nicht alles abdecken müssen, was der einzelne Jugendliche denkt oder fühlt.

Wenn die Interviews so aufgebaut sind, dass man einen Leitfaden abarbeitet, dann erhält man zwar relativ klare und interindividuell gut vergleichbare Äußerungen zu denselben Themen, aber bisweilen auch wenig differenzierte bzw. all zu klare, kollektive Ablehnungen oder Zustimmungen. Beides wirkt u. U. wie abgespult. Bei den Jugendlichen ist uns das seltsamerweise sehr viel stärker aufgefallen als bei den Kindern! Immer wenn es uns dagegen gelang, mit den Kindern und Jugendlichen in einen offenen Erzählfluss ohne festes Frageschema zu kommen, wurde die Bandbreite ihrer Äußerungen deutlich komplexer. Überzeugte Kritiker konnten beim Erzählen den Zwangselementen durchaus auch positive Aspekte abgewinnen. Dagegen stellten klare Befürworter ihre scheinbar eindeutige Zustimmung zu bestimmten Zwangspraxen, die sie im ersten Statement demonstrierten, im Verlauf der Schilderung deutlich differenzierter dar. Häufig schien es uns, dass die erzählende Person sich erstaunlich bunter und ambivalenter äußerte als die reflektierende bzw. bewertende Person. Während letztere eher um Kohärenz und Konsistenz von Statement und Selbstbild oder den Gruppenkonsens bemüht zu sein scheint, kann es sich erstere leisten, verschiedenste Positionen zu ein und demselben Sachverhalt zu durchwandern, ohne sich an deren Spannungen stören zu müssen.

Insofern müssen die Interviewer gut wissen, was sie wollen und leisten können: *Narrative Interviews* brauchen viel Zeit und erbringen u. U. verwirrend vielfältige Aussagen zu sehr unterschiedlichen Themen (Glinka 1998). Leitfadengestützte Interviews liefern vergleichbare Aussagen, strukturieren jedoch den Erzählfluss und unterbrechen diesen so häufig, dass man eher kontrollierte und eindeutige Meinungen erfährt. Wir haben uns bei unseren Befragungen um einen Mix bemüht.

Bei der Erörterung und Interpretation der Interviewpassagen haben wir uns immer auch auf zusätzliche Informationen aus anderen Quellen bezogen, die mehr enthalten, als aus dem „nackten“ Text hervorgeht. Der Leser muss beurteilen, ob die von uns vorgenommenen Interpretationen nachvollziehbar erscheinen oder nicht.

5.2 Themenbezogene Aussagen

Auf den nächsten Seiten stellen wir Aussagen der Kinder und Jugendlichen zu fünf Themen zusammen. Wie sehen sie ihre Aufnahme ins Heim, die verpflichtenden Stufen- und Punkteprogramme, ausstiegssichere Fenster und Türen und den Auszeitraum? Und wie schätzen sie den Informationsgrad ihrer Eltern, bezogen auf die Zwangselemente, ein, die an ihnen ausgeführt werden? Über jedes dieser Teilthemen könnte man auf Grund der Menge und Differenziertheit der uns vorliegenden Aussagen eine eigene Studie erstellen. Aus Platzgründen mussten wir Statements und Meinungen der Kinder und Jugendlichen auswählen. Dabei sind wir der Bandbreite ihres Denkens und Fühlens sicher nur ansatzweise gerecht geworden.

5.2.1 Die Aufnahme ins Heim

Wie erwartet, können die Aufnahme in das Heim und die daran geknüpften Erwartungen sehr unterschiedlich aussehen und erlebt werden. Sam (14 Jahre) erzählt:

> *„Dann musste ich erst mal sechs Wochen in die Psychiatrie, bis die hier ne Einrichtung gefunden ham, wo ich Schule machen kann."*
> **Interviewer:** *„Hast du dich dafür entschieden?"*
> **Sam:** *„Ne, erst mal waren wir einmal hier, haben uns das angeguckt. (...) Dann sollte ich mir das überlegen. Ja und dann hab' ich, weiß nicht, ja gesagt, weil ich hatte keinen Bock mehr immer länger zu warten bis sie suchen und dann immer Termine, da hatte ich keinen Bock mehr drauf."*
> (Sam, 92–98, 2. Befragung, 2005)

Interessant ist, dass sich Sam in Bezug auf den Status seiner Entscheidung nicht festlegen will: Obwohl ihm vom Jugendamt und der Mutter eine eigene Entscheidung zugebilligt wird, sieht er sich nicht als denjenigen, der das Heim ausgesucht hat. Er hat „weiß nicht, ja gesagt", aber nur, weil er keine Lust mehr hatte, weiter zu suchen, wobei es sich nicht um seine persönlichen Suche handelte, sondern die anderer Menschen („bis sie suchen"). Verständlich wird das auf dem Hintergrund, dass sowohl seine Mutter als auch das Jugendamt entschieden hatten, dass er nicht mehr zu Hause leben kann, was eine erhebliche Kränkung für ihn darstellte. Auf die Frage, wo er lieber wohnen würde, antwortet er *„Zu Hause!"* und bei der Beschreibung der Auswahlprozedur sagt er: *„Ja, ich hätte auch sagen können, ja, ich will woanders hin. Aber das wär' doch egal."* (ebd. 58f und 422).

Das klingt so, als wäre es ihm einerlei gewesen, wohin er kommt, wenn er in die für ihn zentrale Entscheidung, weiter zu Hause oder im Heim zu leben, nicht einbezogen wird. Mit einer klaren Entscheidung für ein Heim würde er nachträglich die Entscheidung der anderen, dass er nicht mehr zu Hause leben könne, legitimieren. Deswegen ist es für ihn passender, seine Entscheidung für das Heim eher als eine Entscheidung gegen die weitere Suche darzustellen. So kann ihm niemand sagen, er wollte doch an diesem Ort leben und müsse deswegen mitarbeiten.

Sicherlich kann man solche ungünstigen Anfänge nicht vermeiden. Aber man sollte sie als Helfer sehr aufmerksam registrieren und dem Jugendlichen sowohl ihre emotionale Seite als auch die strategische Bedeutung dieser Nicht-Entscheidung aufzeigen. Andernfalls richtet sich der Jugendliche in seiner Kränkung ein und assoziiert diese dauerhaft mit dem Heim. Als unfreiwillig charakterisiert auch Nils (15 Jahre) seinen Heimaufenthalt, andererseits auch wieder nicht:

Interviewer: *„Bist du freiwillig hier oder musstest du?"*
Nils: *„Das Jugendamt [wollte das]. Nicht meine Mutter! Nicht freiwillig, das Jugendamt."*
Interviewer: *„Warum? Weil es das Sorgerecht hat?"*
Nils: *„Meine Mutter will mich ja über Rechtswege nächstes Jahr wieder hier rausholen. Aber der Richter hat gesagt, das wird dieses Jahr nicht gehen, erst nächstes. (...) Aber ich war froh über alles, wo ich hin konnte, Hauptsache ich kam erst mal aus der Psychiatrie raus! Weil die haben mir das selbst in der Psychiatrie angeboten. Ich dachte erst noch, dass ich nach Hause komme."*
Interviewer: *„Ja?"*
Nils: *„Aber die haben mir in der Psychiatrie gesagt, dass ich in irgendein Heim muss!"*
Interviewer: *„Ja, okay."*
Nils: *„Und dann hab ich erfahren geschlossenes Heim und so. Und dann hab ich erfahren, dass das hier nicht ein geschlossenes ist und dann wollt ich unbedingt hier hin. Hab ich alles dafür getan, dass ich hierher komme."*
Interviewer: *„Und wie ist es mit den Stufen [des Punkteprogramms] und so?"*
Nils: *„Ja, ist zwar richtig scheiße, damit zu leben – alles richtig Kacke hier, alles. Aber ich mach's und es klappt!"*
Interviewer: *„Und deine Eltern?"*
Nils: *„Ja, die finden das – eigentlich ist es Scheiße gelaufen zu Hause mit Drogen und so. Da haben sie sich gedacht, gut, dass der erst Mal hier ist."*
Interviewer: *„Ja?"*
Nils: *„Aber jetzt wollen sie mich wieder haben!"* (Nils, 25–32 und 85–93, 2. Befragung, 2005)

Bei Nils wird ein ganzes Geflecht von Bezügen deutlich, in dem sich Wünsche und Zwänge kreuzen: Er will auf jeden Fall weg aus der Psychiatrie. Er will auf keinen Fall in eine geschlossene Gruppe. Deswegen tut er einerseits alles dafür, in die nicht-geschlossene Gruppe zu kommen. Andererseits wartet er darauf, dass seine Mutter ihn dort bald wieder herausholt. Er lässt keinen Zweifel daran, dass weder er noch seine Mutter den Heimaufenthalt wünschen. Das Jugendamt steckt hinter dieser Entscheidung, auch wenn er auf den gesetzlichen Hintergrund nicht eingehen mag. Gleichzeitig will er dort etwas anpacken. Auch wenn der Sorgerechtsentzug im Moment dagegen steht, ist für ihn am wichtigsten, dass seine Eltern ihn – auch in einem existenziellen Sinne – „wieder haben wollen". Eine Zeitlang schien er sich dagegen wie ausgestoßen gefühlt zu haben, seine Zugehörigkeit zur Familie schien gefährdet (Schwabe 2005, 382f). Also will Nils ins Heim kommen als Alternative zu viel schlechteren Möglichkeiten und ist dort doch nicht freiwillig, weil andere entscheiden, dass er dort zu sein hat. Beim Jugendamt scheint das eindeutig zu sein. Bei der Psychiatrie spricht er einmal von „angeboten", an einer anderen Stelle von „muss". Das Schwierige an dieser Gemengelage ist, dass sie für ihn und die Familienangehörigen in hohem Maße unsortiert zu sein scheint. Nils kann sich gleichzeitig in das Heim gezwungen fühlen, weil ihm eine sehr viel düstere Alternative drohte, mit der offensichtlich massive Ängste verbunden sind. Und er kann sich gleichzeitig als jemand sehen, der gewählt hat. Beides stimmt und stimmt auch nicht. Deswegen formuliert er selbst bezogen auf den Heimaufenthalt sehr treffend: *„Ich muss das von zwei Seiten sehen: eigentlich ganz gut, aber eigentlich auch voll Scheiße!"* (Nils, 524, 2. Befragung, 2005).

Das Problem, das dabei entstehen kann, ist, dass der befragte Jugendliche zwischen den Positionen hin und her springt, wie es für ihn gerade leichter ist. In der einen Situation kann er sich als den Gezwungenen sehen und Reaktanz zeigen, in einer anderen als denjenigen, der für sich das Beste herausgeschlagen hat. Das bildet keine gute Basis für eine Kooperation mit den Heimpädagogen. Unfreiwillig wird auch das Zurückkommen ins Heim bzw. der Zwang, dort nach einer Krise bleiben zu müssen, von Ingo (16 Jahre) erlebt:

> **Interviewer:** *„Wer hat entschieden, dass du wieder zurück sollst?"*
> **Ingo:** *„Ja, mein Vater. Aber ich glaube, der hat sich überreden lassen. Die haben so alle, die saßen so im Kreis und mein Jugendamt und der Einrichtungsleiter, die haben drauf eingeredet: Ja, ich bin noch nicht so weit, ich mache Unsinn, bäbä bäbä."*
> **Interviewer:** *„Und deine Mutter?"*
> **Ingo:** *„Die war nicht dabei. (...) Dann stand mein Vater halt vor der Entscheidung, das hab ich schon gemerkt. Die haben ihn so vollgeredet. Weil immer haben die auch gesagt: Ja, Sie können ihn auch mit nach Hause nehmen, aber bla bla. Da dachte ich mir auch so, na die überreden den. Und was war. Ist dann doch passiert: Naja, ich lass ihn hier."* (Ingo, 370–382, 3. Befragung, 2006)

Ingo hat wahrgenommen, dass die Mitarbeiter der Einrichtung und des Jugendamts seinen Vater „überreden", und insofern hat der Vater in seiner Wahrnehmung nicht wirklich entschieden, sondern diejenigen, die ihn überredet haben. Interessanterweise nimmt Ingo das trotz der ihm ebenfalls in Erinnerung gebliebenen Äußerung „Sie können ihn auch mit nach Hause nehmen, aber (...)" so wahr. Diese scheint ihm eher einen besonders perfiden Trick darzustellen als einen Hinweis auf die tatsächliche väterliche Entscheidungsmacht. Die Äußerung „bla bla" soll wohl heißen „aber dann werden sie schon sehen, wohin sie mit dem Jungen kommen!". So scheint es, dass eine Art Tauziehen um den Vater stattgefunden hat: An einem Ende zieht Ingo, am anderen die Helfer. Ingo sieht sich als Verlierer in diesem Kampf, den Vater aber auch nicht als den wirklichen Entscheider. Es muss hier offen bleiben, ob es Ingo leichter fällt, die Rolle der Macht und der Entscheidung den Helfern zuzuschieben, weil er sich so nicht damit auseinander setzen muss, dass sein Vater ihm „in den Rücken gefallen" ist. Genauso ist es möglich, dass die Helfer dem Vater überwiegend Angst vor der Rückkehr des Sohnes gemacht haben, so dass dieser keine andere Wahl sah, als seinen Sohn im Heim zu lassen, aber sich auch nicht wirklich dafür entscheiden konnte. Eine solche eigene Entscheidung wäre nur möglich gewesen, wenn er zwei oder mehr Optionen zu Verfügung gehabt und nicht mit der einen automatisch die Unterstützung der Helfer verloren hätte. Aus den unterschiedlichen Interviewpassagen wird deutlich, dass es bei der Aufnahme ins Heim weniger um direkten, klar ausgesprochenen Zwang geht, sondern um schwer durchschaubare Mischungsverhältnisse.

Anders verhielten sich fast alle von uns befragten Kinder (11–13 Jahre) eines anderen Heimes. Sie stellten den Eintritt in die Intensivgruppe überwiegend als ihre eigne Entscheidung oder Wahl dar. Dagegen betonten ihre Mütter, dass sie es waren, die diese spezielle Gruppe ausgesucht hätten. Das Jugendamt hätte ihnen das Heim als einzig vernünftige Lösung präsentiert (vgl. erste Befragung Porta 2004). Warum die älteren Jugendliche eher dazu neigten, ihren Entscheidungsanteil zu unterschlagen, während die Kinder ihn eher überbewerteten, müsste näher untersucht werden. Ein wichtiger Unterschied besteht sicher darin, dass die Kinder angaben, sich in der Heimgruppe wohl zu fühlen, während die meisten Jugendlichen das bestritten bzw. anders empfanden.

5.2.2 Verpflichtende Punkte- und Stufenprogramme

Das Punkte- und Stufenprogramm war ein fester Bestandteil einer Intensivgruppe. Bezogen auf den Sinn dieses Programms gab es recht unterschiedliche Einschätzungen: Ein Jugendlicher (Karl, 14 Jahre) sieht das Durchlaufen des Programms als eine Art *Qualifizierungsmaßnahme* an.

Sein Ziel ist der Wechsel ins Betreute Wohnen, einer Wohnform, die mehr Freiheiten beinhaltet, aber auch mehr Pflichten impliziert. Er sagt über das Punkteprogramm: *„Ja. Ich kann das machen, wenn ich mich gut hier – also qualifiziere sozusagen“* (Karl, 38, 1. Befragung, 2004). Für sich selbst bilanziert er: *„Ich bin ziemlich ruhig geworden und dann hab ich mich fleißig rangehalten.“*

> **Interviewer:** *„Fleißig rangehalten?“*
> **Karl:** *„Ja, ich hatte keinen Bock runter zu fallen. Weil man, war ja auch schwer auf Stufe 4 zu kommen.“* (Karl, 1. Befragung, 2004)

Prinzipiell hat sich Karl auf das Programm eingelassen. Er versteht sogar, dass es bei dem Punktesammeln nicht nur darum geht, sich an Ort und Stelle gut zu benehmen, sondern dass dies einem Ziel dient, dem Erwerb von Kompetenzen. Obwohl er sich bisher sehr erfolgreich in dem Programm (Stufe 4 = höchste Stufe) bewegt hat, erlebt er es als Teil einer Machtstrategie, mit deren Hilfe die Erwachsenen das Verhalten der Jugendlichen kontrollieren wollen.

> **Karl:** *„Weil die meinten damit [mit dem Punkteprogramm], die könnten damit alles sagen, was wir hier machen und so 'n Scheiß. Aber äh, wir finden das aber Scheiße, was die mit uns machen [unverständlich], mal hier Big Boss spielen, aber sind sie nicht!“*
> **Interviewer:** *„Mh, ihr seid hier die Bosse oder wer?“*
> **Karl:** *„Keiner ist hier der Boss!“*
> **Interviewer:** *„Aber du hast das Gefühl, dass die denken, sie sind der Boss? Lassen die euch das spüren?“*
> **Karl:** *„Ja, (...) immer Strafe, Punkte abziehen und so. Weil die meinten, ja, sie kommen damit durch, aber die kommen damit nicht durch. Da machen auch die Jugendlichen nur den Larry.“*
> **Interviewer:** *„Was meinst du, machen da den Larry?“*
> **Karl:** *„Na, Stress!“* (Karl, 160–168, 1. Befragung, 2004)

Für Karl scheint das Punkteprogramm eine Art Schachzug der Erwachsenen in einem Machtkampf mit den Jugendlichen darzustellen. Mit ihm, so unterstellt er, denken die Erwachsenen, sie wären die „Bosse“. Die Art und Weise, wie die Erwachsenen das demonstrieren, provoziert die Jugendlichen. Sie fühlen sich aufgerufen, zu beweisen, dass dem nicht so ist und machen „Stress“. Auch wenn Karl eine Person war, die sehr rasch auf die höchste Stufe mit den meisten Privilegien aufgestiegen ist und selbst kaum „Stress“ gemacht hat, scheint er doch mit den anderen, weniger erfolgreichen Jugendlichen mitzufühlen. Ein anderer Jugendlicher (Paul, 16 Jahre) stellt das Programm in eine Art *diagnostischen* bzw. *Test-Kontext:*

Paul: *„Ja, es geht darum, dass man sein Verhalten so testet, halt, indem man so verschiedene Sachen macht, zum Beispiel durch das Verhalten kriegt man so Punkte für Schule und so alles. Man muss so Punkte erreichen, um auf die nächste Stufe zu kommen und anhand der Stufen kann man dann sehen, wie der Jugendliche sich so verhält und so. (...) Als Überblick also so sieht ein Jugendlicher, kann er das oder schafft er das zu dem Zeitpunkt auf die und die Stufe zu kommen. (...) Da sieht man dann daran, was der Jugendliche für eine Leistung bringen kann."* (Paul , 16–29, 1. Befragung, 2004)

Nach Angaben von Paul ermöglicht das Punkteprogramm genauere Selbst- wie auch Fremdeinschätzungen: Es geht darum, dass der Jugendliche „sein Verhalten" selbst „testet", vor allem im Hinblick auf die vorgegebenen Leistungsziele, die verlangen, dass man für einen Aufstieg eine gewisse Menge Punkte in einem bestimmten Zeitraum erreichen muss. Aber auch die Pädagogen profitieren davon. Sie sehen an Hand der Punkte, „wie sich der Jugendliche so verhält" und „was der Jugendliche für eine Leistung" bringen kann.

Kritisch könnte man sagen: Der gesamte Alltag wird durch das Punkteprogramm zu einer Art Schulsituation mit Leistungsmessung. Aber Paul kann darin durchaus einen Sinn sehen. An seiner Beschreibung wird deutlich, wie man ein solches Programm den Jugendlichen gegenüber vertreten müsste, damit sie es annehmen können: wenn deutlich würde, dass es dabei um Aufklärung von falschen Selbstbildern aber auch die Korrektur von unrealistischen Leistungsanforderungen auf Seiten der Pädagogen geht, aus denen diese Konsequenzen ziehen müssten. Aber auch bei Paul folgt Kritik:

„Weil das ist wieder das Spielchen von Erzieher und so, die überlegen sich jedes Mal, was die Neues machen können, dann kommen wieder solche Sachen."

Interviewer: *„Was denkst du denn, wie die Betreuer das Programm finden?"*

Paul: *„Ja, wie die das finden? Die finden das lustig, die müssen die Regeln ja nicht einhalten. Die sitzen nur hinterm Block und vergeben die Punkte. (...) Für die ist das so ein kleines Spielchen. (...) Ja, die sind die Schiedsrichter und wir sind die Spieler."* (Paul, 192–197 und 199, 1. Befragung, 2004)

Paul kommt es so vor, als ob die Pädagogen mit dem Programm ein trickreiches Spiel erfunden hätten, in dem sie die bequemere Position haben: Sie diktieren die Regeln und vergeben die Punkte aus einer distanzierten Beobachterposition, aber die Jugendlichen müssen „nach ihrer Pfeife tanzen". Dieses für sein Erleben treffende Bild wird durch eine Nachfrage des Interviewers allerdings ein Stück weit korrigiert.

Interviewer: *„Helfen die dir, dass du Punkte sammeln kannst? Geben die dir Tipps oder Ratschläge oder reden die mit dir?"*
Paul: *„Ja schon, die sagen dir, du kannst das und das machen, um einen Punkt zu kriegen und so. Geben halt Vorschläge und so halt."*
Interviewer: *„Hilft das?"*
Paul: *„Ja, wenn man die Punkte braucht, macht man das halt schon auch."* (Paul, 206–210, 1. Befragung, 2004)

Deutlich wird, dass die Erwachsenen den Prozess des Punktesammelns in seiner Wahrnehmung auch unterstützen. Trotzdem bleibt er derjenige, der auf die Punkte angewiesen ist, und fühlt sich deswegen in der schwächeren Position. Dazu passt, was Paul über das Einbringen von Verbesserungsvorschlägen sagt: *„Die werden aufgenommen, aber nicht wahrgenommen!"* (ebd. 450). Trotzdem gehört Paul zu den Jugendlichen, die bei aller Kritik auch wahrnehmen können, dass das Punkteprogramm ihre Entwicklung in Teilbereichen weitergebracht hat.

Interviewer: *„Also denkst du denn, durch das Stufenmodell gehst du mehr zur Schule oder so?"*
Paul: *„Naja, das ist ja Gesetz. Du kannst ja sonst abfallen, weil für Schule kriegst du die meisten Punkte. (...) Und wenn du nicht zur Schule gehst, kannst du nicht aufsteigen. Du gehst zur Schule durch das Stufenmodell, du willst ja höher steigen. Um so öfters du zur Schule gehst, das hilft schon!"*
Interviewer: *„Okay, du bist also durch das Stufenmodell sozusagen gezwungen, zur Schule zu gehen, und das hilft?"*
Paul: *„Ja, das hilft schon."*
Interviewer: *„Und bist du dadurch auch besser geworden in der Schule?"*
Paul: *„Ja, schon halt, meine Fehlzeiten sind dadurch jetzt, glaub ich, schon geringer, und das war ja mein Hauptproblem".* (Paul, 121–133, 1. Befragung, 2004)

Offen bleibt an dieser Stelle freilich die Nachhaltigkeit dieser Wirkungen: Geht Paul später auch ohne Punkte zur Schule, weil er sich das Gesetz zu Eigen gemacht hat, oder hört das alles auf, wenn es keine Punkte mehr dafür gibt? Andere Jugendliche, die sich durch das Programm vor allem eingeschränkt fühlen, bleiben sehr viel strikter bei ihrer Ablehnung desselben bzw. tun sich sehr viel schwerer, auch positive Seiten daran zu sehen:

Interviewer: *„Denkst du auch, dass das Programm hilft, sich an Regeln zu halten?"*
Nils *(15 Jahre): „Helfen tut's. Aber was heißt helfen tut's? Nicht so richtig – teilweise. Aber das ist so überflüssig. Tut das helfen? Jugendliche sehen das nicht so richtig intensiv. Die machen das einfach nur so. (...) Also bringen tut's auf gar keinen Fall so richtig was. Wie soll ich das erklären jetzt? Nur so überflüssig."* (Nils, 240–249, 2. Befragung, 2005)

Die Passage klingt, als ob Nils zwar wahrnimmt, dass sich einige an die Verhaltensanforderungen anpassen, er aber dem Programm vorwirft, nur vordergründig oder kurzfristig zu wirken, da die Jugendlichen die normativen Erwartungen nicht einsehen und sich nicht intensiv mit ihnen beschäftigen. Die Aussage eines anderen Jungen spricht für genau diese von Nils getroffene Einschätzung:

> **Sam** (16 Jahre): *„Wenn mir die Woche sicher ist, dass ich sie schaffe und dass ich meine 24 Punkte schon habe [die Mindestpunktzahl für eine Woche zum Aufsteigen, Anmerkung Schwabe], dann mach' ich aus Langeweile noch ein bisschen Terror. Weil ich dann ganz genau weiß, dass ich die Punkte nicht brauche, weil ich ja schon die Woche geschafft haben dann."* (Sam, 398–402, 2. Befragung, 2005).

Aber wieder zurück zu Nils:

> **Interviewer:** *„Was wäre denn anders [ohne Programm]?"*
> **Nils:** *„Boa, das wär' erst mal richtig cool. Dass denn nicht so viel Stress wäre. Also wir haben sehr viel Stress wegen der Punkte. Eigentlich fast nur. (...) Das nervt eigentlich nur. Da müsste es, da müsste es irgendetwas anderes geben! Aber nicht so was."* (Nils, 255–258, 2. Befragung, 2005)

Es scheint, dass Nils nicht abgeneigt gegen eine Methode wäre, die bei ihm oder den anderen Verhaltensveränderungen bewirken kann. Aber es sollte eine Form sein, die mit weniger „Stress" verbunden ist und ihn weniger „nervt". Später kann er zugeben, dass sich auch bei ihm persönlich schon etwas verändert hat, seitdem er im Heim ist: *„Jetzt bin ich ruhiger geworden, aber hier, hier bringt das gar nichts, eigentlich!"*

Es scheint, dass er positive Veränderungen nicht mit dem Heim und seinem Konzept in Verbindung bringen kann. Er sieht sich nicht als jemanden, der sich auf Grund von Grenzsetzung und Druck weiter entwickelt. Das einzugestehen, käme vermutlich einer Preisgabe von zentralen (Selbst-) Überzeugungen gleich. Diese kann und will er sich momentan nicht leisten. Deshalb verbleibt er im Modus der Reaktanz (Kähler 2005, 65ff; Kap. 3.4).

Insgesamt wird bei den Einschätzungen zum Punkteprogramm deutlich, dass es von den Jugendlichen vor allem auf dem Hintergrund der bisher erlebten und aktuellen Beziehungsdynamik zwischen Jugendlichen und Pädagogen wahrgenommen wird. Wird diese überwiegend als Machtkampf empfunden, wird auch das Punkteprogramm in diesen eingeordnet und abgelehnt. Man kann dann bestenfalls zähneknirschend oder resigniert mitmachen. Dass das nicht so sein muss, zeigt eine Befragung aus einer geschlossenen Intensivgruppe, die von *LaKritz*, einem Evaluationsprojekt der Uni Koblenz, veröffentlicht wurde. Dort konnten die befragten Jugendlichen das strikte Regelwerk auch schon während ihres Aufenthaltes als Ausdruck von Engagement und Fürsorge der Erwachsenen erleben bzw. als Versuch sie auf den richtigen Weg zu bringen (Menk/ Schneider 2006). Insofern war es dort möglich, einen höheren Grad von Einwilligung der Jugendlichen in die an sie gestellten Erwartungen zu erhalten.

Immerhin fanden vier von zehn ehemaligen Mitgliedern der von uns untersuchten Heimgruppe zumindest nach ihrer Entlassung aus dem Heim von ihrem neuen Lebensort aus zu einer Haltung der nachträglichen Billigung des Programms, auch wenn sie in Bezug auf andere Konzeptelemente bei ihrer Kritik blieben (vgl. Nachbefragung *Step by Step* 2006).

5.2.3 Geschlossene Türen und ausstiegssichere Fenster

Wenn man die Jugendlichen direkt nach Freiheitsbeschränkungen fragt, fallen ihnen zu allererst die reglementierten Ausgangszeiten ein, die sie für viel zu kurz halten. Während der Woche endet der Ausgang für die 14- bis 16-Jährigen um 21.30 Uhr bzw. um 22.00 Uhr. Diese in Heimen aber auch Familien übliche Einschränkung erleben die Jugendlichen als sehr viel härter als die offiziellen Freiheitsbeschränkungen, die in zeitweise geschlossenen Türen und ausstiegssicheren Fenstern bestehen.

> **Interviewer:** *„Löst das in dir noch andere Gefühle aus, wenn Du diese Plexiglasscheiben siehst?"*
> **Joe** (15 Jahre): *„Ich denk', wir sind hier in keiner Psychiatrie und noch nicht mal eine Psychiatrie hat das? Wie Marsberg [eine Psychiatrie], hat auch keine Plexiglasscheiben davor. Wie sieht das denn aus? Das sieht voll aus, voll so – keine Ahnung, für so Leute, für so Leute, die da drinne wären, so irgendwie Schwerverbrecher oder so, keine Ahnung."*
> **Interviewer:** *„Also, du denkst, dass das andere voll abschrecken würde?"*
> **Joe:** *„Ich denk' mal schon!"*
> **Interviewer:** *„Hat Dich schon mal jemand darauf angesprochen?"*
> **Joe** (zögert): *„Ja."*
> **Interviewer:** *„Und was haben die gesagt?"*
> **Joe:** *„Was ist denn das für eine Scheiße und so was halt (...) voll für Verbrecher. Und das ist es ja auch nicht. Das sind hier ganz normale Kinder, die halt ab und zu ein bisschen Probleme haben wegen Dings so – hören, was gesagt wird, oder so."*
> **Interviewer:** *„Und die Mitarbeiter, wie sehen die das mit den geschlossenen Türen?"*
> **Joe:** *„Es gibt Betreuer, die sagen, jeder soll Möglichkeiten auf Flucht haben, wenn er sie braucht. Es bringt ja auch nichts, sagen manche. Manche, weiß ich nicht, wie die darüber denken."* (Joe, 334–352, 1. Befragung, 2004)

Zunächst fühlt sich Joe durch die ausstiegssicheren Fenster an die Psychiatrie erinnert, dann an ein Gefängnis mit Schwerverbrechern. Diese Assoziationen transportieren nach seinem Empfinden ein Fremdbild oder lösen dieses bei anderen aus, das er mit dem eigenen Selbstbild kontrastiert: Während die Institution von Schwer-Erziehbaren oder gar Verbrechern ausgeht, die ausstiegssichere Fenster benötigen, sieht er die Jugendlichen als „ganz normale Kinder“, die „ab und zu ein bisschen Probleme“ mit dem Gehorsam haben. Interessant ist, dass der vorbestrafte und auf Bewährung befindliche Joe dieses zweifellos arg verkürzte und beinahe klischeehafte Selbstbild angesichts des vermuteten Fremdbildes Schwerverbrecher formuliert. Es scheint, dass seine Angst, von anderen auf das kränkende Image eines Psychiatrie- oder Gefängnis-Insassen reduziert zu werden, eine ebenso krasse Vereinfachung des Selbstbildes auslöst. So als wolle er mit dem einen Klischee ein anderes zum Schweigen bringen, vielleicht auch weil es in ihm Selbstzweifel auslöst, als was er sich selbst sehen kann und soll. In anderen Gesprächen konnte Joe die Eigenanteile, die ihn ins Heim oder zu Bewährungsauflagen geführt haben, sehr viel klarer schildern. Immerhin hat Joe verstanden, dass die Pädagogen nicht darauf bauen, die Jugendlichen vollständig kontrollieren zu können. Im Gegenteil gibt es Betreuer, die den Jugendlichen „Möglichkeiten auf Flucht“ zubilligen, d. h. durchaus verstehen, dass diese ab und zu abhauen müssen. Deshalb sind sie auch damit einverstanden sind, dass die Türen immer nur stundenweise geschlossen sind.

Interessant ist auch, dass sich die befürchtete (Selbst-)Stigmatisierung als Verbrecher mit der Zeit abzunehmen bzw. einem Gewöhnungseffekt mit resignativem Einschlag zu weichen scheint. Bei der zweiten und dritten Befragung gibt Joe Antworten wie die folgenden:

> **Interviewer:** *„Wie bewertest du sowohl die Fenster als auch die Türen, dass die zu sind?“*
> **Joe:** *„Ich find's halt nicht so schön, aber muss ich halt hinnehmen.“*
> **Interviewer:** *„Das letzte Mal hast Du mir, glaub ich, erzählt, dass du so ein Gefühl hattest wie Psychiatrie oder so?“*
> **Joe:** *„Ja, so geschlossen halt, aber (...) es ist halt normal, aber es ist nicht schön. Was soll ich machen?“* (Joe, 152–160, 2. Befragung, 2005)

Die durch die Plexiglasfenster ausgelösten Assoziationen an totale Institutionen wie Gefängnis und Psychiatrie teilen auch Sam (15 Jahre) und Otto (15 Jahre):

> **Sam:** *„Daaa, was soll ich dazu sagen, näh?! Ich fühl mich hier, als wär' ich in der Psychiatrie!“*
> **Interviewer:** *„Mmh“*
> **Sam:** *„Oder im Knast, ey. Alle Türen abgeschlossen, üüüü!“* (Sam, 83, 2. Befragung, 2005)
> Und **Otto** (15 Jahre): *„Ja mich stört das Plexiglas vor den Fenstern, ist so!“*
> **Interviewer:** *„Wobei stört dich das?“*
> **Otto:** *„Ja, das ist wie im Knast!“*

> **Interviewer:** *„Haben Dich da schon welche drauf angesprochen?"*
> **Otto:** *„Aber so ist auch – na ja es gibt da so ne Gewaltbereitschaft, finde ich, wenn man da so eingeengt untereinander lebt".* (Otto, 121–125, 2. Befragung, 2005)

Für Otto hat die Situation der Geschlossenheit für jeweils einige Stunden den Effekt, dass sich die Gewaltbereitschaft unter den Jugendlichen erhöht. Otto dürfte häufiger Opfer dieser Gewaltbereitschaft geworden sein. Es ist erstaunlich, dass ein Jugendlicher, bei dem wenige Monate später *jugendliche Hebephrenie* diagnostiziert wird, solche Beobachtungen machen und formulieren kann.

> **Interviewer:** *„Wozu dient das [die stundenweise geschlossenen Türen] nach deiner Sicht?"*
> **Paul** (16 Jahre): *„Damit die uns irgendwie besser unter Kontrolle haben. Die meinen, dass wir draußen zu viel Scheiße bauen. Das würden wir nicht machen, aber die denken, dass wir das machen."*
> **Interviewer:** *„Was denken die Mitarbeiter über diese Schließzeiten?"*
> **Paul:** *„Die finden das natürlich witzig, ja. So, die kommen um so und so viel Uhr rein, dann bauen die auch keine Scheiße draußen. Die finden das besser so. Aber wenn ich Scheiße bauen will, könnt ich auch tagsüber mitten in der Stadt oder so. Oder am Tage, da hätt' ich auch kein Problem mit."* (Paul, 432–436, 1. Befragung, 2004).

Keiner der Jugendlichen sieht in den stundenweise geschlossenen Türen oder den ausstiegssicheren Fenstern einen Vorteil. Eine dadurch verbesserte Kontrolle über ihr mögliches dissoziales Agieren weisen sie scharf zurück. Das kontrastiert mit den Einschätzungen der Betreuer: Für diese verhindern die ausstiegssicheren Fenster vor allem nächtliche Ausflüge, die in der Vergangenheit häufig dazu führten, dass die Jugendlichen am Morgen sehr müde waren und dem Unterricht nicht folgen konnten. Ebenfalls ermöglichen die stundenweise geschlossenen Türen nach ihrer Einschätzung die zeitnahe Klärung von Konflikten im Haus; so wird verhindert, dass sich die Jugendlichen schnell entziehen und die Konflikte bzw. ihre Kränkung darüber draußen an anderen ausagieren können.

Die Befragung der Jugendlichen brachte allerdings auch an den Tag, dass die Pädagogen an zwei, drei Tagen eine eigenmächtige Schließung der Gruppe über den ganzen Tag vorgenommen hatten, ohne dass dies vom Konzept her möglich oder mit dem Bereichsleiter vorher abgesprochen worden war. Diese Fehlentscheidung wurde vom Team eingeräumt und kam nicht mehr vor.

5.2.4 Auszeiträume

In beiden Intensivgruppen, die über einen speziellen Auszeitraum verfügten, sollte dieser nach den Vorstellungen der Erwachsenen vielfältig genutzt werden (siehe Kap. 4). Allen befragten Kindern sind mehrere *unterschiedliche Nutzungsmöglichkeiten* des Raumes bewusst. Allerdings werden sie nicht von allen Kindern gleich gesehen und auch nicht gleich gewichtet.

Für Sascha (10 Jahre) ist es vor allem ein Raum zum „Bude-Bauen“ und „Toben“ (Sascha, 36 und 38, 1. Befragung, 2004). Zwei Mädchen hingegen weisen ihm in erster Linie die Funktion des Krisenbewältigungsraumes zu, wenn sie sagen: „Wenn Kinder ausrasten, kommen die da rein“ (Nadine, 65, 1. Befragung, 2004). Sie sehen aber auch, dass er sich zum „Ausagieren“ eignet, wobei das Spektrum in ihrer Wahrnehmung von Wut-Herauslassen bis zum lustvollen Toben geht. Der Raum ist gut, „*wenn man sich austoben möchte. Da gab's so viele, äh so viele Kissen (...) und ähm, da kann man das alles gegen die Wand werfen, wenn man Wutanfälle hat, kann man das so machen, oder wenn man toben möchte und spielen*“ (Petra, 43–48, 1. Befragung, 2004). Ein Junge beschreibt: „*Ich geh da auch mal rein, wenn ich Ruhe haben will oder mit meiner Mutter telefonieren, dann geben mir die Erzieher das Schnurlose und dann kann ich mal da in Ruhe mal telefonieren so*“ (Hans, 3, 2. Befragung, 2006).

Was den mit dem *Transport in den Raum* verbundenen Zwang angeht, so finden sich in den Äußerungen der Kinder die Begriffe, dass die „ausrastenden“ Kinder dort „reinkommen“ bzw. „reingesteckt“ werden. Der erste Ausdruck hört sich eher nach einem passiven Bewegt-Werden an, während der zweite Ausdruck den Fachkräften eine eindeutig aktive Rolle zuschreibt, auch wenn der Vorgang betont nüchtern-technisch geschildert wird.

Ein Junge (Leo, 12 Jahre), der den Raum auch „am eigenen Leib“ erlebt hat, schildert ihn so: Der Raum sei dafür da, „*wenn jetzt zum Beispiel einer ausrastet und wenn der dann mächtig stark rumwütet und irgendwie Sachen durch die Gegend schmeißt oder so. Dann kann der halt in diesem Raum sich abreagieren, weil da sind so Schaumstoffkissen und so, die kann man halt durch die Gegend werfen oder so und sich damit abreagieren.*“ (Leo, 20–24, 1. Befragung, 2004).

Auch Leo erinnert sich an andere Nutzungen: „*Wenn ich halt mal Lust hatte, da rein zu gehen, einfach so abzureagieren oder mit irgendein anderer da zu spielen*“ (Leo, 31–32, 1. Befragung, 2004).

Deutlich ist den Kindern aber auch, dass der Raum nicht für alle möglichen und notwendigen Formen der Begrenzung dient, und nicht die einzige Möglichkeit ist, gezielt Wut auszuagieren. Ein Kind sagt: „*Ich raste öfters aus. Aber komme da nicht rein, ich raste ja nicht so aus wie Nico, mache die Türen nicht kaputt!*" Auf die Frage des Interviewers, wohin er dann komme, antwortet er: „*Einfach ins Zimmer, wenn ich mich dann nicht beruhige, dann geh ich freiwillig in den Time-out-Raum*" (Herrmann, 7, 2. Befragung, 2006).

Ein Mädchen erzählt: „*Da kommt man rein beim Ausrasten, aber manchmal setzt der Erzieher einen aber auch raus aus der Gruppe*" (Thekla, 3, 2. Befragung, 2006). Und ein anderes Mädchen sagt: „*Wenn man Wut hat, kann derjenige Bescheid geben, und dann gehen die Erzieher mit einem boxen*". Auf die Frage, ob es das schon getan habe, antwortet es: „*Ich boxe eher alleine am Boxsack im Abstellraum oder geh raus Fußball spielen*" (Petra, 1. Befragung, 2004).

Das Thema, dass und wie man seine Wut „rauslassen" kann und dass es dabei viele unterschiedliche, individuelle Wege geben kann und muss, scheint zumindest in dieser Intensivgruppe gut verankert zu sein. Der Auszeitraum wird auch von den Kindern als ein Element in einem verzweigten System der Wut- und Krisenbewältigung wahrgenommen.

Bezogen auf die *emotionale Wahrnehmung* des Auszeitraumes haben wir bei beiden Befragungen nur sehr wenige Äußerungen gehört, die auf Angst und negative Assoziationen hindeuten: Ein Mädchen hat insofern etwas Unangenehmes erlebt, weil sie die Türe des Raumes auf Grund des ungewohnten Schiebemechanismus zunächst nicht öffnen konnte, nachdem sie diese selbst zugezogen hatte. Für kurze Zeit geriet sie deshalb in eine milde Form von Panik, wurde aber rasch befreit. Ein anderer, neu aufgenommener Junge äußert: „*Wir dachten ja, dass Nico dort von den Erziehern geschlagen wurde, weil der hat da so geschrieen, da hatten wir ein Gruppengespräch darüber, da haben wir dann Namen für den Raum gesammelt*" (Leon, 2, 2. Befragung, 2006). Auch wenn er von „wir" spricht, so ließ sich rekonstruieren, dass zu dieser Zeit nur er an Schläge dachte, die anderen Kinder über das Geschehen im Auszeitraum aber gut aufgeklärt waren. Dennoch sieht man an dieser Äußerung, dass die lauten Schreie der zwangsweise in den Raum verbrachten Kinder von den anderen Kindern wahrgenommen werden und unwillkürlich Phantasien auslösen. Für die meisten Kinder wird es in hohem Maße irritierend sein, wenn sie auch nur für kurze Zeit, mit der Vorstellung leben müssen, sie wären in einem Heim, in dem zumindest „schlimme" Kinder regelmäßig geschlagen werden. Dies zeigt, wie wichtig es ist, alle Eltern und Kinder bei der Aufnahme über die Auszeitraumnutzung zu informieren und sie zu ermuntern, jederzeit dazu Fragen zu stellen. Ebenso notwendig ist die Thematisierung dieser Raumnutzung im Gruppengespräch mit allen Kindern.

Bei der großen Mehrheit der Kinder wird deutlich, dass sie Angst vor den mit den Auszeitraumnutzungen einhergehenden Phänomenen haben wie lautem Gebrüll, Werfen mit Gegenständen, Angriffen auf Fachkräfte und vor möglichen Angriffen auf die eigene Person, nicht aber vor dem Raum selbst. So sagt Karin (12 Jahre) z. B., sie habe *„ein bisschen Angst. Ich denke, hoffe immer, das hört bald auf, das nervt ja auch, wenn einer ausrastet.“* Andere Kinder zeigen sich eher ärgerlich über die Störungen, die zu der Auszeitraumnutzung führen bzw. mit ihr verbunden sind: *„Es geht uns allen so, dass wir da genervt sind, da können wir nicht in Ruhe frühstücken“* (Thekla, 8, 2. Befragung, 2006). Vorwürfe werden deswegen jedoch nicht erhoben, weder an die Adresse der in den Raum gebrachten Kinder, noch an die der Pädagogen. Den meisten Kindern scheint klar, dass ein Kind nur dann in den Auszeitraum gebracht wird, wenn es nicht anders geht:

> *„Wenn er seinen Willen nicht kriegt, fängt er an zu schreien, dann schicken ihn die Erzieher in sein Zimmer, versuchen weiter mit ihm zu reden, wenn er weiter ausrastet, dann in den Time-out-Raum, nehmen die Klinke raus, dann reden sie noch mal mit ihm.“* (Leon, 8, 2. Befragung, 2006)

Für die nicht von der erzwungenen Nutzung betroffenen Kinder scheinen mit dem Raum vor allem **drei Effekte** verbunden zu sein:

A) Ein **Beruhigungseffekt**, der für den Raumnutzenden durch die Möglichkeit entsteht, sich auszuagieren. Petra z. B. kann sich vorstellen, dass die Kinder, die in den Time-out-Raum geschickt wurden, sich anschließend gut fühlten: *„Danach bestimmt ganz gut vielleicht. Ja bestimmt fühlt man sich dann wohler, wenn man sich ausgetobt hat. Also wenn man 'nen Wutanfall hat und dann, dann sich ausgetobt hat“* (Petra, 119–121, 1. Befragung, 2004). Sie selbst kann aber für ihre Person klar formulieren, dass ihr ein solcher Raum nicht helfen würde. *„Dann würd' ich eher noch unglücklicher werden“* (ebd. 131). Ihr würden in einer solchen Situation eher Bewegungsangebote helfen *„zum Beispiel wandern, ganz weit (...) vielleicht irgendwie Fahrrad fahren oder zehn Minuten Seilspringen oder so was“* (ebd. 145–148).

B) Andere Kinder fokussieren auf den **Schutzeffekt in Bezug auf Verletzungen**. Dieser betrifft sowohl das den Raum nutzende Kind als auch die Kinder, die bei einem unkontrollierten Ausagieren von Wut eventuell zu Opfern werden könnten. Insofern geht es um die Verhinderung von eigenen und fremden Verletzungen. *„Ich find's gut, weil wenn einer mal zuschlagen müsste, dass er dann nicht zuschlagen kann“* (Heike, 115, 1. Befragung). Leo, der selbst in den Raum musste, kann zumindest nachvollziehen, dass Kinder vor ihm Angst gehabt haben: *„Also die haben nur in der Zeit, wo man ausgerastet ist, hatten ein paar Angst, dass ich die irgendwie auch schlagen würde oder so“* (Leo, 140–147, 1. Befragung, 2004). Die Annahme des Schutzes vor Selbstverletzung kommt bei Petra so zum Ausdruck: *„Oder wenn man tobt, dass man sich nicht wehtut. (...) Da gibt's nicht so viele Gegenstände drinne“* (Petra, 88, 1. Befragung, 2004).

C) Viele Kinder haben schon erlebt, dass bestimmte Kinder in Hocherregungssituationen – absichtlich oder nicht – eigene oder fremde Gegenstände zerstören. Deswegen begründen sie den Wert des Raumes damit, dass **Zerstörungen vermieden** werden: *„Dass wenn andere Kinder ausrasten hier, dass die zum Beispiel nix kaputt machen"* (Heike, 114, 1. Befragung, 2004). Petra konkretisiert: *„Wenn welche zum Beispiel Wut haben, denn machen sie ja im [eigenen] Zimmer die Fenster, äh die Fensterscheibe kaputt oder so Bilder von sich oder weiß ich nicht, irgendwie Blumen auf den Boden werfen"* (Petra, 90–92, 1. Befragung, 2004). Markus findet in diesem Zusammenhang die Holzpanelen gut: *„Damit nicht so viel passiert, wenn man dagegen boxt"* (Markus, 94, 1. Befragung, 2004).

Das *Erleben* des Auszeit-Raumes *aus der Sicht der Betroffenen* wollen wir anhand der Aussagen von drei Jungen darstellen: Rudi (12 Jahre) kommt von sich aus auf den Auszeitraum zu sprechen, als es um seine persönliche Entwicklung im Heim geht: Besser geworden ist,

> *„dass ich nicht mehr so schnell ausraste, dass ich nicht mehr in den Time-Out-Raum muss. Früher musste ich da fast täglich rein. Da haben sie mich per Polizeigriff oder mit 'nem normalen Griff da so gepackt und rein in den Raum. Der Erzieher bleibt mit und dann reden wir und ich rege mich ganz schnell wieder ab. Ich finde das nicht o.k. erst, zum Schluss ist es dann aber o.k. Sonst hätt' ich einen kaputt geschlagen. Ist schon besser Time-out-Raum als rum zu tillen."* (Rudi, 28, 1. Befragung „Wellenbrecher", 2005)

Rudi kann nachvollziehen, warum er eine Zeitlang immer wieder in den Raum gebracht wurde: Er gerät wiederholt in große Wut und könnte jemanden „kaputt" schlagen. Deswegen ist die Verbringung in den Raum auch in seinen Augen besser als „rum zu tillen". Allerdings kann er sehr deutlich benennen, dass er die erzwungene Verbringung in den Raum zunächst inakzeptabel findet und erst im Nachhinein gut heißen kann. Etwa ein Jahr später bilanziert er:

> *„Ich beherrsch' meine Wut jetzt besser, geh jetzt hoch auf mein Zimmer oder in den Boxraum im Keller. Ich bin halt immer ausgetickt, in der Schule oder zu Hause, wenn mich jemand 'ne Zeitlang nervte oder mir wehtat. Ich explodierte dann immer plötzlich, so dass man mich dann irgendwann niemand mehr beschulen wollte."* (Rudi, 28, 2. Befragung „Wellenbrecher", 2006)

Interessant ist, dass er die Explosionen im Heim nicht erwähnt, sondern das Thema sozusagen in die Vorzeit verschiebt bzw. auslagert. Auch der Auszeit-Raum spielt in der Schilderung seiner Entwicklung keine aktive Rolle. Allerdings antwortet er auf die Frage, was er noch erreichen will:

„Dass ich lerne, mit Wut umzugehen, zum Beispiel die anderen Jugendlichen: Wenn die mich ärgern, dass ich lerne, mich dann zurückzuziehen bzw. meine Wut zu unterdrücken. Die sollen mich auch nicht in Watte packen, mehr so testen! Und die Betreuer unterstützen, mich runterbringen von der Wut oder mich ansprechen: Du siehst wütend aus, möchtest Du nicht in den Keller?" (Rudi, 34, 2. Befragung „Wellenbrecher", 2006)

Einige Passagen wirken wie aus Gesprächen mit Pädagogen übernommen. Allerdings ist Rudi nach unserer Einschätzung nicht der Typ, der den Erwachsenen nach dem Mund redet. Interessant ist aber, dass er „nicht in Watte" gepackt werden will. Offenbar hat er eine Umdefinition der Provokationen vorgenommen: Er sieht sie jetzt eher als Testsituationen, in denen er seine Selbstkontrolle unter Beweis stellen kann. Und sei es nur für sich selbst.

Leo (12 Jahre) bewertet die Anwendung des Time-out-Raumes in Bezug auf seine Person im Nachhinein insgesamt eher positiv. So habe ihm das Abreagieren im Time-out-Raum durchaus geholfen:

„Also, wenn ich mich ungerecht behandelt gefühlt hab oder so, dann hab ich mich ganz stark aufgeregt und dann bin ich halt da rein gegangen und hab dann irgendwas mir gebaut und das dann wieder zerschlagen. (...) Dann ging mir das halt nach 'ner Zeit wieder besser." (Leo, 40–45, 1. Befragung, 2004)

Er befürchtet selbst, dass er ohne den Time-out-Raum in seinen Wutanfällen mehr Dinge zerschlagen und er sich teilweise nicht so schnell wieder beruhigt hätte. Dennoch kann er einige Aspekte auch kritisch sehen:

„Es gab Situationen, da hat mir das schon geholfen. Aber manchmal hatte ich auch keinen Bock dazu und da wurd' ich meistens, also nicht meistens, aber manchmal noch wütender." (Leo, 246–248, 1. Befragung, 2004)

Gerade die von ihm eingeführten Differenzierungen „also nicht meistens, aber manchmal" lassen seine Aussage gut reflektiert erscheinen und machen sie besonders glaubwürdig. Auch die Anwesenheit der Fachkraft im Raum bewertet Leo sehr differenziert:

„Das war unterschiedlich. Also manchmal vielleicht in Situationen, wo die Erzieher also nicht direkt schuld sind, aber dass man halt sauer ist, dann war man lieber alleine, war ich halt meistens lieber alleine. Aber, wenn jetzt irgendwas war (...), wo ich dann 'nen Problem hatte und dass ich deswegen ausgerastet bin, dann ist schon besser, wenn da ein Erzieher ist." (Leo, 130–137, 1. Befragung, 2004)

Nicht immer wird die Anwesenheit des Pädagogen im Raum also als hilfreich erlebt. Leo bestätigt die Aussagen der Fachkräfte, was die Entwicklung von mehr Freiwilligkeit in der Nutzung des Raumes angeht: Zuerst sei er *„gezwungen"* worden (66). Später sagt Leo:

> *„Manchmal bin ich freiwillig, manchmal wurde ich dann auch reingeschickt. (...) Aber dann hinterher haben die nur noch gesagt: ‚Geh da rein.' Und dann hab ich auch erst kein Bock gehabt. Aber später bin ich dann trotzdem da reingegangen. (...) Also da haben sie vielleicht noch gesagt: ‚Wenn du da jetzt nicht reingehst, dann –' Irgendwie darfste kein Fernsehen gucken oder so was."* (Leo, 84–90, 1. Befragung, 2004).

In solchen Situationen folgte er der Anweisung. Leo schildert drei Stufen, die sich nach Aktenlage innerhalb von zwei bis drei Monaten entwickelt haben: erzwungenes Verbringen, Hineingehen in den Raum auf Aufforderung in Kombination mit der Ankündigung von unangenehmen Konsequenzen („kein Fernsehen") und freiwillige Nutzung. Weil sich diese Nutzungen chronologisch entwickelt haben, liegt es nahe, an einen Lernprozess zu denken, der mit *Fremdzwang* begann und mit zunehmender *Selbstkontrolle* oder einer besseren Selbstfürsorge endete. Leos Entwicklung verlief auch in den nächsten beiden Jahren stabil.

Nico (10 Jahre) ist das Kind, das bisher am häufigsten in den Auszeitraum musste. Seine Gesamteinschätzung des Raumes lautet: *„Geht so! Also auf einer Skala 5, nein 6, weil man da so schön spielen kann, z. B. Fußball."* Auf seiner inneren Skala bedeutet 0 „ganz blöd" und 10 „ganz toll". Dann sagt er noch: *„Ich finde es besser, in den Time-out-Raum zu gehen, als vor der Gruppe zu müssen, wie das auf anderen Gruppen ist"* (Nico, 13, 2. Befragung, 2006).

Die letzte Bemerkung verblüfft; vielleicht will er damit sagen, dass ihm bei Hocherregung ein geschlossener Raum und die Begleitung durch einen Erwachsenen angemessener erscheinen, als vor die Türe gesetzt zu werden. Vielleicht sucht er aber auch nur etwas noch Unangenehmeres, als ihm widerfährt, um sich nicht als Verlierer bzw. Ohnmächtiger fühlen zu müssen.

Er selbst schildert sich als einen Mehrfachnutzer, d. h. er gehört zu denen, die immer wieder gerne in dem Auszeitraum spielen; er gibt an, *„ungefähr vier Mal die Woche"* dort zu spielen, *„nicht täglich, weil alleine macht das nicht so viel Bock"* (Nico, ebd., 2. Befragung, 2006).

Nico schildert das Geschehen im Raum so: *„Wenn ich da reingehe, da greife ich die Erzieher an, da kommt jetzt die Klinke raus."* (Nico, 14, 2. Befragung, 2006). Interessant ist, dass er alle Satzglieder miteinander verbindet, als handle es sich dabei um eine zeitlich und logisch unmittelbar aufeinander folgende Kette von Ereignissen. Er sagt „wenn ich da reingehe, da greife ich (...) an" und nicht wie es Protokollschilderungen zu entnehmen wäre: „Manchmal wenn ich da drinnen bin, dann greife ich auch schon mal die Erwachsenen an." Und noch bedeutsamer: „Da kommt jetzt Klinke raus" an Stelle von „Weil ich angegriffen habe, deshalb haben die Erwachsenen jetzt nach drei Monaten beschlossen, nicht mehr mit mir in den Raum zu gehen, sondern mich dort zu isolieren."

Es mag an Nicos erwiesener Sprachbehinderung liegen, dass er die komplexen Zusammenhänge so vereinfacht schildert. Es könnte aber auch für einen emotional-kognitiven Erlebnisraum sprechen, in dem die äußeren Ereignisse scheinbar ohne sein Zutun zwangsläufig aufeinander folgen, ohne sinnvoll miteinander verbunden zu sein. Sicher gilt das für die Verarbeitung der vielen Gewalterfahrungen, die er als Kind erlebt hat. Wenn das so wäre, müsste man sich nicht wundern, dass die Interventionen bei ihm bisher wenig an Entwicklung angestoßen haben, zumindest keine stabile Verbesserung seines Verhaltens. Vielleicht fehlt ihm ein innerer Wahrnehmungsraum, in dem er die eigenen und fremden Handlungen, die in den Auszeitraum führen, miteinander verbinden und zueinander in Bezug setzen kann. Vielleicht liegt hier eine dauerhafte, intellektuelle Begrenzung vor, die man von Seiten der Pädagogen hätte offensiver wahrnehmen müssen. Vielleicht blieb dieser Fokus aber auch bei den Nachbesprechungen ausgeklammert und hätte man sein intellektuelles Potential gerade anhand der Auszeit-Raumnutzung auch weiterentwickeln können. Aus der detaillierten Dokumentation wissen wir zwar, dass mit ihm jede einzelne Auszeit-Situation nach besprochen wurde. Aber eine wiederholte Prozessreflexion, in der die einzelnen Phasen der Auszeitraumnutzung mit ihm und für ihn ausgewertet und geordnet wurden, hat nicht stattgefunden.

Was die Anlässe für die gezwungene Raumnutzung betrifft, scheint Nico entweder kein Interesse zu haben, sie dem fremden Interviewer gegenüber offen zu legen oder ist auch hierbei überfordert. Er antwortet: Es kommt zu den Nutzungen,

> *„weil ich manchmal im Zimmer warten muss, dann muss ich manchmal halbe Stunde Nachsitzen bei Strafverlängerung, das ärgert mich, dann die Erzieher ziehen mich da rein."* (Nico, 6, 2. Befragung, 2006).

Damit scheint er Situationen zu meinen, in denen ihm zu lange Ruhezeiten abverlangt werden oder er zu lange alleine sein muss. Auf unerlaubtes Verlassen des Zimmers folgen regelmäßig Konfrontationen, und in deren Verlauf kam es auch zu Attacken und zu Auszeitraumnutzungen. Allerdings stellen solche Vorfälle weniger als 10 % der Anlasssituationen dar, und auch von denen ließen sich etliche anders lösen. Aber auch auf Nachfrage fielen Nico keine anderen Anlässe ein.

Nico erinnert sich allerdings an vorausgehende Ansagen und Wahlmöglichkeiten: „*Manchmal sagen die [Erzieher vorher]: ‚Hör auf, sonst kommst Du in den Time-out!‘*" Er kann nichts darüber sagen, warum ihn diese Warnrufe manchmal erreichen und zu einer Verhaltensänderung führen und manchmal nicht.

Was die Länge der Zeit betrifft, die er im Raum verbringen muss, äußert er: „*Früher eine bis drei Stunden, heute nur noch [kürzer], beim letzten Mal fünf Minuten*“ (Nico, 6, 2. Befragung, 2006). Auf Grund der sehr sorgfältigen Dokumentation wissen wir, dass er nur einmal länger als eine Stunde im Raum war. Aber vielleicht geht es ihm eher darum, dem Interviewer zu beschreiben, dass die Auszeiten kürzer geworden sind und die Situation damit insgesamt besser geworden ist. Zumindest antwortet er ähnlich, als er nach der Häufigkeit, mit der er in den Raum gebracht wird, gefragt wird: „*Ja oft, früher häufiger, als ich noch neun Jahre alt war. (...) Diese Zeit voll selten.*“ Ob er mit „früher“ auch die Zeit in der Psychiatrie meint, bleibt unklar. Zum Zeitpunkt des Interviews war er tatsächlich in sechs Wochen nur einmal im Auszeitraum. Insofern entspricht seine Einschätzung der Protokolllage.

Auf die Frage, wie das komme, antwortet er: „*Weil ich mich bemühe, weil ich hasse, in den Time-out-Raum zu gehen.*“ Und nach kurzem Zögern: „*Weil ich mich entwickelt habe*“, aber das klingt eher traurig oder zumindest zweifelnd (Nico, 6, 2. Befragung, 2006). Ob Nico sich tatsächlich als jemand erlebt, der sich in einem langen und mühsamen Weg weiter entwickelt hat oder ob er vor allem betonen will, dass er oder die Auszeitprozedur heute nicht mehr so schlimm seien wie noch vor einem Jahr, wissen wir nicht. Wir vermuten, dass er eher daran interessiert war, ein einigermaßen positives Selbstbild zu formulieren oder zu etablieren, für sich selbst, aber auch für die anderen.

Was die Pädagogen betrifft, so spricht er über sie ohne Vorwürfe und Bitterkeit. Er scheint allerdings zu glauben, dass diese sich darüber bewusst sind, mit dem Auszeitraum ein Machtmittel in den Händen zu haben, zumindest interpretieren wir den nächsten Satz so: „*Die ärgern mich damit [mit dem Auszeitraum] gerne, aber machen möchten die das auch nicht gerne.*“ Er scheint wahrzunehmen, dass es auch für die Pädagogen keine „schöne“ Aktion ist und auf keinen Fall etwas, das diese genießen.

Auf die Frage, ob er auch die freiwillige Nutzung des Raumes kenne, antwortet Nico: „*Ja, schon mal, als ich meine Mutter nicht anrufen durfte, da bin ich da rein, um Wut rauszulassen.*“ Und zur Häufigkeit der freiwilligen Nutzung sagt er: „*Nicht so oft, [ich] habe aber mit der Zeit gelernt, da meine Wut auszulassen.*“ (Nico, 7, 2. Befragung, 2006). Bei Nico gibt es nach unserer Einschätzung keine klare Entwicklung von Fremdzwang zu Selbstkontrolle. Aber er scheint eine solche Entwicklung zu wünschen oder weiß zumindest, dass andere sich diese wünschen würden.

5.2.5 Was wissen die Eltern von den Zwangselementen?

Auffallend häufig berichten Kinder und Jugendliche in allen drei Heimen, dass ihre Eltern wenig oder gar nichts über die institutionellen Zwangselemente wissen, denen sie im Heim ausgeliefert sind. Auf die Frage „Was sagen denn deine Eltern zu den zeitweise geschlossenen Türen oder den ausstiegssicheren Fenstern“ erfolgen Äußerungen wie:

- *„Die [allein erziehende Mutter] weiß das noch nicht.“* (Stephan, 1. Befragung „Wellenbrecher“, 2005)
- *„Ich weiß nicht. Ich weiß gar nicht, ob die davon überhaupt wissen.“* (Ingo, 2. Befragung „Wellenbrecher“, 2006)
- *„Teilweise, kann ich mir vorstellen, finden die das doof, ist aber nur eine Vermutung von mir, weiß nicht, ob die das wissen.“* (Karsten, 2. Befragung „Wellenbrecher“, 2006)

Andere Kinder geben an, dass ihre Eltern davon wissen, haben aber keine Ahnung, wie diese die Zwangselemente bewerten:

- *„Ja, meine Mutter weiß davon, aber ich weiß nicht, wie sie es findet. Hab' in der Richtung noch nichts gehört von ihr.“* (Dieter, 2. Befragung „Wellenbrecher“, 2006)
- *„Weiß nicht, was die dazu denkt, sagt sie mir nicht, ich denke mal doof.“* (Rudi, 1. Befragung „Wellenbrecher“, 2005)
- *„Meine Mutter findet das auch nicht so gut, glaub ich, mh, na ja, haben noch nicht darüber gesprochen.“* (Lutz, 1. Befragung „Wellenbrecher“, 2005)

Ein solcher Befund müsste auf dem Hintergrund dessen, was wir in Kapitel 3.2 zur elterlichen Delegation von Zwang formuliert haben, alarmierend erscheinen, vor allem weil die Kinder teilweise schon drei Monate und länger in den Heimen lebten. Andererseits wissen wir aus einer Elternbefragung, die zum selben Zeitpunkt durchgeführt wurde, dass diese sehr wohl über die Zwangselemente informiert waren und sie zum großen Teil auch für angemessen hielten. Bis dahin waren die Zwangselemente aber noch kein Thema in den Familiengesprächen gewesen.

Immerhin ändert sich dieses Ergebnis bei der zweiten Befragung ein Jahr später. Vier von fünf Kindern geben nun an, dass ihre Eltern über die Zwangselemente bescheid wissen. Sie scheinen jedoch über deren Bewertung noch immer im Dunklen zu tappen:

- *„Weiß nicht, haben nie darüber gesprochen.“* (Lutz, 2. Befragung „Wellenbrecher“, 2006)

- *„Weiß nicht, meine Mutter kennt es aber."* (Rudi, 2. Befragung „Wellenbrecher", 2006)
- *„Weiß nicht – hab' ich sie nicht zu gefragt."* (Ingo, 24, 3. Befragung, 2006)
- *„Meinem Vater ist das scheißegal, meine Mutter hab ich nicht gefragt, aber sie wissen davon."* (Leander, 2. Befragung „Wellenbrecher", 2006)

Von den Pädagogen wissen wir, dass das Thema Zwangselemente auf Grund der ersten Befragung in allen Familiengesprächen zumindest einmal Thema gewesen ist. Freilich wissen wir nicht, in welcher Intensität bzw. kommunikativen Qualität darüber gesprochen wurde. Wie kommt es zu diesem Missverhältnis zwischen der Wahrnehmung der Kinder und dem, was Eltern und Pädagogen berichten?

Zwangselemente scheinen ein heikles Thema zwischen Eltern und Kindern zu sein. Weder haben die Eltern ein Interesse daran, sich ihren Kindern gegenüber als diejenigen darzustellen, welche die Zwangselementen in Auftrag gegeben haben. Auch wenn sie um die Zwangselemente wissen und sie gegenüber den Pädagogen ausdrücklich billigen, so sehen sie sich doch nicht als diejenigen, die das Heim zur Anwendung derselben ermächtigen müssen, da diese bereits im Konzept verankert sind und damit quasi automatisch zur Anwendung kommen. Genauso wenig haben die Kinder ein Interesse daran, sich ihre Eltern als die unmittelbar für Zwang Verantwortlichen vorzustellen. Oftmals haben sie die Entscheidung der Eltern, sie ins Heim zu „schicken", schon als hart genug erlebt. Da sie sich ein positives Elternbild bewahren wollen, ist es für sie besser, dass die Zwangselemente in erster Linie von den Pädagogen gewollt werden. Dies bestätigt folgende Aussage von Karl aus der Jugendlichengruppe Step by Step:

> *„Keine Ahnung was die damit wollen. Irgendwie macht das halt es so einfacher, für die Dings, die Betreuer, deswegen, damit die uns besser kontrollieren können, deswegen wollen die das."* (Karl, mündliche Äußerung während eines Besuches in seinem Zimmer, 5.4.2005)

Eine solche innere Haltung scheint sich auch durch das offene Thematisieren in den Familiengesprächen nicht ohne weiteres verändern zu lassen. Offensichtlich gibt es eine Art Pakt zwischen Eltern und Kindern, der nicht ohne weiteres aufzulösen ist. Oder anders: Die Eltern-Kind-Beziehung scheint beiden Partnern sowieso schon gefährdet zu sein, so dass man sie nicht weiter belasten kann und will. In bilateralen Gesprächen zwischen Eltern und Kindern – und diese dürften eine verlässlichere Quelle für die Wahrnehmung von Haltungen sein als die Familiengespräche in Gegenwart der Pädagogen – scheinen die Zwangselemente deswegen entweder kein Thema zu sein oder als eine Sache des Heimes dargestellt zu werden. Dies zeigt, dass das Ansprechen des Themas vor dem Kind alleine nicht genügt. Was den Eltern offensichtlich fehlt, ist das Gefühl, ihren Kindern mit den Zwangselementen (auch) etwas Gutes zu tun, das sie diesen gegenüber auch vertreten könnten, ohne es mit Schuldvorwürfen verbinden zu müssen. Insofern ist es wichtig, dass die Unsicherheit und Ambivalenz der Eltern gegenüber den Zwangselementen wahrgenommen, aussprechbar gemacht und akzeptiert wird. Wenn die Eltern-Kind-Beziehung belastbarer geworden ist und die Eltern klarer sehen können, dass die Zwangselemente hilfreich sind, können sie sich in einem zweiten Schritt dem Kind gegenüber klarer dazu bekennen.

Wenn allerdings auf Seiten der Kinder grundsätzliche Zweifel an der Elternhaltung bestehen, müssen diese geklärt werden. So besaß z. B. ein Jugendlicher den Eindruck, dass sein Vater die eigene Ablehnung z. B. gegenüber den ausstiegssicheren Fenstern teilen würde:

Otto (15 Jahre, Step by Step): *„Mein Vater findet das auch nicht gut."*
Interviewer: *„Und was sagt der zu dir: ‚Du ich hol dich da raus?' Oder: ‚Na, da musst Du durch, Otto?'"*
Otto: *„Der sagt, na ich versuche, dass du in eine andere Gruppe kommst."*
(Otto, 131–134, 2. Befragung, 2005)

Mit einer solchen Erwartung im Hintergrund kann sich der Jugendliche auf das Heim nicht einlassen. Die Phantasie einer potentiellen „Rettung" durch den Vater muss aufgeklärt werden. Entweder findet dieser mit Hilfe der Pädagogen andere Möglichkeiten, seinem Sohn Treue und Liebe zu zeigen als in Form von falschen Versprechungen. Oder der Sohn muss einsehen, dass er dem Vater eine Kritik unterstellt hat, die dieser nicht teilt. Diese Enttäuschung muss dann freilich anders aufgefangen werden. Dass es auch anders laufen kann, zeigt das nächste Beispiel von Sam (15 Jahre, Step by Step):

Interviewer: *„Wissen Deine Eltern von diesen Scheiben hier?"*
Sam: *„Na klar!"*
Interviewer: *„Wie finden die das, dass hier abgeschlossen wird und so?"*
Sam: *„Ja auch, auch Scheiße!"*
Interviewer: *„Habt ihr mal darüber geredet?"*
Sam: *„Das ist ja Knast!"*
Interviewer: *„Die denken das wäre Knast?"*
Sam: *„Ja, meine Mutter so: ‚Ist das hier ein Knast oder so?' Als die das gesehen haben."*
Interviewer: *„Ja und dann?"*
Sam: *„Ja, hinterher haben wir geredet, ja das haben wir dann mit dem Erziehungsleiter, das ist besser für ihren Jungen. Ja, das ist gut für ihn. Dann hat meine Mutter auch irgendwann ja gesagt und mein Vater auch."*
Interviewer: *„Und du wolltest deine Ruhe haben, oder?"*

Sam: *„Ja, ich wollte das aber auch als Hilfe hier, damit ich meinen Abschluss machen kann, meinen Hauptschulabschluss hab und zur Schule geh."* (Sam, 120–137, 2. Befragung, 2005)

Auch hier scheint sich zunächst zwischen Eltern und Kind eine gemeinsame familiäre Koalition gegen das Zwangselement „ausstiegssichere Fenster" anzubahnen. Aber dann lassen sich die Eltern von einem engagierten Erziehungsleiter überzeugen. Der Junge, der dabei war, erlebt das offensichtlich nicht als überreden. Er spürt wahrscheinlich den Stimmungsumschwung im Inneren seiner Eltern, der nicht sofort, sondern irgendwann erfolgt. Daraufhin kann auch er das Heim als Hilfe für sich annehmen. An diesem Beispiel wird deutlich, wie wichtig die Zustimmung der Eltern auch zu spezifischen Settingelementen ist, damit sich das Kind auf das Heim einlassen kann. Seine verbliebene Ambivalenz zeigt Sam allerdings durch seinen grammatikalischen Umgang mit dem Tempus, denn zuerst schildert er die Ablehnung seiner Eltern, als erstrecke sie sich bis in die Gegenwart hinein. Erst im Lauf der Schilderung wird deutlich, dass die elterliche Abwehrhaltung ein Phänomen der Vergangenheit ist, wobei fraglich ist, ob die Eltern nicht auch aktuell eine Art von Ambivalenz erleben.

5.3 Fazit

Die verbalen Aussagen der Kinder und Jugendlichen, die wir gesammelt haben, changieren nach unserem Eindruck je nach Person und Befragungsthema von klaren, sehr realistischen und beinahe exakten Beschreibungen der Realität bis hin zu unklaren und ambivalenten Äußerungen oder deutlichen Realitätsverzerrungen. Weder kann man sie in ihrer Gesamtheit als Wiedergabe der Wirklichkeit betrachten, noch darf man die Kinder und Jugendlichen pauschal als unzuverlässige Informanten zurückweisen. Die Äußerungen der Kinder haben immer Sinn und Bedeutung, auch wenn sich nicht hinter jeder drastischen Anprangerung ein handfester Skandal verbirgt. Lügen im Sinne der bewussten Falschmeldung mit dem Ziel den Pädagogen oder der Einrichtung Schaden zuzufügen, sind wir bei keiner Person begegnet. Allerdings mussten viele Äußerungen mehr oder weniger stark interpretiert werden. Viele Aussagen müssen im Kontext eines als irritiert erlebten Selbstbildes verstanden werden, das um seine Konsistenz und Würde ringt und deswegen bestimmte Beobachtungen und Erkenntnisse nicht an sich herankommen lassen darf. Andere, vor allem zustimmende Äußerungen zu Zwangselementen müssen auch vor dem Hintergrund der Abhängigkeit vor allem der Kinder von den Pädagogen verstanden werden. Ähnlich wie sie dazu neigen, ihre Eltern zu verteidigen, haben sie häufig auch ein Interesse daran, „ihre“ Pädagogen als gut zu schildern.

Alle Aussagen müssen ernst genommen werden, denn sie liefern Hinweise auf das innere Erleben der Kinder, der einzigen Quelle, von der sie ausgehen können. Zum Teil verweisen die Äußerungen der Kinder und Jugendlichen auch auf noch unaufgeklärte Erlebnisse, denen die Verantwortlichen noch einmal nachgehen müssen. Einige Berichte von Jugendlichen über Gewalttaten von Seiten der Pädagogen enthalten reale Kerne, auch wenn einzelne Elemente des Berichtes übertrieben sein mögen. Unabhängig vom jeweiligen Wahrheitsgehalt kann man niemandem seine „innere Realität“ ausreden, aber man kann ihm Dreierlei zeigen:

- dass man die persönliche Erinnerung aufmerksam wahrgenommen hat, und sich aufrichtig darum bemüht, sie nachzuvollziehen.
- dass man dem Befragten seine Realität lässt, auch wenn man zu dem Ergebnis kommt, sie nicht teilen zu können.
- dass man aber interessiert daran ist, mit dem Befragten immer wieder eine Verständigung darüber herzustellen, „was Sache ist“, auch wenn das nicht an allen Punkten gelingt.

Dazu sind Befragungen durch *externe Beobachter* in Intensivgruppen, die mit Zwangselementen arbeiten, mindestens einmal pro Jahr unersetzbare Quellen. Sie sollten nach unseren Erfahrungen unbedingt zu Qualitätsstandards erhoben werden. Nur dann können sie auch zur systematischen Verbesserung des Konzeptes genutzt werden, von der die Kinder bzw. Jugendlichen, die Einrichtung und ihre Mitarbeiter profitieren. Solche Befragungen können auch zu der Erkenntnis führen, dass die Art von Zwangselementen für diese Zielgruppe zumindest in der vor Ort praktizierten Form nicht geeignet ist.

6 Rechtliche Grundlagen

von Rüdiger Ernst und Peter Höflich

6.1 Einleitung, Terminologisches, Normadressaten

Rechtsnormen, die für die Fragen der Zulässigkeit und der Grenzen von Zwang in der Heimerziehung von Bedeutung sind, gibt es zahlreiche. Sie finden sich an den unterschiedlichsten Orten unserer Rechtsordnung: im Bürgerlichen Gesetzbuch, im Strafgesetzbuch, im Achten Teil Sozialgesetzbuch (Kinder- und Jugendhilferecht), im Grundgesetz, in der UN-Kinderrechtskonvention, um nur einige zu nennen. Einen Überblick hierzu gibt die Zusammenstellung des Landesjugendamts Rheinland „Pädagogik und Zwang – Minderjährigenrechte und Freiheitsschutz", 5. Auflage 2006. Hinzu kommt, dass es zu vielen dieser Rechtsnormen sowohl eine Fülle sie konkretisierender Gerichtsentscheidungen als auch rechtswissenschaftliche Literatur gibt. Aufgabe dieses als Anhang konzipierten Kapitels kann es nicht sein, sämtliche in Betracht kommenden Rechtsnormen unter Einbeziehung der Rechtsprechung und Literatur mit Anspruch auf abschließende Vollständigkeit aufzuarbeiten. Es kann hier vielmehr nur darum gehen, den rechtlichen Rahmen, in dem sich die in den vorangegangenen Kapiteln behandelten Zwangsmomente und Zwangselemente bewegen und zu halten haben, in seinen Grundzügen abzustecken.

Wenn in den vorangegangenen Kapiteln von „Zwang", „Gewalt", „gewaltfreier Erziehung" etc. die Rede war, sie teilweise ausdrücklich definiert wurden, so ist zu bedenken, dass die dort für die sozialwissenschaftliche Umschreibung bestimmter Phänomene verwendeten Begriffe mit den teilweise gleichnamigen rechtlichen Begriffen inhaltlich nicht übereinstimmen müssen. Ja, mehr noch: selbst die verschiedenen juristischen Disziplinen (also etwa das Strafrecht, das Familienrecht, das Kinder- und Jugendhilferecht) verwenden mitunter voneinander abweichende Terminologien.

Beispielsweise ist „Kind" im Sinne des SGB VIII, wer noch nicht 14 Jahre alt ist. Das im BGB geregelte Familienrecht dagegen verwendet den Begriff „Kind" funktional, um die Abstammung eines Menschen von einem anderen zu bezeichnen; wenn das BGB den Begriff „Kind" verwendet, kann also auch ein Volljähriger gemeint sein. Andernfalls spricht das BGB vom „minderjährigen Kind". Um ein weiteres Beispiel zu nennen: Der

Begriff „Gewalt“ im Sinne des strafrechtlichen Nötigungstatbestandes (§ 240 StGB) ist nicht deckungsgleich mit dem Gewaltbegriff des § 1631 Abs. 2 Satz 1 BGB („gewaltfreie Erziehung“). Wieder eine andere Bedeutung hat etwa das Wort „Zwang“ im Sinne des Vollstreckungsrechts (z. B. § 33 FGG). Welcher Inhalt einem Begriff zukommt, ist stets durch Interpretation („Auslegung“) der ihn verwendenden Norm zu ermitteln. Es gibt keine die gesamte Rechtsordnung übergreifende Definition von Rechtsbegriffen.

Die folgenden Ausführungen beziehen sich nur auf Minderjährige im Sinne des BGB, also Kinder, die das 18. Lebensjahr noch nicht vollendet haben.

Die in den vorangegangenen Kapiteln erörterten Zwangssituationen beziehen sich sowohl auf die Familienerziehung als auch auf die Erziehung in Heimgruppen („öffentliche Erziehung“). Die Normen, die das Familienrecht des BGB zur Regelung der Zwangssituationen bereithält (namentlich die Bestimmungen der §§ 1626 Abs. 2, 1631 Abs. 1, 1632 Abs. 2 und 1631b BGB), richten sich unmittelbar nur an die sorgeberechtigten Eltern eines minderjährigen, also noch nicht 18 Jahre alten Kindes; denn sie finden sich im BGB in Titel 5 des Familienrechts über die „Elterliche Sorge“.

Gemeinsam sorgeberechtigt sind die Eltern eines minderjährigen Kindes, wenn sie miteinander verheiratet sind. Die nicht mit dem Kindesvater verheiratete Mutter eines minderjährigen Kindes hat im Grundsatz die alleinige elterliche Sorge (§ 1626a Abs. 2 BGB); nur wenn sie mit dem Kindesvater zusammen (etwa beim Jugendamt) eine förmliche „Sorgeerklärung“ abgegeben hat, steht beiden die gemeinsame elterliche Sorge zu (§ 1626a Abs. 1 BGB). Änderungen hinsichtlich der alleinigen oder gemeinsamen Sorge können sich durch gerichtliche Entscheidungen (§§ 1671, 1666 BGB) ergeben.

Die Erlaubnis, einem minderjährigen Kind gegenüber Zwang auszuüben, ist also Ergebnis der verfassungsrechtlich in Art. 6 Abs. 2 GG garantierten elterlichen Sorge. Coester spricht insoweit von der „elterlichen Durchsetzungskompetenz“ (Coester 2005, 754).

Nur mittelbar kraft Verweisung gelten einige der sich auf Zwangssituationen beziehenden Vorschriften auch für andere Personen: für nicht sorgeberechtigte Elternteile (§ 1687a BGB), Ehepartner (§ 1687b BGB) und eingetragene Lebenspartner (§ 9 LPartG) eines Elternteils („Stiefmütter und -väter“), für Vormünder (§§ 1773, 1793, 1800 BGB), Ergänzungspfleger (§§ 1909, 1915 Abs. 1, 1773, 1793, 1800 BGB), Pflegepersonen/-eltern (§ 1688 Abs. 1 BGB) und – in unserem Zusammenhang von entscheidendem Interesse – für Heimerzieher (§ 1688 Abs. 2 BGB).

Die in den Heimen oder sonstigen Wohnformen tätigen Erzieher leiten also – ebenso wie Pflegepersonen – ihre Rechtsmacht vom Sorgerecht des

Personensorgeberechtigten ab, § 1688 BGB. Wie der Personensorgeberechtigte sind sie bei der Erziehung deshalb an das gesetzlich fixierte Leitbild des § 1626 Abs. 2 BGB gebunden, dessen Geltung bei der Wahrnehmung der Aufgaben der Jugendhilfe in § 9 Nr. 2 SGB VIII ausdrücklich betont wird (Wiesner, § 34 RdNr. 54f). Wegen dieser (nur) abgeleiteten Rechtsposition der Heimerzieher erfolgt die familienrechtliche Abhandlung in zwei Schritten: Zunächst sollen die Zulässigkeit und die Grenzen von Zwang und Gewalt in der Familienerziehung erörtert (6.2) und sodann auf die Heimerziehung übertragen werden (6.3). Die strafrechtliche Betrachtung schließt sich an (6.4).

Außer Betracht bleiben soll in diesem Kapitel die Zwangsanwendung gegenüber Kindern durch die Polizei im Wege der Gefahrenabwehr (nach den Polizei- und Ordnungsgesetzen der Bundesländer) oder im Wege der Strafverfolgung (nach der StPO), weil in derartigen Situationen nicht die Eltern, Pflegeeltern, Pädagogen entscheiden müssen, ob eine bestimmte beabsichtigte Handlung rechtmäßig ist oder nicht. Gleiches gilt für die Zwangsanwendung gegenüber Kindern im Rahmen der Vollstreckung gerichtlicher Entscheidungen, wie etwa die Vollstreckung eines Kindesherausgabebeschlusses nach § 33 FGG.

6.2 Zwang und Gewalt bei der Erziehung in der elterlichen Familie aus familienrechtlicher Sicht

6.2.1 Zwangssituationen der Kapitel 1–5 (in Stichworten)

- Der Vater hält ein wütendes und wild strampelndes Kind im Supermarkt fest, nachdem er ihm einen Schokoriegel aus der Hand entwunden hat, den das Kind unbedingt haben wollte, aber nicht bekommen sollte und schließlich eigenmächtig ergriffen hatte (1.2.1): „körpergestützter Zwang" (2).
- Die Eltern eines dreijährigen Mädchens verlassen den Spielplatz ohne das Kind, nachdem sie es schon fünfmal aufgefordert haben, mit ihnen mit zu kommen (1.2.1): „angst- oder verunsicherungsgestützter Zwang" (2.1, Beispiel 3). Demonstration der kindlichen Abhängigkeit, Beschränkung kindlicher Autonomiegefühle, zu oft, zu rigide, ohne adäquate Einbettung einerseits, Kampf gegen überzogene kindliche Machtansprüche andererseits.
- Eltern schlagen ihr Kind gezielt (1.2.1).
- Eltern sind nicht in der Lage, ihrem Kind Grenzen zu setzen (1.2.1; 2.1): „Gebotener, aber unterlassener Zwang".
- Ausgangsverbot am Wochenende (Entzug von Aktivitäten oder Leistungen), Wegnahme des Handys oder des Computers (1.2.1 = 2.1, Beispiel 4).

- Krallendes 10-monatiges Kind, Festhalten der Hand, Absetzen des Kindes; zu schmerzhaftes Begrenzen des Kindes, zu lange Distanz, innerliche Abwendung vom Kind (2.1, Beispiel 1).
- Tobende Brüder, Vater zwingt Hannes mit seinem Griff auf den Boden, Vater hält Hannes fest, verstärkt den Griff (2.1, Beispiel 2).

6.2.2 Rechtliche Würdigung

Art. 6 GG: (...)
Abs. 2: Pflege und Erziehung der Kinder sind das natürliche Recht der Eltern und die zuvörderst ihnen obliegende Pflicht. Über ihre Betätigung wacht die staatliche Gemeinschaft.
Abs. 3: Gegen den Willen der Erziehungsberechtigten dürfen Kinder nur auf Grund eines Gesetzes von der Familie getrennt werden, wenn die Erziehungsberechtigten versagen oder wenn die Kinder aus anderen Gründen zu verwahrlosen drohen.

§ 1631 Abs. 1 BGB: Die Personensorge umfasst insbesondere die Pflicht und das Recht, das Kind (...) zu erziehen (...).

Das staatliche Gewaltmonopol, das es den Privatpersonen grundsätzlich verbietet, ihre Rechte im Wege der Selbsthilfe durchzusetzen, und sie darauf beschränkt, die staatlichen Vollstreckungsorgane in Anspruch zu nehmen, gilt im Verhältnis zwischen Eltern und Kindern nicht. Es ist unvermeidlich, dass Eltern ihre Erziehungsmaßnahmen gegenüber ihren Kindern selbst durchsetzen. In allem und jedem auf die Hilfe des Vormundschaftsgerichts, des Jugendamts oder der Polizei zu warten, wäre nicht durchführbar. Dem entspricht es, dass Art. 6 Abs. 2 und 3 GG den Eltern einen von behördlicher Einmischung freien Raum garantiert (Klinkhardt 1998, § 7 RdNr. 19). Es gibt keine Klagemöglichkeit der Eltern gegen das die elterliche Sorge missachtende Kind (Gernhuber/Coester-Waltjen 2006, § 57 VIII 1). Und das ihnen in § 1631 Abs. 1 BGB zugesprochene Erziehungsrecht umfasst auch das Recht, sich notfalls mit Gewalt durchzusetzen (Klinkhardt 1998, § 7 RdNr. 19; Diederichsen 2008, § 1631 RdNr. 9). Die Eltern üben Rechtszwang in eigener Sache mit der Befugnis, sich in bestimmten Grenzen – die es im Folgenden abzustecken gilt – aller Mittel zu bedienen, die mit der Personensorgepflicht (speziell der Pflicht zur sinnvollen Kindererziehung) zu vereinbaren sind (ähnlich: Gernhuber/Coester-Waltjen 2006, § 57 VIII 1ff).

§ 1626 Abs. 2 BGB

> § 1626 Abs. 2 BGB: Bei der Pflege und Erziehung berücksichtigen die Eltern die wachsende Fähigkeit und das wachsende Bedürfnis des Kindes zu selbständigem verantwortungsbewusstem Handeln. Sie besprechen mit dem Kind, soweit es nach dessen Entwicklungsstand angezeigt ist, Fragen der elterlichen Sorge und streben Einvernehmen an.

§ 1626 Abs. 2 BGB gibt den Eltern in gewisser Weise einen bestimmten Erziehungsstil vor und schränkt ihre Erziehungsfreiheit ein (Diederichsen 2008, § 1626 RdNr. 4). Diese Vorschrift schreibt den Eltern eine partnerschaftliche Erziehung vor (OLG Karlsruhe NJW 1989, 2398). Je älter und je reifer das Kind ist, umso mehr muss es in seine eigene Erziehung einbezogen werden. Was beim 6-jährigen Kind an Einschränkung bzw. Begrenzung zulässig ist, kann beim 16-jährigen Kind unzulässig sein. Ein rein auf Gehorsam ausgerichteter, autoritärer Erziehungsstil ist nicht mehr erlaubt und kann zu Maßnahmen nach § 1666 BGB, also zu familiengerichtlichen Eingriffen in die elterliche Sorge (siehe dazu Ausführungen unten) führen (Diederichsen 2008, § 1626 RdNr. 22). Die Eltern müssen den Wünschen des Kindes nicht nachgeben, aber es als Person ernst nehmen, es an der Suche nach der richtigen Entscheidung beteiligen und dürfen jedenfalls nicht über den Kopf des Kindes hinweg bestimmen. Kommt eine Einigung nicht zustande, müssen sie allerdings ggf. entscheiden (BT-Drucksache 7/2060, 17; 8/2788, 45).

Recht auf gewaltfreie Erziehung / Verbot von Verletzungen und anderer entwürdigender Maßnahmen, § 1631 Abs. 2 BGB

> § 1631 Abs. 1 BGB: Die Personensorge umfasst insbesondere die Pflicht und das Recht, das Kind (...) zu beaufsichtigen (...).
>
> Abs. 2 BGB: Kinder haben ein Recht auf gewaltfreie Erziehung. Körperliche Bestrafungen, seelische Verletzungen und andere entwürdigende Maßnahmen sind unzulässig.

Das Recht des Kindes auf gewaltfreie Erziehung soll verdeutlichen, dass das Kind als Person mit eigener Würde und als Träger von Rechten und Pflichten die Achtung seiner Persönlichkeit auch von den Eltern verlangen kann (BT-Drucksache 14/1247, 5). In § 1631 Abs. 2 BGB kommt zum Ausdruck, dass die grundsätzlich freie Wahl der Erziehungsmittel durch verfassungsrechtliche Vorgaben begrenzt ist; es geht um die Wahrung der

Grundrechte des Kindes (Salgo 2002, § 1631 RdNr. 19; zu den Grundrechten Minderjähriger in der Heimerziehung allgemein: Oberloskamp/Brosch 2007, Fall 44).

Der Gesetzgeber hat von einem allgemeinen Verbot, Kinder zu bestrafen, abgesehen, weil darunter auch sinnvolle Reaktionen auf kindliches Fehlverhalten fallen würden (Diederichsen 2008, § 1631 RdNr. 7). Die Pflicht zur sinnvollen Kindererziehung hat auch die Intensität der Einwirkung auf die Kinder zu bestimmen – mit absoluten Grenzen, die nicht überschritten werden dürfen. Der Ungehorsam des Kindes, sein Alter und sein Reifegrad (siehe § 1626 Abs. 2 BGB), seine körperliche Konstitution, seine psychische Reaktion sind die wesentlichen Faktoren der Entscheidung von Fall zu Fall. Der Gesetzgeber hat versucht, mit (dem wiederholt neu gefassten) § 1631 Abs. 2 BGB nicht nur ein Signal zu setzen, sondern die Grenzen elterlicher Gewaltanwendung aufzuzeigen; er hat damit aber keine konkretisierende Abgrenzung zwischen zulässigem und unzulässigem Zwang vorgenommen. Eine abschließende Aufzählung wird niemals möglich sein. Sowohl gewaltfreier Zwang als auch Zwang unter Anwendung von Gewalt sind nur in den Grenzen des § 1631 Abs. 2 BGB zulässig (zum Ganzen: Gernhuber/Coester-Waltjen 2006, § 57 VIII 1ff).

Der Begriff der gewaltfreien Erziehung knüpft nicht an den strafrechtlichen Gewaltbegriff an (h.M.; Huber 2002, § 1631 RdNr. 19; a.A. Veit 2003, § 1631 RdNr. 20a). Beide Begriffe sind nicht deckungsgleich, mit der Folge, dass der Verstoß der Eltern gegen § 1631 Abs. 2 BGB nicht automatisch bedeutet, dass sie sich damit strafbar gemacht haben (siehe dazu unten 6.4).

Körperliche Bestrafungen betreffen den von dem Erziehenden ausgehenden Körperkontakt mit dem Kind; gemeint sind vor allem Prügel, sonstige Schläge, Einsperren u. ä., aber auch festes oder die eigenen Körperbewegungen des Kindes längere Zeit behinderndes Zupacken oder Bedrängen. Darauf, dass der körperliche Zugriff entwürdigend ist oder so empfunden wird, kommt es nicht an. Fraglich ist, ob die Bestrafung durch „leichte“ Formen körperlicher Einwirkungen (also etwa den Klaps auf das Gesäß, das feste Zugreifen am Oberarm oder die „leichte“ Ohrfeige) familienrechtlich zulässig ist (so etwa Veit 2003, § 1631 RdNr. 20a). Dies dürfte jedoch weder mit dem Wortlaut des § 1631 Abs. 2 BGB noch mit dem Willen des Gesetzgebers vereinbar sein (BT-Drucksache 14/1247, 8; so auch Coester 2005, 751). Jegliche Art der körperlichen Bestrafung ist unzulässig, auch wenn sie nicht die Intensität einer Misshandlung erreicht, denn jede Art von körperlicher Bestrafung bedeutet für das Kind eine Demütigung, die der Gesetzgeber ihm ersparen will (Huber 2002, § 1631 RdNr. 21–39).

Andererseits wird nicht jede Form körperlicher Einwirkung erfasst. Körperliche Einwirkung ist vielmehr nur dann unzulässig, wenn sie als Sanktion für ein Fehlverhalten des Kindes vorgenommen wird („Bestrafung"). Die Fälle, in denen das Baby auf dem Wickeltisch oder das Kind vor der roten Ampel festgehalten oder von der Fahrbahn oder vom Herd zurückgehalten wird, fallen also nicht unter das Unzulässigkeitsverdikt, weil sie präventiv der Vermeidung von Gefahren für das Kind oder Dritte dienen. Es handelt sich nicht um Bestrafung im Sinne von § 1631 Abs. 2 BGB, wenn die Eltern körperlichen Zwang anwenden, um das Kind vor einem ihm drohenden Schaden zu bewahren. Die sorgeberechtigten Eltern genügen damit der ihnen gemäß § 1631 Abs. 1 BGB obliegenden Aufsichtspflicht.

Körperliche Einwirkungen sind auch zulässig, um erlaubte Erziehungsmaßnahmen durchzusetzen. Eltern dürfen beispielsweise das Kleinkind unter Einsatz körperlicher Gewalt aus dem Sandkasten oder vom Spielplatz entfernen – jedenfalls, soweit es sich um einen verhältnismäßigen Gewalteinsatz handelt. Wo dabei genau die Grenze zwischen noch erlaubten und nicht mehr erlaubten Maßnahmen verläuft, ist in der Literatur umstritten und nicht abschließend geklärt.

Teilweise wird zur Abgrenzung darauf abgestellt, dass nur „passive" Präventionsmaßnahmen wie das Fest- bzw. Zurückhalten oder das Wegziehen zulässig sind, nicht aber die vorsorglich verabreichte Tracht Prügel oder auch nur die vorsorgliche Ohrfeige, selbst wenn sie nur „leicht" ist. Dabei seien aber auch körperliche Einwirkungen auf das Kind zu präventiven Zwecken nicht grenzenlos zulässig, weil sie dem dritten Fall des Satzes 2, nämlich den anderen entwürdigenden Maßnahmen, unterfallen (Huber 2002, § 1631 RdNr. 24). Coester (2005, 753ff) dagegen hält die Abgrenzungskriterien Sanktion/Prävention nicht für geeignet, um zulässige von unzulässigen Formen der elterlichen Gewaltanwendung abzugrenzen: entscheidend sei nicht das Gegensatzpaar Vergangenheit/Zukunft, sondern die Zielrichtung der elterlichen Maßnahme. Er fasst Umfang und Grenzen zulässiger Elterngewalt wie folgt zusammen:

„(1) Zur Durchsetzung konkreter Sorgeentscheidungen können die Eltern notfalls und in angemessenem Umfang durchaus Gewalt anwenden – die unmittelbare Durchsetzung elterlicher Ge- oder Verbote ist keine ‚Bestrafung' im Sinne von § 1631 Abs. 2 Satz 2 BGB.

(2) Als Bestrafung hat, dem Sprachsinn folgend, zunächst die vergangenheitsorientierte Sanktion zu gelten. (...) Nichtkörperliche Sanktionen bleiben von dieser Gesetzesalternative unberührt.

(3) Körperliche Gewalt zur Erhöhung der Folgebereitschaft des Kindes (Beugegewalt), sei sie anknüpfend an geschehenes Fehlverhalten (Sanktion mit Warneffekt für die Zukunft) oder rein präventiv im Hinblick auf künf-

tiges Verhalten (‚vorsorgliche Tracht Prügel'; ständige Gewaltatmosphäre), ist durch § 1631 Abs. 2 BGB ebenfalls generell verboten. Beispiel: Das Kind darf notfalls mit Gewalt vom Spielplatz nach Hause gebracht werden. Es darf aber nicht geohrfeigt werden, bis es dem elterlichen Gebot ‚freiwillig' folgt. (...)".

Danach ist Gewaltanwendung nur legitim, wenn sie direkt auf die unmittelbare Einhaltung des Ge- oder Verbotes gerichtet ist (Zurückhalten, Wegtragen etc.), nicht jedoch, wenn sie zur Willensbeugung eingesetzt wird (Coester 2005, 753; Gernhuber/Coester-Waltjen 2006, § 57 VIII 3).

Seelische Verletzungen werden vor allem mit sprachlichen Äußerungen der Nichtachtung oder Verachtung verbunden sein. Seelische Verletzungen sind unzulässig. Der Gesetzgeber hielt den in der früheren Fassung verwendeten Begriff der seelischen Misshandlung für zu eng (BT-Drucksache 14/1247, 8). Nicht nur Extremfälle werden von der Unzulässigkeit erfasst. Entscheidend ist – anders als bei der Fallgruppe der Bestrafung, wo es auf den Zweck der Handlung ankommt – der Verletzungserfolg, nämlich die Verletzung des Kindes in seinem seelischen Wohlergehen. Erfasst werden sollen insbesondere kränkende und herabsetzende Verhaltensweisen, etwa das Bloßstellen vor Freunden oder in der Schulklasse. Auch extreme Kälte im Umgang mit dem Kind kann zu seelischen Verletzungen im Sinne dieser Vorschrift führen (BT-Drucksache 14/1247, 8).

Entwürdigende Maßnahmen liegen in der Regel bereits in den beiden anderen Formen verbotener Erziehungsmittel und sind in § 1631 Abs. 2 BGB deshalb lediglich als Auffangregelung zusätzlich hervorgehoben. Gemeint sind seelische Maßnahmen, die das Kind dem Gespött oder der Verachtung anderer Personen, insbesondere Freunden und Klassenkameraden, aussetzen oder die eigene Selbstachtung und das Ehrgefühl des Kindes in unzulässiger Weise beeinträchtigen. Die Entwürdigung kann in der Art der Maßnahme begründet sein (Nacktausziehen, Fesseln) oder in dem Ausmaß und der Dauer bzw. in den Begleitumständen (Einsperren im Dunkeln, längeres Verweigern von Gesprächskontakt). Die Eltern können zur Erziehung selbstständig die geeigneten Maßnahmen ergreifen. Das Gesetz verbietet nur die negativ bewerteten Erziehungsmittel. Erlaubt sind Ermahnungen, Verweise, Ausgeh- und Umgangsverbote oder Taschengeldentzug, soweit diese Maßnahmen nicht zusätzlich entwürdigend sind. Erziehungsmaßnahmen werden von den Eltern durch eigene Handlungen unmittelbar durchgesetzt, auch wenn dabei Gewalt angewendet werden muss, z. B. Wegnehmen von Streichhölzern oder Zurückholen des weggelaufenen Kindes. Körperliche Züchtigungen sind dagegen kein erlaubtes Erziehungsmittel mehr (zum Ganzen: Diederichsen 2008, § 1631 RdNr. 5–8). Im Unterschied zur früheren Fassung beschränkt sich § 1631 Abs. 2 BGB nicht auf Erziehungsmaßnahmen, sondern umfasst alle Maßnahmen der Eltern. Der Gesetzgeber will damit klarstellen, dass entwürdigende Maßnahmen auch dann unzulässig sind, wenn sie nicht zu Erziehungszwecken eingesetzt werden. Als entwürdigend sind Maßnahmen einzustufen, die das kindliche Selbstbewusstsein und Ehrgefühl verletzen oder gefährden. Die üblicherweise angeführten Beispiele (Bloßstellen vor Dritten, Einsperren im Dunkeln, lang dauerndes Nichtsprechen mit dem Kind) werden nach der Neufassung in der Regel bereits zu seelischen Verletzungen führen. So bleibt als Hauptanwendungsfall tatsächlich der vom Gesetzgeber ins Auge gefasste Fall, in dem die ihrer Art nach entwürdigende Maßnahme im konkreten Fall nicht zu einer seelischen Verletzung geführt hat.

Die aufgezeigten Grenzen der zulässigen Zwangs- bzw. Gewaltanwendung machen deutlich, dass stets der Grundsatz der Verhältnismäßigkeit zu beachten ist. Bei der Durchsetzung einer Erziehungsmaßnahme mit Zwang oder Gewalt dürfen die Eltern nur geeignete Mittel anwenden. Und von mehreren geeigneten Mitteln müssen sie das mildeste auswählen (Übermaßverbot).

Familiengerichtliche Maßnahmen bei Vernachlässigung oder Misshandlung eines Kindes, §§ 1666, 1666a BGB

> § 1666 Abs. 1 BGB: Wird das körperliche, geistige oder seelische Wohl des Kindes oder sein Vermögen durch missbräuchliche Ausübung der elterlichen Sorge, durch Vernachlässigung des Kindes, durch unverschuldetes Versagen der Eltern oder durch das Verhalten eines Dritten gefährdet, so hat das Familiengericht, wenn die Eltern nicht gewillt oder nicht in der Lage sind, die Gefahr abzuwenden, die zur Abwendung der Gefahr erforderlichen Maßnahmen zu treffen.

Wenn die Eltern gegen die in den §§ 1626 Abs. 2, 1631 Abs. 2 BGB festgelegten Grundsätze verstoßen, kann ein Eingreifen des Familiengerichts gemäß §§ 1666 f BGB geboten sein (zum Ganzen: Coester 2005, 758). Unabhängig davon können solche Verstöße Strafen nach den §§ 223 ff StGB nach sich ziehen (siehe unten 6.4). Andererseits müssen vereinzelt bleibende Verstöße nicht zwingend familiengerichtliche Maßnahmen auslösen, entscheidend ist das Kriterium der Kindeswohlgefährdung. Dem Ziel, Gewalt in der Familie zu ächten und zu verhindern, dient auch § 16 Abs. 1 Satz 3 SGB VIII, wonach die Leistungen der allgemeinen Förderung der

Erziehung in der Familie auch Wege aufzeigen sollen, wie Konfliktsituationen in der Familie gewaltfrei gelöst werden können.

Andererseits kann das Familiengericht auch dann Maßnahmen gemäß § 1666 BGB ergreifen, wenn das Kindeswohl dadurch gefährdet ist, dass die Eltern gebotenen Zwang unterlassen, wobei es freilich auf alle Umstände des Einzelfalles ankommt.

6.3 Zwang und Gewalt bei der Erziehung in einer Einrichtung aus familienrichterlicher Sicht

6.3.1 Zwangssituationen der Kapitel 1–5 (in Stichworten)

- Ein Kindergartenkind kann die Kita nicht verlassen, weil die Eingangstür verschlossen ist. Ein Jugendlicher kann wegen der zeitweise verschlossenen Tür das Heim (= sein Zuhause) nicht verlassen. Jugendlicher befindet sich für vier Wochen zur Entgiftung auf einer kinder- und jugendpsychiatrischen Station und kann die Station wegen der verschlossenen Tür nicht verlassen (1.1).
- Eine Kindergärtnerin verhindert mit dem Einsatz ihrer Körperkraft, dass ein erregtes Kind auf die von Autos befahrene Straße läuft (1.2.1).
- Die Kindergärtnerin hält ein Kind zwei bis drei Minuten lang fest, um ihre Aufforderung zum Aufräumen an das Kind durchzusetzen, oder spielt mit der Angst des Kindes, indem sie zu ihm sagt: „Wenn Du nicht aufräumst, gehen wir anderen spazieren“ (1.2.1).
- Verlegen des Kindes auf eine andere Gruppe, nachdem es gewalttätig geworden ist; Zimmerdurchsuchung bei Verdacht auf Waffenbesitz; Aufforderung zur Urinabgabe bei Verdacht auf Drogenkonsum; Heraustragen aus dem Haus bei Verweigerung des Schulbesuchs (1.2.1), Wegnehmen der Bettdecke am Morgen (3.2).
- Junge im Heim, der die Scherben nicht aufkehren will, Heimpädagoge dreht ihm den Arm um (2.2, Beispiel 5).
- Erziehungsaufträge der Eltern an die Einrichtung (3.1.2).
- Bandbreite der Zwangselemente in den Einrichtungen: Auszeiträume, nächtlicher Einschluss mit vorangehender Leibesvisitation, stundenweise geschlossene Türen während des Tagesablaufs, ausstiegssichere Fenster, verpflichtende Teilnahme an einem Punkte- und Stufensystem, das über Zu- bzw. Aberkennung von Privilegien und unterschiedlichen Freiheitsgraden entscheidet; verpflichtende Teilnahme an Aktivitäten, durchgesetzt u. U. mit körperlichem Nachdruck (3.2).
- Zwang bei der Aufnahme ins Heim: erwartete bzw. angedrohte Konsequenzen bei Verweigerung des Eintritts in das Heim; von der Polizei durchgesetzter Transport in das Heim (3.2.1).
- Zwang, der die physische Überwältigung und den Transport gegen den eigenen Willen betrifft – in Verbindung mit dem Auszeitraum

(3.2.2). „Mehr oder weniger totaler Zugriff auf den Körper des Kindes, d. h. seine Überwältigung".

- Zwang, der die eigene Bewegungsfreiheit einschränkt (3.2.3). Abschließen des Hauses zu bestimmten Zeiten, z. B. während der internen Beschulung für ca. 3 Stunden, während des Abendessens, der Tagesreflexion, der Nachtruhe für ca. 7 Stunden. Alle Fenster sind ausstiegssicher, d. h. können nur gekippt oder gar nicht geöffnet werden. Beim Öffnen der Türen ertönt eine Alarmsirene. Die Türschlüssel sind im Besitz der Pädagogen. Beschränkte Ausgangszeiten: Beim Zuspätkommen müssen die Jugendlichen um Einlass bitten.
- Zwang, der die eigene Entscheidungsfreiheit einschränkt (3.2.4). Verpflichtende Freizeitaktivitäten, Arbeitsdienste.
- Zwang durch Entzug von Privilegien (3.2.5). Punkteprogramm, Stufenprogramm.
- Auszeitraum (4), für Kinder zwischen sechs und zwölf Jahren, „verletzungsarm" gestaltet, mindestens 12 qm groß, Sichtfenster von außen.
- zum Schutz des hocherregten Kindes in einer Krise (häufig unplanbar; 4.2)
- zur pädagogischen Grenzsetzung in Form einer begleiteten Auszeit (4.2), als spezieller Ort der Konfliktaustragung oder -nachbearbeitung (geplante Intervention, via Hilfeplan); wenn das Kind nicht freiwillig mitkommt, wird es überwältigt und gegen seinen Willen in den Auszeitraum gebracht.
- „Time-Out" zur Verhaltensbegrenzung oder Verhaltensmusterunterbrechung, verbunden mit kurzzeitiger Isolation (i. d. R. Abschließen des Raumes) (4.2). Kind wird u. U. gegen seinen Willen in den Raum verbracht, Tür wird i. d. R. für kurze Zeit abgeschlossen.
- zur präventiven Eskalation (4.2).
- zur Verhinderung des Entweichens oder des Sich-Entziehens (4.2). Zweck: Grenzsetzung oder Schutz (weil Kind sonst zum Stiefvater laufen wird, der es sexuell missbraucht hat, oder androht, über die nahe gelegene Autobahn zu laufen)
- zur Selbstberuhigung (4.2). Kinder suchen den Raum freiwillig auf und können ihn jederzeit wieder verlassen.
- mehrwöchiges oder -monatiges Festhalten durch Schließmechanismen, Mauern, Zäune etc. (1.2.3).
- erlebnispädagogische Auslandsprojekte, z. B. bei 40 Grad minus in Sibirien, „without locks and bars" (1.2.3).

6.3.2 Rechtliche Würdigung

Die in den Heimen oder sonstigen Wohnformen tätigen Erzieher leiten ihre Rechtsmacht vom Sorgerecht des Personensorgeberechtigten ab. Sorgeberechtigt können ein Elternteil allein, beide Eltern gemeinsam oder ein Vormund bzw. Ergänzungspfleger sein (siehe 6.1). Leben Kinder in einer Heimeinrichtung oder einer sonstigen betreuten Wohnform nach den §§ 34 ff SGB VIII, so ist also zu unterscheiden:

A) Sind die Eltern uneingeschränkt sorgeberechtigt und nehmen sie die Unterbringung des Kindes in einem Heim o. ä. als eine Form der Hilfe zur Erziehung freiwillig in Anspruch, hat die Ableitung der Rechtsmacht der Erzieher von den Eltern rechtsdogmatisch zwei alternative Grundlagen: die willentliche Übertragung von Befugnissen durch die Eltern auf die Erzieher einerseits und die gesetzliche Bestimmung des § 1688 BGB andererseits.

Die Eltern können im Zusammenhang mit einer Ausübung von Erziehungsbefugnissen – und *nur* in diesem Zusammenhang – auch die Befugnis zur Anwendung von Maßnahmen mit unmittelbarer körperlicher Wirkung gegen die Kinder den Erziehern übertragen, freilich nur in dem Rahmen, in dem ihnen selbst nach § 1631 Abs. 2 BGB solche Maßnahmen gestattet sind (Huber 2002, § 1631 RdNr. 29; Gernhuber/Coester-Waltjen 2006, § 57 VIII 3). Denn so sehr Dritte (also etwa Erzieher) zur Bewältigung des Alltags mit dem ihnen jeweils anvertrauten Kind dringend auf die jeweils notwendigen Handlungsvollmachten und Erziehungsbefugnisse angewiesen sind – hierzu gehören durchaus auch Befugnisse zu Disziplinierung und Sanktionen im zulässigen Rahmen –, können ihnen keine Befugnisse übertragen sein, die auch den Eltern nach dem zu 6.2 Ausgeführten selbst nicht zustehen können (Salgo 2002, § 1631 RdNr. 90). Jedenfalls in Bezug auf harmlosere Maßnahmen wie das Festhalten wird man dabei in der Regel von einer stillschweigenden Übertragung ausgehen können. Ohne elterliche Übertragung haben Dritte – unbeschadet der sogleich zu erörternden Bestimmung des § 1688 BGB sowie der Fallgruppe B) – kein Recht zur körperlichen Ahndung kindlicher Ungezogenheit, auch nicht kraft mutmaßlicher Einwilligung der Personensorgeberechtigten oder in entsprechender Anwendung von Grundsätzen der Geschäftsführung ohne Auftrag oder des § 127 StPO (Huber 2002, § 1631 RdNr. 29: heute h.M.). Unzulässig ist die Beauftragung der Erzieher mit Maßnahmen, die den Eltern nach § 1631 Abs. 2 BGB verboten sind; ebensowenig dürfen die Eltern Handlungen der Erzieher, die ihnen selbst verboten wären, dulden (Diederichsen 2008, § 1631 RdNr. 5, 7).

Unabhängig von der willentlichen Übertragung solcher Befugnisse durch die Eltern, also namentlich bei Passivität oder Gleichgültigkeit der Eltern, aber auch im Vorfeld einer elterlichen Übertragung von Befugnissen, greift die gesetzliche Regelung des § 1688 Abs. 2 BGB.

§ 1688 Abs. 1 BGB: Lebt ein Kind für längere Zeit in Familienpflege, so ist die Pflegeperson berechtigt, in Angelegenheiten des täglichen Lebens zu entscheiden sowie den Inhaber der elterlichen Sorge in solchen Angelegenheiten zu vertreten. (...)
Abs. 2: Der Pflegeperson steht eine Person gleich, die im Rahmen der Hilfe nach den §§ 34, 35 und 35a Abs. 1 Satz 2 Nr. 3 und 4 des Achten Buches Sozialgesetzbuch die Erziehung und Betreuung eines Kindes übernommen hat.

Für Kinder und Jugendliche, die in Pflegefamilien und Einrichtungen über Tag und Nacht sind und damit außerhalb des Elternhauses aufwachsen, nehmen Pflegepersonen und Betreuungspersonen in Heimen faktisch die Erziehung wahr (BT-Drucksache 13/4899, 155). Diese Pflegepersonen sollen zum Wohl des Kindes mit entsprechenden Handlungs- und Vertretungsbefugnissen ausgestattet werden, um ihre Aufgaben erfüllen zu können (Finger 2002, § 1688 RdNr. 1). Weil den Erziehern im Heim bzw. der Pflegeperson die Erziehung und Betreuung der bei ihnen untergebrachten Kinder obliegen, räumt das Recht ihnen die Entscheidungskompetenz in Angelegenheiten des täglichen Lebens ein (§ 1688 Abs. 1 und 2 BGB; zum Ganzen: Meysen 2005). Eine bisher wenig diskutierte, aber im Ergebnis zu bejahende Frage ist, ob im Rahmen des § 1688 Abs. 2 BGB den Heimerziehern in gleichem Maß und Umfang das Recht zusteht, ihre Erziehungsmaßnahmen gegenüber dem minderjährigen Kind durchzusetzen. Zu Recht weist Salgo (2006, § 1688 RdNr. 19 ff) darauf hin, dass Fragen der Erziehung bei fremdplatzierten Minderjährigen zu den wichtigsten „Angelegenheiten des täglichen Lebens" gehören. Denn entweder wurden die hier betroffenen Minderjährigen in einem Heim untergebracht, weil ihre Erziehung so gelitten hatte, dass eine dem Wohl des Minderjährigen entsprechende Erziehung nicht gewährleistet war (§ 27 SGB VIII), oder die Eltern waren an der Versorgung und Erziehung ihres Kindes aus anderen Gründen verhindert, weshalb sie für dessen Fremdbetreuung in Erfüllung ihrer elterlichen Pflicht nach § 1631 Abs. 1 BGB Sorge tragen. Ohne Erziehungskompetenzen der für die Minderjährigen Verantwortlichen kann Sozialisation nicht gelingen – eine „Erziehung aus der Ferne" durch die sorgeberechtigten Eltern ist praktisch nicht möglich. Eltern handeln nur dann ihren Pflichten aus § 1631 Abs. 1 BGB entsprechend, wenn sie dafür Sorge tragen, dass im Alltag des fremdplatzierten Kindes „Erziehung" durch die Pflegeperson bzw. den Erzieher stattfindet.

Nach § 1688 Abs. 3 BGB können den Heimerziehern durch Vereinbarung mit den sorgeberechtigten Eltern – über den in § 1688 Absätze 2 und 3 BGB bezeichneten Umfang hinaus – weitere Teile der elterlichen Sorge und der gesetzlichen Vertretung zur Ausübung übertragen werden (Diederichsen 2008, § 1688 RdNr. 12; Salgo 2006, § 1688 RdNr. 19). Geeigneter Ort für derartige Absprachen ist die Hilfeplanung gemäß § 36 Abs. 2 Satz 2 SGB VIII. Allerdings können die sorgeberechtigten Eltern die sich aus § 1688 Abs. 2 BGB ergebenden Befugnisse der Erzieher nach § 1688 Abs. 3 Satz 1 BGB auch einschränken (hierzu und zu den Grenzen: Salgo 2006, § 1688 RdNr. 19).

B) Hat demgegenüber das Familiengericht gemäß den §§ 1666, 1666a BGB **in das elterliche Sorgerecht eingegriffen** und den Eltern die elterliche Sorge ganz oder teilweise entzogen, gilt Folgendes: Bei vollständigem Entzug der elterlichen Sorge wird der Vormund Inhaber der gesamten elterlichen Sorge, bei teilweisem Entzug wird der Ergänzungspfleger Sorgerechtsinhaber, soweit ihm die Teilbereiche der elterlichen Sorge übertragen sind. Die (Herkunfts-)Eltern haben nach einem vollständigen Entzug der elterlichen Sorge kein Recht mehr, Entscheidungen für ihr Kind zu treffen. Bei einem teilweisen Entzug der elterlichen Sorge verbleibt dagegen die elterliche Sorge in den Bereichen, in denen sie nicht entzogen wurde, bei den Eltern (§§ 1773, 1793, 1800 – Vormund; §§ 1909, 1915 Abs. 1, 1773, 1793, 1800 – Ergänzungspfleger). Einen Vormund erhält das Kind auch dann, wenn die elterliche Sorge ruht (§§ 1673 ff BGB) oder wenn die Eltern nicht mehr leben.

In welchem Umfang diese Erziehungspflicht des Vormunds oder des Ergänzungspflegers ein Durchsetzen bestimmter Maßnahmen auch unter Anwendung von Zwang ermöglicht und inwieweit Unterschiede zwischen Befugnissen der Eltern und denen eines Vormunds oder Pflegers bestehen, wird bisher wenig diskutiert. Tendenziell wird von identischen Befugnissen der gesetzlichen Vertreter eines Minderjährigen ausgegangen (DIJuF-Rechtsgutachten vom 2.3.2005 zu den Zwangsbefugnissen bei einer Pflegschaft mit dem Aufgabenkreis Aufenthaltsbestimmung, JAmt 2005, 189f; so auch Klinkhardt 1998, RdNr. 21). Eine ausdrückliche gerichtliche Ermächtigung zur Anwendung von Zwang durch Vormünder und Pfleger wird nicht für erforderlich gehalten. Grenzen ihrer Befugnisse ergeben sich für Vormünder und Pfleger ebenso wie für Eltern aus den Bestimmungen der §§ 1631 Abs. 2 und 1626 Abs. 2 BGB. Die Befugnis zur geschlossenen Unterbringung bei Vorliegen einer gerichtlichen Genehmigung nach § 1631b BGB umfasst bei Minderjährigen anders als bei Volljährigen auch die Zuführung zur Einrichtung unter Anwendung von Gewalt bzw. eine zwangsweise Zuführung zu einer nicht freiheitsentziehenden Unterbringung. Voraussetzung ist wiederum, dass die zwangsweise Zuführung dem Kindeswohl entspricht und verhältnismäßig ist (DIJuF-Rechtsgutachten vom 2.3.2005, JAmt 2005, 189f).

Was die Erziehungsbefugnisse der Erzieher angeht, wenn statt der Eltern ein Vormund oder ein Ergänzungspfleger das Kind im Heim unterbringt, gilt gemäß § 1688 Abs. 2 BGB das zu A) Ausgeführte. Das gleiche gilt für die Aufsichtspflicht (zu den Aufsichtspflichten einer Jugendklinik über einen in offener stationärer kinder- und jugendpsychologischer Behandlung befindlichen 13 Jahre alten Jungen: Saarländisches OLG, Urteil vom 27.3.2007, JAmt 2007, 311ff).

6.3.3 Genehmigungsvorbehalt freiheitsentziehender Maßnahmen, § 1631b BGB

Es stellt sich die Frage, ob die Auszeitraum- oder Time-out-Maßnahmen, der nächtliche Einschluss eines Minderjährigen oder die zeitweise verschlossene Heimtür dem familienrichterlichen Genehmigungsvorbehalt des § 1631b BGB unterfallen. Zuständig für die freiheitsentziehende Unterbringung ist der Personensorgeberechtigte, der dafür allerdings die Genehmigung des Familiengerichts benötigt.

§ 1631b BGB: Eine Unterbringung des Kindes, die mit Freiheitsentziehung verbunden ist, ist nur mit Genehmigung des Familiengerichts zulässig. Ohne die Genehmigung ist die Unterbringung nur zulässig, wenn mit dem Aufschub Gefahr verbunden ist; die Genehmigung ist unverzüglich nachzuholen. Das Gericht hat die Genehmigung zurückzunehmen, wenn das Wohl des Kindes die Unterbringung nicht mehr erfordert.

Diese Gesetzesbestimmung ist im Lichte der Grundrechte des Kindes aus Art. 104 und Art. 2 Abs. 2 Satz 2 GG zu sehen. Auch Art. 20 Abs. 1 des UN-Übereinkommens über die Rechte des Kindes erkennt ein besonderes Schutzbedürfnis fremdplatzierter Minderjähriger an (Salgo 2002, § 1631b RdNr. 4). § 1631b BGB zielt auf Freiheitsentziehung, nicht auf Freiheitsbeschränkung (so und zum Folgenden insgesamt: Salgo 2002, § 1631b RdNr. 13–15; siehe auch BT-Drucksache 8/2788, 51 und 38). Mit der Sozialisation, mit Pflege und Erziehung, Betreuung und Versorgung – nicht erst mit einer Unterbringung Minderjähriger in Einrichtungen – gehen zwangsläufig Freiheitsbeschränkungen wie begrenzte Ausgangszeiten, Ausgehverbote, Hausarbeitsstunden bis hin zum „Stuben- oder Hausarrest“ einher. Beispielsweise können Minderjährige Einrichtungen nachts wegen des Abschließens der Wohnung oder des Hauses nicht verlassen. Allein wegen dieser oder ähnlicher äußerer Umstände kann aber nicht schon von einer Unterbringung im Sinne von § 1631b BGB gesprochen werden. Die Grenzen zwischen Freiheitsentziehung und bloßer Freiheitsbeschränkung sind fließend; zu berücksichtigen sind insbesondere die Intensität und die Dauer des Eingriffs (Huber 2002, § 1631b RdNr. 5).

Freiheitsentziehung liegt auch vor, wenn der Minderjährige in einer (sonst) offenen Einrichtung dort wie in einer geschlossenen Abteilung isoliert wird, indem der Minderjährige auf einen bestimmten, beschränkten Raum unter ständiger Überwachung festgehalten („eingesperrt“) wird. Die Platzierung muss aber für eine gewisse Dauer erfolgt sein. Ein Hausarrest, eine Vorführung zur ärztlichen Untersuchung und andere Maßnahmen, die sich nur für kurze Zeit auswirken, genügen nicht (zum Ganzen: Klinkhardt 1998, § 7 RdNr. 28 *m.w.N.*).

Unterbringungsähnliche Maßnahmen durch mechanische Vorrichtungen wie etwa Fixierung oder durch Medikamente sollten analog § 1906 Abs. 4 BGB (einer Bestimmung aus dem Bereich der Rechtlichen Betreuung Volljähriger) behandelt und also der Genehmigungspflicht unterworfen werden (Diederichsen 2008, § 1631b RdNr. 2; Salgo 2002, § 1631b RdNr. 14 f, mit Nachweisen zur gegenteiligen Ansicht). So wird in einer Einrichtung die regelmäßige Fixierung eines minderjährigen Patienten durch Bauchgurt am Stuhl tagsüber (als Freiheitsentziehung) der familienrichterlichen Genehmigung bedürfen, nicht dagegen die Sicherung eines Bettes mittels eines Gitters bei einem Kleinkind (Freiheitsbeschränkung).

Die Bestimmung des § 1631b BGB ist auch im Lichte der Grundrechte des Kindes zu interpretieren. Wiesner hat zur Frage der grundsätzlichen Diskussion um die geschlossene Unterbringung darauf hingewiesen, dass in dieser Debatte ausschließlich der Aspekt des Freiheitsentzugs (also Art. 2 Abs. 2 Satz 2 GG) thematisiert werde. Dadurch entstehe der falsche Eindruck, die Verfassung räume diesem Grundrecht absoluten Rang ein, und der Blick werde dafür verstellt, dass andere Grundrechte eine Abwägung verschiedener Aspekte erfordern könnten (Wiesner 2003, 109ff *m.w.N.*). In diese Abwägung einfließen muss nicht zuletzt auch das Grundrecht des Kindes gemäß Art. 2 Abs. 1 GG auf freie Entfaltung seiner Persönlichkeit. Zu Recht weist Wiesner ferner darauf hin, dass die Wahrnehmung dieses Grundrechts voraussetzt, dass diese Persönlichkeit (zuvor überhaupt erst) entwickelt und gefördert worden ist, damit sie schließlich zur Entfaltung gebracht werden kann. Das Grundrecht auf freie Entfaltung der Persönlichkeit im Sinne des Art. 2 Abs. 1 GG schützt für Kinder und Jugendliche (auch bereits) das „Person-Werden“.

Mit der Frage, ob Auszeitraum-Maßnahmen der familienrichterlichen Genehmigungspflicht unterfallen, hat sich jüngst die BMJ-Experten-Arbeitsgruppe „Familiengerichtliche Maßnahmen bei Gefährdung des Kindeswohls“ (der neben einer Reihe von Praktikern die Professoren Dünkel, Münder, Sonnen, Wiesner und Zenz als wissenschaftliche Experten angehörten) beschäftigt. In ihrem Abschlussbericht vom 17. November 2006 (www.bmj.bund.de/files/-/1515/Abschlussbericht%20Kindeswohl.pdf; siehe dazu auch Schlauß 2007), fasst die Arbeitsgruppe Folgendes zusammen (47):

Nach den Feststellungen der Arbeitsgruppe sind bei denjenigen Heimen, die intensivpädagogische Angebote für stark verhaltensauffällige Kinder und Jugendliche bereit halten, die Übergänge zwischen „geschlossen“, „fakultativ geschlossen“ und „offen“ zunehmend fließend, was die alte Polarisierung zwischen „offener“ und „geschlossener“ Unterbringung in der Praxis deutlich relativiert. Wird bei sogenannten fakultativ geschlossenen Plätzen tatsächlich Geschlossenheit hergestellt, so setzt dies eine gerichtliche Genehmigung nach § 1631b BGB voraus. Gerichtliche Beschlüsse auf „Vorrat“ sind unzulässig. Nach einer „Neuplatzierung“ aus einer geschlossenen in eine offene Abteilung ist für eine erneute geschlossene Unterbringung ein neuer Beschluss nach § 1631b BGB erforderlich. Nach der obergerichtlichen Rechtsprechung verlieren richterliche Genehmigungen ihre Wirkung, wenn von ihnen über einen nicht nur unerheblichen Zeitraum kein Gebrauch (mehr) gemacht wird. Dagegen bedarf es bei einer bloß vorübergehenden „Erprobung“ in einer offenen Abteilung keines neuen Beschlusses, wenn diese „Erprobung“ alsbald beendet und die geschlossene Unterbringung fortgesetzt wird. Das Gericht hat nach § 1631b Satz 3 BGB die ohnehin befristete Genehmigung zurückzunehmen, wenn das Wohl des Kindes die Unterbringung nicht mehr erfordert. Den Gerichten obliegt daher von Amts wegen die Verpflichtung, die Voraussetzungen der Genehmigung in regelmäßigen Abständen zu überprüfen.

Isolierungen in offenen oder geschlossenen Einrichtungen in Form von sog. „Time-Out-Maßnahmen“, d. h. die überwachte Isolierung in einem beschränkten Raum unter Verhinderung der Kontaktaufnahme mit anderen Personen, sind kurzfristiger Natur und unregelmäßig. Eine (gesonderte) gerichtliche Genehmigung nach § 1631b BGB ist hierfür nicht erforderlich und wäre auch nicht praktikabel. Soweit „Time-Out-Maßnahmen“ im Einzelfall doch über einen längeren Zeitraum oder regelmäßig angewendet werden sollten, kann es sich um eine Unterbringung handeln, die mit Freiheitsentziehung verbunden ist und dann der Genehmigung nach § 1631b BGB bedarf. Aufgrund der Expertenanhörung konnte die Arbeitsgruppe im Rahmen ihres Auftrags ein praktisches Bedürfnis für eine gesetzliche Regelung entsprechend § 1906 Abs. 4 BGB für sogenannte „unterbringungsähnliche Maßnahmen“ nicht feststellen.

6.4 Zwang und Gewalt bei der Erziehung aus strafrechtlicher Sicht

6.4.1 Grundsätze

Eltern, Pflegeeltern und Heimerzieher sind nicht nur zivilrechtlich haftbar, wenn sie ihre Aufsichtspflicht kraft Gesetzes oder vertraglicher Übernahme verletzen (§§ 1631 Abs.1, 832 Abs.1 und 2 BGB) verletzen; sie können sich auch strafbar machen, wenn sie etwa bei akuter Selbstgefährdung des Kindes oder Fremdgefährdung eines anderen ihnen anvertrauten Kindes nicht eingreifen. In Betracht kommen insbesondere Verletzung der Fürsorge- oder Erziehungspflicht (§ 171 StGB) und fahrlässige Körperverletzung (§ 229 StGB) oder gar fahrlässige Tötung (§ 222 StGB), begangen durch Unterlassen (§ 13 StGB), weil sie eine sogenannte Garantenpflicht für das Leben und die körperliche Unversehrtheit ihrer Kinder haben, d. h. sie müssen den tatbestandlichen Erfolg – den Tod oder die Körperverletzung – verhindern. Für die Eltern ist diese Garantenpflicht vor allem aus § 1631 Abs.1 BGB herzuleiten, für Pflegeeltern und Heimerzieher in Verbindung mit dem Pflege- oder Heimvertrag. Wenn diese Personen aber – evtl. auch mit Zwang – eingreifen, um Schlimmes zu verhindern, und damit ihrer Aufsichtspflicht genügen, kann dies bei Beachtung nachfolgender Grundsätze nicht strafbar sein.

Menschliches Verhalten ist dann strafbar, wenn das Tun oder Unterlassen (soweit eine Rechtspflicht zum Handeln besteht)

- den Tatbestand einer Strafvorschrift erfüllt, also: die gesetzlich genannten Voraussetzungen vorliegen,
- rechtswidrig ist und
- schuldhaft erfolgt.

In der Kindererziehung kommen insbesondere die *Straftatbestände* der Körperverletzung (§ 223 StGB), Freiheitsberaubung (§ 239 StGB), Nötigung (§ 240 StGB), Beleidigung (§ 185 StGB) und Verletzung des Briefgeheimnisses (§ 202 StGB) in Betracht. Beispielsweise verlangt § 223 die körperliche Misshandlung oder Gesundheitsschädigung einer anderen Person. Liegt keine dieser Varianten vor, ist der objektive Tatbestand des § 223 nicht erfüllt und es liegt keine Straftat nach § 223 vor. Hinzukommen muss in der Regel Vorsatz; Fahrlässigkeit reicht nur dann aus, wenn der Gesetzgeber die fahrlässige Begehensweise ausdrücklich unter Strafe stellt (§ 15 StGB), wie bei der fahrlässigen Körperverletzung (§ 229 StGB) geschehen.

Die Erfüllung des Tatbestandes indiziert die Rechtswidrigkeit, d. h. soweit keine *Rechtfertigungsgründe* vorliegen, ist das tatbestandliche Handeln auch rechtswidrig. Rechtfertigungsgründe für unsere Fragestellungen können sein:

- Notwehr/Nothilfe (§ 32 StGB), definiert als „die Verteidigung, die erforderlich ist, um einen gegenwärtigen rechtswidrigen Angriff von sich oder einem anderen abzuwenden". Gegenwärtiger Angriff ist jede von Menschen ausgehende, unmittelbar bevorstehende oder andauernde Verletzung des Rechtsguts eines anderen (z. B. Leib, Leben, Gesundheit, Eigentum, Ehre). Rechtswidrig ist der Angriff, den der Angegriffene nicht zu dulden braucht. Die Notwehrhandlung muss erforderlich sein, d. h. geeignet zur sofortigen Beendigung des Angriffs und notwendig (es steht kein milderes ausreichendes Mittel zur Verfügung).
- rechtfertigender Notstand (§ 34 StGB): Soweit es kein milderes Mittel zur Rettung eines höherwertigen Rechtsguts (z. B. Leib, Leben, sexuelle Selbstbestimmung) gibt, als ein niedrigerwertiges Rechtsgut (z. B. Bewegungsfreiheit, Datenschutz) zu verletzen, liegt ein Rechtfertigungsgrund vor.
- Einwilligung (§ 228 StGB analog). Voraussetzungen: Der Einwilligende muss Alleininhaber des geschützten Rechtsguts (z. B. körperliche Integrität, Bewegungsfreiheit) sein und er muss einwilligungsfähig sein, d. h. das Wesen, die Tragweite und Auswirkungen des Eingriffs in sein Rechtsgut voll erfassen können. Letzteres wird bei unter 15-Jährigen regelmäßig zu verneinen sein.
- richterliche Genehmigung freiheitsentziehender Unterbringung (§ 1631b BGB). Obwohl erhebliche Bedenken gegen die Verfassungsmäßigkeit wegen fehlender Bestimmtheit der Vorschrift bestehen (Schlink/Schattenfroh 2001, 149), wird sie bei erheblicher Gefährdung des Kindeswohls, fehlender Alternative und Beachtung der Verfahrensvorschriften als Rechtfertigungsgrund anzusehen sein.
- Erziehungs- und Aufsichtsrecht/-pflicht (§§ 1631, 1800 BGB in Verbindung mit vertraglicher Übernahme), d. h. die Pflicht und das Recht „zu pflegen, zu erziehen, zu beaufsichtigen und den Aufenthalt zu bestimmen", begrenzt durch §§ 1626 Abs.2 und 1631 Abs.2 BGB. Dieser Rechtfertigungsgrund wird bei Gewaltanwendung gegen Minderjährige jedoch nur dann greifen können, wenn die in den vorhergehenden Ausführungen beschriebenen pädagogischen, verfassungsrechtlichen (Grundsatz der Verhältnismäßigkeit und des Übermaßverbotes) und familienrechtlichen Kriterien, Grenzen und Verfahrensvorschriften für die Gewaltanwendung beachtet werden. Für die körperliche Bestrafung kann er als Rechtfertigungsgrund nicht gelten, sondern nur für tatbestandlich verwirkte Delikte wie §§ 239, 240, 185 und 202 StGB (Scheffler 2002, 282). Dieser Rechtfertigungsgrund könnte etwa bei der Verhinderung autoaggressiver Handlungen von Minderjährigen eingreifen; allerdings ist hier die evtl. Einsichtsfähigkeit des Jugendlichen zu beachten. Nach Auffassung des Landesjugendamts Rheinland darf der einsichtsfähige Minderjährige in Ausübung seines Grundrechts auf freie Entfaltung der Persönlichkeit (Art.2 Abs.1 GG)

sogar autoaggressiv handeln, allerdings schränkt das Landesjugendamt zutreffend ein, dass bei erheblicher Gesundheits- oder Lebensgefahr die Bedeutung der Aufsichtsverantwortung gegenüber dem Selbstbestimmungsrecht des Minderjährigen in den Vordergrund treten muss (Landesjugendamt Rheinland 2006, 65). Zur Klarstellung: Unter der Geltung des jetzigen § 1631 Abs.2 BGB (Verbot entwürdigender Erziehungsmaßnahmen, insbesondere körperlicher und seelischer Misshandlungen) gibt es kein Züchtigungsrecht mehr! (Roxin 2004, 177ff *m.w.N.*).

Der Täter muss schließlich schuldhaft handeln. *Schuld* bedeutet die persönliche Vorwerfbarkeit des (tatbestandsmäßigen und rechtswidrigen) Handelns (BGHSt 2, 194ff). Schuldfähigkeit, Unrechtsbewusstsein und Fehlen von Entschuldigungsgründen als Bestandteile der Schuldprüfung dürften bei den hier anstehenden Fragestellungen in der Regel (Ausnahme etwa: der Erziehungsberechtigte, der wegen einer schweren psychischen Krankheit nach § 20 StGB schuldunfähig ist) zu bejahen sein. Erst wenn alle diese Bestandteile (Tatbestand, Rechtswidrigkeit, Schuld) vorliegen, kann man von einer Straftat sprechen.

Bei der Anwendung von Zwang wird strafrechtlich also insbesondere zu prüfen sein, ob der Tatbestand erfüllt ist und – wenn dies bejaht wird – ob ein Rechtfertigungsgrund greift.

6.4.2 Einzelne Straftatbestände

Freiheitsberaubung (§ 239 StGB)

§ 239 Abs. 1 StGB: Wer einen Menschen einsperrt oder auf andere Weise der Freiheit beraubt, wird mit Freiheitsstrafe bis zu fünf Jahren oder mit Geldstrafe bestraft.

Die Vorschrift schützt die potentielle individuelle Bewegungsfreiheit, d. h. die Möglichkeit des Ortswechsels; entscheidend ist, dass es der Person objektiv unmöglich gemacht wird, den Aufenthaltsort zu verändern. Tathandlungen können sein:

- Einsperren, d. h. durch äußere Vorrichtungen (z. B. Schloss, Gitter) eine Person am Verlassen eines Raumes zu hindern
- auf andere Weise der Freiheit berauben (z. B. durch Fesseln, Leibgurt, Betäuben).

Dies muss allerdings für einen nicht ganz unerheblichen Zeitraum geschehen (BGH vom 15.5.1975 – 4 StR 147/75). Außerdem muss das Opfer in der Lage sein, seinen Aufenthaltsort zu verändern, so dass Kleinstkinder (Bettgitter) bereits ausscheiden. Das Einverständnis zu dem Einschluss schließt den Tatbestand ebenfalls aus; zu beachten ist aber die Einwilligungsfähigkeit (siehe oben)!

In Betracht kommen hier folgende Zwangsmaßnahmen:

- nächtlicher Einschluss, ausstiegssichere Fenster
- stundenweise verschlossene Türen während des Tages
- begleitete Auszeit
- time-out mit Isolierung und Abschluss der Tür.

Soweit Auszeit, time-out, Fixierung o. ä. bis etwa eine Stunde dauern, wird man von einem minimalen Zeitraum sprechen können, so dass bereits der Tatbestand des §239 nicht erfüllt ist. Freiheitsbeschränkende Maßnahmen solcher Art, die bei dem Alter des Kindes üblich sind (Anschnallen im Kinderwagen auf Straßen), vornehmlich der Sicherung vor Einbrüchen und unbefugtem Betreten dienen (Abschluss der Haus- oder Wohnungstür nachts) oder kein tatsächliches Einsperren bzw. „auf andere Weise der Freiheit berauben" darstellen (begrenzte Ausgehzeiten, Ausgangsverbote, Stuben- oder Hausarrest – ohne Einschluss), erfüllen den Tatbestand ebenfalls nicht.

Der Tatbestand ist dagegen erfüllt bei Unterbringung in einem geschlossenen Heim oder einer geschlossenen Abteilung, bei nächtlichem Einschluss in einem Raum mit ausstiegssicheren Fenstern, über Stunden verschlossenen Türen während des Tages und time-out für mehrere Stunden. Auch unterbringungsähnliche Maßnahmen im Sinne von §1906 Abs.4 BGB durch mechanische Vorrichtungen (Fixierung im Bett, Bauchgurt am Stuhl) oder stark sedierende Medikamente erfüllen den Tatbestand. Als Rechtfertigungsgründe kommen dann in Betracht:

- richterliche Genehmigung, § 1631b BGB, wobei dies in analoger Anwendung von § 1906 Abs.4 BGB – der unmittelbar nur für das Betreuungsrecht gilt – auch für die vorgenannten unterbringungsähnlichen Maßnahmen (Fixierung etc.) bei Minderjährigen gilt, wenn diese über einen längeren Zeitraum (wobei es auch auf die Intensität des Zwangs ankommt, also bei Fixierung länger als 24 Stunden) oder regelmäßig (z.B. jeden Abend) erfolgen (Salgo 2002, § 1631b Rdnr.15). Freiheitsentziehende Eilmaßnahmen (etwa bei hochgradigem Erregungszustand, Gefahr für ein Rechtsgut und Fehlen einer Alternative) durch den verantwortlichen Leiter der Einrichtung, wobei nach § 1631b S.2 BGB die richterliche Genehmigung dann unverzüglich nachzuholen ist, können als Nothilfe oder rechtfertigender Notstand nach §§ 32, 34 StGB gerechtfertigt sein (Salgo 2001, 37).
- Wahrnehmung der Erziehungs- und Aufsichtspflicht, §§ 1631, 1800 BGB in Verbindung mit vertraglicher Übernahme: etwa, wenn ein Kind droht, über eine nahe Autobahn zu laufen. Hier greift auch § 34 StGB ein: ein niedrigerwertiges Rechtsgut (Bewegungsfreiheit) muss zum Schutz eines höherwertigen (Leben) verletzt werden.

Nötigung (§ 240 StGB)

> § 240 Abs. 1 StGB: Wer einen Menschen rechtswidrig mit Gewalt oder durch Drohung mit einem empfindlichen Übel zu einer Handlung, Duldung oder Unterlassung nötigt, wird mit Freiheitsstrafe bis zu drei Jahren oder mit Geldstrafe bestraft.
>
> Abs. 2: Rechtswidrig ist die Tat, wenn die Anwendung der Gewalt oder die Androhung des Übels zu dem angestrebten Zweck als verwerflich anzusehen ist.

Rechtsgut ist die persönliche Willensfreiheit. Nötigung bedeutet, dem Opfer ein anderes Verhalten, als es seinem freien Willen entspricht, aufzuzwingen. Einverständnis des Betroffenen schließt daher bereits den Tatbestand aus. Der Betroffene muss zu einer Handlung, Duldung oder Unterlassung gezwungen werden. Tatmittel können sein:

- Gewalt, d. h. alle, eine gewisse körperliche Kraftentfaltung darstellenden Handlungen, die von der anderen Person als körperlicher, nicht nur rein seelischer, Zwang empfunden werden,
- Drohung mit einem empfindlichen Übel, d. h. das Inaussichtstellen eines erheblichen Nachteils für das Opfer.

Nach Abs. 2 ist die Tat rechtswidrig, „wenn die Anwendung der Gewalt oder die Androhung des Übels zu dem angestrebten Zweck als verwerflich anzusehen ist." Es müssen also zunächst die allgemeinen Rechtfertigungsgründe geprüft werden. Liegt kein allgemeiner Rechtfertigungsgrund vor, muss die „Verwerflichkeit" geprüft werden. Dies bedeutet, die Mittel-Zweck-Relation unterliegt einem „erhöhten Grad sittlicher Missbilligung" (BGHSt 19, 268). Hierher gehören etwa folgende Zwangselemente:

- das Festhalten eines Kindes, das Zurückreißen vom Herd etc.
- das Schieben eines Minderjährigen mit körperlichem Druck in eine bestimmte Richtung
- die verpflichtende Teilnahme an Aktivitäten, am Punkte- und Strafensystem unter Androhung eines erheblichen Nachteils
- freiheitsbeschränkende Maßnahmen wie Stuben- oder Hausarrest, Ausgehverbot etc.

Der Tatbestand des § 240 dürfte in der Regel erfüllt sein. Fraglich ist aber die Rechtswidrigkeit. Das Überwältigen eines Minderjährigen, damit er einen anderen beispielsweise nicht weiter schlägt, ist durch Nothilfe (§ 32 StGB) gedeckt; das Festhalten eines Kindes, damit es nicht auf eine Straße rennt, durch rechtfertigenden Notstand (§ 34 StGB) bzw. Wahrnehmung der Aufsichtspflicht (§§ 1631, 1800 BGB in Verbindung mit vertraglicher

Übernahme). Für die Prüfung der „Verwerflichkeit“ bleibt in den meisten Fällen kein Raum: sie wird aber bei strenger Beachtung der in den vorausgegangenen Ausführungen beschriebenen pädagogischen, verfassungsrechtlichen und familienrechtlichen Kriterien, Grenzen und Verfahrensregeln zu verneinen sein.

Körperverletzung (§ 223 StGB) bzw. fahrlässige Körperverletzung (§ 229 StGB)

> § 223 Abs. 1 StGB: Wer eine andere Person körperlich misshandelt oder an der Gesundheit schädigt, wird mit Freiheitsstrafe bis zu fünf Jahren oder mit Geldstrafe bestraft.

> § 229 StGB: Wer durch Fahrlässigkeit die Körperverletzung einer anderen Person verursacht, wird mit Freiheitsstrafe bis zu drei Jahren oder mit Geldstrafe bestraft.

Rechtsgüter der Körperverletzungsdelikte – § 223 ist der Grundtatbestand, daneben gibt es z. B. die gefährliche Körperverletzung (§ 224) oder die Misshandlung von Schutzbefohlenen (§ 225) – sind die körperliche Unversehrtheit und die physische und psychische Gesundheit einer anderen Person. Bei diesen Delikten ist Vorsatz (d. h. Wissen und Wollen bzw. billigende Inkaufnahme der Tatbestandsverwirklichung) erforderlich. § 229 stellt außerdem die fahrlässige Begehung unter Strafe. Fahrlässigkeit heißt Außerachtlassung der in der konkreten Situation geforderten und möglichen Sorgfaltspflicht. Tathandlungen des § 223 können sein:

- körperliche Misshandlung: Das ist jede üble unangemessene Behandlung, die das körperliche Wohlbefinden oder die körperliche Unversehrtheit nicht nur unerheblich beeinträchtigt und meist mit Schmerz verbunden ist.
- Gesundheitsschädigung: ist das Hervorrufen oder Steigern eines krankhaften (pathologischen) Zustandes körperlicher oder psychischer Art.

Hierher bzw. zu § 229 gehören folgende Zwangsmaßnahmen:

- das Schlagen eines Minderjährigen
- die Verletzung eines Minderjährigen bei einem gezwungenen Transport.

Die strafrechtlichen Probleme durch die Neufassung des § 1631 Abs. 2 BGB haben Scheffler (2002, 279 m.w.N.) und Roxin (2004, 177ff) ausführlich erörtert; sie können hier nur angedeutet werden. Auch wenn § 1631 Abs. 2 BGB ein Gewaltverbot bei der Erziehung beinhaltet, wird die leichte Ohrfeige, der leichte Klaps auf den Hintern die strafrechtliche Erheblichkeitsschwelle des § 223 nicht überschreiten und daher bereits den Tatbestand nicht erfüllen (*h.M.; a.A.* BMJ, Meine Erziehung – da rede ich mit, 2007, 12). Das Schlagen mit einem Gegenstand erfüllt dagegen häufig sogar den Tatbestand der gefährlichen Körperverletzung (§ 224), wenn der Gegenstand nach seiner konkreten Verwendungsart geeignet ist, erhebliche Verletzungen herbeizuführen. Wird die Erheblichkeitsschwelle überschritten, ist der Tatbestand erfüllt, so dass die Rechtswidrigkeit geprüft werden muss.

Als Rechtfertigungsgründe kommen hier in engen Grenzen – wenn die Körperverletzung zum Schutz vor sich selbst oder zum Schutz anderer erfolgt – §§ 32, 34 StGB in Betracht. Dagegen gibt es, wenn der Tatbestand des § 223 erfüllt ist, keine Rechtfertigung aus dem Familienrecht mehr (Coester 2005, 759).

Beleidigung (§ 185 StGB)

§ 185 StGB: Die Beleidigung wird mit Freiheitsstrafe bis zu einem Jahr oder mit Geldstrafe und, wenn die Beleidigung mittels einer Tätlichkeit begangen wird, mit Freiheitsstrafe bis zu zwei Jahren oder mit Geldstrafe bestraft.

Rechtsgut ist die persönliche Ehre, mit der die Würde einer Person in engem Zusammenhang steht. Der objektive Tatbestand erfordert die Kundgebung der Missachtung oder Nichtachtung der Ehre eines anderen durch

- Wort, Schrift, Handzeichen oder
- eine Tätlichkeit.

Der subjektive Tatbestand erfordert zumindest bedingten Vorsatz. Das Kind ist eine Person mit eigener Ehre und Würde, so dass grundsätzlich eine Beleidigung möglich ist. In Frage kommen:

- körperliche Bestrafungen, die eine Demütigung für das Kind bedeuten, auch wenn die Erheblichkeitsschwelle des § 223 StGB nicht überschritten ist,

- kränkende, herabsetzende Verhaltensweisen, die das Kind dem Gespött oder der Verachtung von Freunden oder Klassenkameraden aussetzen,
- entwürdigende Maßnahmen (Nacktausziehen, stundenlanges „In der Ecke Stehen lassen"),
- seelische Verletzungen (obszöne Beschimpfungen, wochenlanges Nichtreden mit dem Kind).

Ermahnungen, Warnungen, Tadel etc., die aus pädagogischen Gründen, aber nicht zur Bestrafung erfolgen, erfüllen den Tatbestand nicht. Soweit der Tatbestand erfüllt ist, kommen als Rechtfertigungsgründe in Betracht:

- Notwehr (§ 32 StGB), z. B. der Erzieher, der auf eine noch andauernde grob beleidigende Beschimpfung eines Jugendlichen „entsprechend" reagiert, um die Beschimpfung zu beenden,
- rechtfertigender Notstand (§ 34 StGB), z. B. der Erzieher, der ein bestimmtes Schimpfwort gebraucht, damit ein Jugendlicher aufhört, auf einen anderen einzuschlagen,
- Wahrnehmung berechtigter Interessen (§ 193 StGB). Berechtigt sind alle schutzwürdigen ideellen und materiellen Interessen, die als zumindest gleichwertig wie die (verletzte) Ehre anzusehen sind. Hier ist an abwertende Äußerungen wegen der schlechten schulischen Leistungen oder des miserablen Verhaltens eines Jugendlichen zu denken.

Verletzung des Briefgeheimnisses (§ 202 StGB)

§ 202 Abs. 1 StGB: Wer unbefugt 1. einen verschlossenen Brief oder ein anderes verschlossenes Schriftstück, die nicht seiner Kenntnis bestimmt sind, öffnet oder 2. sich vom Inhalt eines solchen Schriftstücks ohne Öffnung des Verschlusses unter Anwendung technischer Mittel Kenntnis verschafft, wird mit Freiheitsstrafe bis zu einem Jahr oder mit Geldstrafe bestraft, wenn die Tat nicht in § 206 mit Strafe bedroht ist.

Da dieser Straftatbestand in den vorausgegangenen Kapiteln kaum Gegenstand der Erörterungen war, soll er hier nur kurz behandelt werden. Tatobjekt sind verschlossene oder nicht zur Kenntnisnahme durch den Erziehungsberechtigten bestimmte Schriftstücke. Tathandlungen können das Öffnen des Schriftstücks oder die Kenntnisnahme unter Anwendung technischer Mittel oder nach Öffnen eines Behältnisses sein.

Als Rechtfertigungsgrund kommt insbesondere die Wahrnehmung der Erziehungs- und Aufsichtspflicht (siehe oben) bzw. bei älteren Jugendlichen rechtfertigender Notstand in Betracht, etwa wenn der konkrete

Verdacht eines geplanten Verbrechens besteht und keine andere Möglichkeit zur Aufklärung und Verhinderung besteht, oder wenn Anhaltspunkte vorliegen, dass er im Besitz einer Waffe oder von Drogen ist.

6.4.3 Strafverfolgung

Die meisten Straftaten werden – meist nach einer Strafanzeige – von Amts wegen verfolgt (Offizialdelikte). Einige leichtere Straftaten werden nur auf Strafantrag (d. h. die ausdrückliche Erklärung des Antragsberechtigten, dass er die Strafverfolgung wünscht) verfolgt. Antragsberechtigt ist in der Regel der (in seinem Rechtsgut) Verletzte (§ 77 Abs.1 StGB). Minderjährige können zwar eine Strafanzeige (d. h. Mitteilung des Verdachts einer Straftat an die Strafverfolgungsbehörden) erstatten, Strafantrag kann aber für einen minderjährigen Verletzten nur der Personensorgeberechtigte stellen (§ 77 Abs.3 StGB). Antragsdelikte sind in unserem Zusammenhang:

- nach § 230 StGB die vorsätzliche und die fahrlässige Körperverletzung (§§ 223, 229 StGB)
- nach § 194 StGB die Beleidigung (§ 185 StGB)
- nach § 205 StGB die Verletzung des Briefgeheimnisses (§ 202 StGB).

Im Fall der Körperverletzung kann die Staatsanwaltschaft jedoch das besondere öffentliche Interesse an der Strafverfolgung bejahen und die Tat auch bei fehlendem Strafantrag verfolgen (§ 230 Abs.1 StGB). Hier soll ein besonderes öffentliches Interesse an der Strafverfolgung grundsätzlich bejaht werden und eine Einstellung des Ermittlungsverfahrens nur dann in Betracht kommen, wenn Erfolg versprechende sozialpädagogische, familientherapeutische oder andere unterstützende Maßnahmen (z. B. Hilfe zur Erziehung nach §§ 27 ff SGB VIII) eingeleitet worden sind (Nr. 235 Abs.2 und 3 der Richtlinien für das Straf- und Bußgeldverfahren – RiStBV).

Anhang

Leitlinien zur Anwendung von Zwang in Einrichtungen der Erziehungshilfe

Die Arbeitsgruppe „institutionelle Zwangselemente“ im Verbandsgebiet des Eckart hat einen Entwurf von verpflichtenden Leitlinien im „Systemsprenger“-Projekt ausgearbeitet. Die wichtigste Frage lautete dabei: Unter welchen Voraussetzungen können Sozialpädagogen Zwang anwenden, worauf müssen sie dabei achten?

Mit Zwang sind im Folgenden nicht nur die mit den Paragraphen 1631b BGB verbundenen Zwangsmittel „Freiheitsentzug“ durch Geschlossene Unterbringung und/oder körperliche Überwältigung und Sicherung bei Selbst- und Fremdgefährdung gemeint, sondern auch alle anderen in den Definitionsbereich dieses Papiers fallenden Aktivitäten. Dazu zählen pädagogische Grenzsetzungen mit Festhalten von Kindern und Jugendlichen oder das Verbringen in einen Auszeitraum, „nächtlicher Einschluss“, stundenweise geschlossene Türen, ausstiegssichere Fenster und Türen, die Durchführung von Zimmerkontrollen u. U. auch gegen den Willen des Kindes/Jugendlichen, die verpflichtende Abgabe von Urinproben usw. Zu einer ersten rechtlichen Orientierung verweisen wir auf die verdienstvolle Arbeit von Martin Stoppel „Pädagogik und Zwang“, veröffentlicht in einer Schrift des Landesjugendamtes Rheinland, auch wenn es uns an einigen Punkten von der Rechtslage zu eindeutig und dogmatisch erscheint bzw. in Bezug auf die pädagogische Praxis an manchen Stellen oberflächlich vorkommt. Uns geht es hier um pädagogische Qualitätsstandards.

Bevor wir Leitlinien formulieren, soll auf zwei Gefahren hingewiesen werden: Zwang wird in Jugendhilfe-Kontexten auch dort eingesetzt, wo noch nicht hinreichend verstanden ist, was ein Kind bewegt, was der Grund und was der Sinn seines widerständigen und eigensinnigen Verhaltens sind. Zwang darf in solchen Fällen nicht *Erziehungsmittel* genannt werden. Er stellt ein *Mittel zur vorläufigen Festsetzung* (Verwahrung) der Person dar und muss sich anschließend dadurch legitimieren, dass Akte von Verstehen und Verständigung auf die Anwendung von Zwang folgen. Die Versuche zum Verstehen und zur Verständigung und ihre Ergebnisse müssen dargestellt werden können. Zwang kann nur dort Erziehungsmittel genannt werden, wo er aus einem reflektierten Fallverstehen heraus für bestimmte Personen in bestimmten Situationen für eine festgelegte Zeitdauer angewandt wird.

Zweitens gießen Zwangsmittel wie z. B. nächtlicher Einschluss, Fixierung oder ausstiegssichere Fenster Ergebnisse eines wünschenswerten Zustands, Ergebnisse von Entscheidungs-Prozessen, in eine *bestimmte organisatorische Form.* Der gewünschte Zustand oder das gewünschte Ergebnis kann z. B. sein, dass ein Kind daran gehindert werden soll, nachts unbeobachtet zu zündeln oder das Zimmer zu verlassen, um in anderen Räumen Feuer zu legen. Die einzelnen Handlungsschritte bzw. die Organisationsform, die zu diesem Ergebnis führen, können sehr unterschiedlich realisiert werden: Eine Möglichkeit (wie bei den *Spatzen* in Grünau-Heidequell praktiziert) besteht in einer Leibesvisitation und dem nächtlichen Einschluss in einen dafür vorgesehenen Raum (= Freiheitsentzug). Eine zweite Möglichkeit bestünde darin, eine Person in das Zimmer des Kindes zu setzen, welche die ganze Nacht hindurch aufpasst und das Kind gegebenenfalls daran hindert, zu zündeln oder den Raum zu verlassen. Sicher gibt es noch mehr Möglichkeiten. Beide Organisationsformen haben Vor- und Nachteile. Beide Möglichkeiten stellen Zwang dar. Aber das eine Mal delegiert man den Zwang an den Raum/die abgeschlossene Türe; das andere Mal bleibt die Person, die schützt und Zwang ausübt, im Vordergrund. Wichtig ist, sich vorher klar zu machen, was man will bzw. welche Form von Zwang von einem Kind/Jugendlichen leichter akzeptiert werden kann. Eine Gefahr besteht darin, dass man Organisationsformen von Zwang, die personalintensiv sind und das Risiko persönlicher Konfrontation beinhalten, durch solche ersetzt, die mechanisch oder räumlich funktionieren und deswegen weniger kostenaufwendig und weniger emotional, allerdings auch weniger eskalationsträchtig sind. Deswegen muss in jedem Einzelfall geprüft werden, welche Organisationsform der Zwangsmittel in einem konkreten Fall sinnvoll ist. Andernfalls droht die Gefahr, dass (zeit- und finanz-)ökonomische Gesichtspunkte unreflektiert die Form, in der Zwang organisiert wird, beherrschen. Sinnvoll wäre es, sich als Verantwortlicher bzw. als Moderator mehrerer verantwortlich am Prozess Beteiligter, am Anfang mehrere Möglichkeiten zu vergegenwärtigen und einen Abwägungsprozess vorzunehmen; dabei können ökonomische Gesichtspunkte durchaus eine Rolle spielen. Dies vorausgesetzt, formulieren wir nun zwölf Punkte, bei deren Einhaltung wir Zwang für potentiell pädagogisch sinnvoll halten. Ob dieses Potential tatsächlich genutzt oder im konkreten Fall durch andere Faktoren vereitelt wird, muss hier offen bleiben.

1. Die Kinder und Jugendlichen wurden vor ihrem Eintritt in die Einrichtung in offener Weise über die dort praktizierten Zwangselemente informiert, und ihre Meinung dazu wurde erhoben. Diese Meinung sollte allen Verantwortlichen bekannt sein. Bereits im Vorfeld sollte die

Einrichtung, die Zwangselemente vorsieht, die Biographie des Kindes in Bezug auf voran gegangene, u. U. traumatische Zwangserfahrungen abklären. Ebenso wichtig ist es, mit den Eltern, dem Jugendamt und der abgebenden Einrichtung zu klären, ob die Anwendung von konsequentem Druck und Zwang für dieses Kind ein neues Muster darstellt, das es bisher wenig oder gar nicht erlebt hat, oder diese Anwendung etwas fortsetzt, was bisher mit oder ohne Erfolg praktiziert wurde. Diese Vorabinformationen bzw. -einschätzungen sind Teil des Aufnahmeverfahrens. Sie müssen in der Regel nach der Aufnahme vertieft werden.

2. Der Gezwungene weiß und erlebt, dass der unmittelbar Zwingende von anderen Personen, z. B. von Angehörigen oder offiziell befugten Institutionen, zur Ausübung von Zwang bemächtigt wurde. Hinter den vom Kind/Jugendlichen erlebten Zwangselementen steht eine gemeinsame Entscheidung der verantwortlichen Erwachsenen, die für das Kind/den Jugendlichen sichtbar und greifbar sind. In der Regel ist der geeignete Ort für das Erwägen von Zwangselementen das Hilfeplangespräch nach § 36 SGB VIII, zu dem mehrere Fachkräfte hinzugezogen werden können. Zur Formulierung eines Auftrags gehören normalerweise eine Zielbestimmung und eine zeitliche Befristung der Zwangselemente.

3. Der Gezwungene kann nach Abklingen von Wut und Erregung erkennen, dass der Zwang aus Verantwortung gegenüber seiner Person und Interesse an seinem Leben ausgeübt wird. Der Gezwungene muss nicht denken, die Anwendung von Zwang sei willkürlich erfolgt, um ihn zu demütigen oder um seinen Willen zu brechen. Das setzt voraus, dass der Gezwungene die Motive des Zwingenden kennt bzw. dass ihm nachvollziehbar ist, aus welchen Gründen dieser Zwang einsetzt.

4. Der Gezwungene kann das, zu dem er gezwungen wurde, nachträglich als vernünftig einschätzen oder darin aktuell etwas Vernünftiges erkennen, das er selbst auch angestrebt hat oder anstreben würde, wenn er sich besser kontrollieren könnte. Der Prozess des Anerkennens einer Sache als vernünftig sollte spätestens zum Zeitpunkt der Entlassung bzw. Nachbefragung eingesetzt haben. Es muss nicht einschließen, dass der Jugendliche den Zwang, die Methode, das Vernünftige zu erreichen, billigen kann. Mehr als eine ambivalente Haltung gegenüber Zwang darf man von einem Kind/Jugendlichen nicht erwarten. Ausdrückliche, nachträgliche Legitimationen durch das Kind/den Jugendlichen sind weder sinnvoll noch notwendig. Zwang muss von den Erwachsenen verantwortet werden. Er kann nicht durch die Aussage eines Kindes legitimiert werden.

5. Die Absicht, Zwang auszuüben, ist offen gelegt und wird von den verantwortlichen Personen in transparenter Weise vertreten. Zwang wird weder in verdeckter Weise praktiziert noch wird die Ausübung von Zwang vertuscht oder verleugnet. Das bedeutet, dass Zwang außer in Notfällen zum Schutz vor akuter Selbst- und Fremdgefährdung nicht spontan, sondern geplant eingesetzt wird. In der Jugendhilfe heißt die entsprechende Planungsrunde Hilfeplangespräch; dieses muss durch Gespräche in kleinerem Kreis fortgesetzt und vertieft werden. Damit Planungen möglich werden oder korrigiert werden können, müssen auch Alternativen zum Zwang ausprobiert und festgehalten werden.

6. Der Gezwungene kann sich sicher sein, dass das Handeln des Zwingenden von einer Instanz außerhalb der Institution beobachtet und kontrolliert wird und diese die Interessen und Rechte des Gezwungenen im Blick hat. Dazu gehört eine genaue Dokumentation der Situationen, in denen Zwang ausgeübt wird, unter Angabe von Dauer, Häufigkeit und Anlässen. Dazu gehört auch, dass der Gezwungene das Recht auf Beschwerde besitzt und die entsprechenden Verfahrenswege für ihn transparent und leicht zugänglich sind. Die kontrollierende Instanz außerhalb der Institution kann das Landesjugendamt sein; in einigen Fällen muss es das Landesjugendamt sein. Zusätzlich können Gremien einberufen werden, welche die Einrichtung regelmäßig besuchen, oder individuelle Verfahrenspfleger bestellt werden.

7. Der Zwingende führt die Ausübung des Zwangs professionell aus. Er misst sein eigenes Handeln an Kriterien wie emotional kontrolliert, fair, gerecht und in Kontakt mit sich und seinem Gegenüber. Außerdem achtet er darauf, sein Gegenüber nicht zu demütigen. Zur professionellen Ausübung von Zwang müssen deswegen mindestens zwei Personen gehören, damit Rückmeldungen und Feedback über diese Kriterien überhaupt möglich werden.

8. Es besteht die Möglichkeit, Situationen, in denen Zwang ausgeübt wurde, mit dem Kind/Jugendlichen nach zu besprechen. Dadurch soll allen Beteiligten klar werden, wie man in ähnlichen Situationen die Anwendung von Zwang künftig verhindern könnte. Abmachungen können darüber getroffen werden, wie die Formen des Zwangs konkret aussehen sollen, d. h. welche für den Gezwungenen leichter anzunehmen sind als andere. Zwang und Partizipation müssen sich nicht ausschließen. Im Gegenteil: Die Kinder und Jugendlichen sollten im Rahmen der Konzeption so viele Wahlmöglichkeiten wie möglich erhalten. Die Patientenverfügungen aus dem Bereich der Psychiatrie weisen hier einen guten Weg.

9. Auf Seiten der verantwortlichen Personen wird reflektiert, ob es unerwünschte Nebenwirkungen von Zwang gibt, welche die Häufigkeit in der Anwendung von Zwang eher stabil erhalten oder gar häufiger erforderlich machen.

10. Der Gezwungene kann den unmittelbar Zwingenden auch in anderen Funktionen und Zusammenhängen erleben, die für den Gezwungenen bedeutsam und/oder attraktiv sind. Die Zwangselemente sollen möglichst im Rahmen einer Beziehung zu den Pädagogen erlebt werden, in der sich das Kind ernst genommen, angenommen, gut versorgt und mit Mitbestimmungsmöglichkeiten ausgestattet fühlt. Zwang im Rahmen eines Machtkampfes führt kaum zu guten Ergebnissen und muss rechtzeitig reflektiert werden.

11. Die zwingenden Mitarbeiter bekommen regelmäßig die Möglichkeit, über ihre Gefühle bei der Anwendung von Zwang zu sprechen. Sie werden dabei unterstützt, Zwang professionell anzuwenden. Dazu gehört auch, dass man sich im Team regelmäßig Rückmeldungen darüber gibt, wie oft bzw. wie angemessen der andere Zwangselemente einsetzt. Dies sollte auch im Rahmen einer regelmäßigen Supervision geschehen.

12. Zur Sicherstellung dieser Qualitätsstandards werden einmal im Jahr die Dokumentationen über alle Einsätze von Zwangselementen herangezogen. Ebenfalls werden alle Beschwerden ausgewertet. Zum dritten werden die Kinder und Jugendlichen mindestens einmal im Jahr zu ihrem Erleben der Zwangselemente von externen Fachkräften befragt. Die Ergebnisse werden einrichtungsintern veröffentlicht. Alle Ergebnisse werden mit den Mitarbeitern und der Leitung gemeinsam diskutiert. Das Landesjugendamt wird zu diesen Auswertungsgesprächen eingeladen. Unterschiedliche Einschätzungen zu einzelnen Sachverhalten werden so weit wie möglich geklärt. Den Kindern und Jugendlichen ist anzukündigen, welche Konsequenzen aus diesen Diskussionen gezogen werden sollen und bis wann das geschieht.

Die genannten Gesichtspunkte können zunächst als Qualitätsstandards für einen professionellen Umgang mit Zwangselementen gelten. Die drei von uns begleiteten Gruppen haben zugesagt, dass sie sich und ihre Pädagogik an diesen Standards messen lassen wollen.

Danksagung

Viele Menschen haben daran mitgewirkt, dass dieses Buch entstanden ist. Der Fachverband Evangelische Erziehungshilfe in Westfalen (Eckart) hat das Forschungsprojekt initiiert. Herrn Wüst als Vorsitzendem, Herrn Chow als Geschäftsführer und später Frau Wiemers als Geschäftsführerin und Frau Wegehaupt-Schlund als Fachreferentin danke ich für ihre kontinuierliche Unterstützung und ihr Vertrauen in meine Person trotz meiner Erkrankung zu Projektbeginn. Den Bereichs- und Teamleitern Herrn Wilke und Herrn Hagelmann aus Bethel/Jugendhilfe Eckardsheim, Herrn Engelhard und Frau Wehmann-Hackert vom Evangelischen Johanniswerk/Grünau-Heidequell, Herrn Leopold und Frau Wetter aus dem Jugendhof in Porta Westfalica danke ich für die offene und vertrauensvolle Zusammenarbeit vor Ort und ihre Mitwirkung in der Projektgruppe. Dem wissenschaftlichen Begleitkreis danke ich für die vielen, fruchtbaren Diskussionen, insbesondere Herrn Dr. Rotthaus, Herrn Lonny vom Ministerium für Generationen, Familie, Frauen und Integration in Nordrheinwestfalen, Herrn Walde (Bethel) und Herrn Dippel (Jugendhof Porta Westfalica) für die kontinuierliche Präsenz und ihre konstruktiv-kritischen Hinweise.

Burkhard Müller danke ich für seine zugleich ermutigenden wie auch kritischen Anmerkungen zu meinen sich entwickelnden Ideen und meinem Freund Andreas Kannicht für die Eröffnung der entwicklungspsychologischen Perspektive auf die frühe Kindheit. Ein ganz herzlicher Dank gilt den beiden Projekt-Mitarbeitern und Mitautoren Thomas Evers und David Vust. Mit und von ihnen habe ich gelernt, dass Teamarbeit viel Freude machen und viel Entlastung bedeuten kann. Meinem Arbeitgeber, der Evangelischen Fachhochschule Berlin, danke ich für die großzügige Freistellungsregelung, die es mir möglich gemacht, hat so viele Tage vor Ort in den Heimen verbringen zu können. Unserer Sekretärin Frau Dmuß danke ich für ihre Arbeit und ihr Engagement bei der Erstellung der Manuskripte.

Mathias Schwabe
Berlin, im Januar 2008

Literatur

Ader, S., Schrapper, C. (2003): Fallverstehen und Deutungsprozesse in der sozialpädagogischen Praxis der Jugendhilfe. In: Henkel, J., Schnapka, M., Schrapper, C. (Hrsg.): Was tun mit schwierigen Kindern. Münster, 34–75

Adorno, T. W. (1955): Zum Verhältnis von Soziologie und Psychologie. In: Sociologica, Band I. Frankfurt am Main, 12–56

Almstedt, M. (1982): Ortsbestimmung der Heimerziehung. Geschichte, Bestandsaufnahme, Entwicklungstendenzen. Weinheim/Basel

Arbeitsgruppe Heimreform (Hrsg.) (2000): Aus der Geschichte lernen: Analyse der Heimreform in Hessen 1968–1983. Frankfurt am Main

Aschenbach, G., Billmann-Macheha, E., Zitterhart, W. (1985): Kulturwissenschaftliche Aspekte qualitativer psychologischer Forschung. In: Jüttemann, G.: Qualitative Forschung in der Psychologie. Weinheim/Basel, 25–45

Autorenkollektiv (1972): Gefesselte Jugend. Fürsorgeerziehung im Kapitalismus. Frankfurt am Main

Bellingrath, J. (2001): Verhaltenstherapie in pädagogischen Institutionen. In: Lauth, G. W., Brack, B. U., Linderkamp, F. (Hrsg.): Handbuch der Verhaltenstherapie. Weinheim, 436–444

Bernfeld, S. (1974): Die Formen der Disziplin in Erziehungsanstalten. In: Werder, Wolff von (Hrsg.): Psychoanalyse und Antiautoritäre Erziehung. Frankfurt am Main, 223–248

Birtsch, V., Kluge, C., Trede, W. (Hrsg.) (1993): Autocrashing, S-Bahn-Surfen, Drogenkonsum. Frankfurt am Main

Bittner, G. (1972): Psychoanalyse und soziale Erziehung. München

– (1977): Tarnungen des Ich. Studien zu einer subjektorientierten Abwehrlehre. Stuttgart

– (1994): Problemkinder – zur Psychoanalyse kindlicher und jugendlicher Verhaltensauffälligkeiten. Göttingen/Zürich

Bitzan, M., Bolay, E., Thiersch, H. (Hrsg.) (2006): Die Stimme der Adressaten. Weinheim

Blandow, J., Gintzel, U., Hansbauer, P. (1999): Partizipation als Qualitätsmerkmal der Heimerziehung. Münster

Brosch, P. (1975): Fürsorgeerziehung: Heimterror, Gegenwehr, Alternativen. Frankfurt am Main

Brumlik, M. (1992): Advokatorische Ethik – zur Legitimation pädagogischer Eingriffe. Bielefeld

Bundesministerium der Justiz (2007): Meine Erziehung – da rede ich mit! Ein Ratgeber für Jugendliche zum Thema Erziehung. In: www.bmj.bund.de/enid/79bc63fa758a38db362dca4c5dd1f724,0/Publikationen/Meine_Erziehung_-_da_rede_ich_mit__1e9.html (03.12.2007)

Coester, M. (2005): Elterliche Gewalt. In: Hofer, S., Klippel, D., Walter, U. (Hrsg.): Festschrift für Dieter Schwab. Bielefeld, 747ff

Committee on Pediatric Emergency Medicine (1997): The Use of Physical Restraint Interventions for Children and Adolescents in the Acute Care Setting. Pediatrics, Vol. 99, 3, 497–498

Conen, M.-L. (Hrsg.) (1992): Familienorientierung als Grundhaltung in der stationären Erziehungshilfe. Dortmund

– (1999): Unfreiwilligkeit – ein Lösungsverhalten. Familiendynamik, Heft 3, 282–297

Diederichsen, U. (2008): § 1631 RdNr. 15. In: Palandt, O.: Kommentar zum BGB. 67. Aufl., München

Dietz, A., Pörksen, N., Voelske, W. (Hrsg.) (1998): Behandlungsvereinbarungen – Vertrauensbildende Maßnahmen in der Akutpsychiatrie. Bonn

Dorfman, D. H., Kastner, B. (2004): The Use of Restraint of Pediatric Psychiatric Patients. Pediatric Emergency Care, Vol. 29, 3, 151–156

dos Reis, S., Barnett, S., Love, R. C., Riddle, M. (2004): A Guide for Managing Acute Aggressive Behavior of Youth in Residential and Inpatient Treatment Facilities. Psychiatric Services, Vol. 54, 1357–1363

Dutschmann, A. (1999): Aggressivität und Gewalt bei Kindern und Jugendlichen. Tübingen

Fegert, J. M. (2000): Zwischen Berufsethik und Pragmatismus. Handlungsrepertoire in der Kinder- und Jugendpsychiatrie. Evangelische Jugendhilfe, Sonderheft „Wenn Pädagogik an Grenzen stößt", EREV. Hannover, 226–231

–, Späth, K., Salgo, L. (2001): Freiheitsentziehende Maßnahmen in Jugendhilfe und Kinder- und Jugendpsychiatrie, Münster

Finger, P. (2002): § 1688 RdNr. 1. In: Rebmann, K., Säcker, F. J., Rixecker, R. (Hrsg.): Münchener Kommentar zum BGB. 4. Aufl., München

Förster, H. von (1987): Entdecken oder Erfinden: wie lässt sich verstehen verstehen? In: Rotthaus, W. (Hrsg.): Erziehung und Therapie in systemischer Sicht. Dortmund, 22–60

Förster, H. von (1997): Wissen und Gewissen, Frankfurt am Main

Freud, A. (1974): Das Ich und die Abwehrmechanismen. München

Freud, S. (1969): Jenseits des Lustprinzips. Gesammelte Werke XIII. Frankfurt am Main, 1–77

Gernhuber, J., Coester-Waltjen, D. (2006): Familienrecht. 5. Aufl., München

Gläsel, R. (2006): Geschlossene Gesellschaft. Von der Exklusivität der geschlossenen Unterbringung. Forum Erziehungshilfe, Heft 1, 46–48

Glinka, H. J. (1998): Das narrative Interview. Weinheim/München

Goffman, E. (1972): Asyle. Über die soziale Situation psychiatrischer Patienten und anderer Insassen. Frankfurt am Main

Gumpinger, M. (Hrsg.) (2001): Soziale Arbeit mit unfreiwilligen KlientInnen. Linz

Gratz, W. (1999): Voraussetzungen und Möglichkeiten wirksamer Autorität im Strafvollzug. Zeitschrift für Strafvollzug und Sträflingenhilfe, Heft 48, 7–11

Heinemann, E., Rauchfleisch, U., Grüttner, T. (1992): Dissozial gewalttätige Jugendliche. Frankfurt am Main

Honig, M. S. (1992): Verhäuslichte Gewalt. 2. Aufl., Frankfurt am Main

Huber, P. (2002): § 1631b RdNr. 15. In: Rebmann, K., Säcker, F. J., Rixecker, R. (Hrsg.): Münchener Kommentar zum BGB. 4. Aufl., München
Jonikas, J. A., Cook, J. A., Rosen, C., Loris, A., Kim, J.-B. (2004): A Program to Reduce Use of Physical Restraint. Psychiatric Services, 55, 818–822
Jüttemann, G. (Hrsg.) (1986): Qualitative Forschung in der Psychologie. Grundfragen, Verfahrensweisen, Anwendungsfelder. Weinheim/Basel
Kadzdin, A. (1977): The Token Economy. A Review and Evaluation. New York/London
– (1980): Behavior Modification in Applied Settings. Georgetown
Kähler, H. (2005): Soziale Arbeit in Zwangskontexten. München/Basel
Kenntner, E. (1996): Check-Points. Eine Gesprächsvorlage als Versuch systemische Handlungskonzepte in einer Wohngruppe mit Jugendlichen umzusetzen. Unsere Jugend, Heft 10, 421–426
Kim-Berg, I. (1992): Familien – Zusammen – Halt(en). Dortmund
Kizilhan, I. (2006): Jugendliche Migranten und der patriarchalische Ehrenkodex. Unsere Jugend, Heft 3, 98–110
Klatetzki, T. (2000): Wissen was man tut. Bielefeld
Klinkhardt, H. (1998): Die Personensorge, § 7 RdNr. 28. In: Oberloskamp, H. (Hrsg.): Vormundschaft, Pflegschaft und Beistandschaft für Minderjährige. München
Köckeritz, C. (2004): Entwicklungspsychologie für die Jugendhilfe. Weinheim/München
Kowerk, H. (1990): Veränderungen in der Häufigkeit freiheitsentziehender und -beschränkender Maßnahmen bei der stationären psychiatrischen Behandlung von Kindern und Jugendlichen. Zeitschrift für Kinder- und Jugendpsychiatrie, Heft 18, 198–204
Krause, H.-U., Peters, F., Spernau, X., Wolff, M. (2006): Grauzonen der geschlossenen Unterbringung. Forum Erziehungshilfe, Heft 4, 243–246
Kron-Klees, F. (1998): Familien begleiten. Freiburg i. Br.
– (1994): Claudia – oder öffentliche Jugendhilfe als heilsamer Impuls. Dortmund
Landesjugendamt Rheinland (Hrsg.) (2006): Pädagogik und Zwang – Minderjährigenrechte und Freiheitsschutz. 5. Aufl., o. O.
Lösl, F., Bender, D. (1998): Aggressives und delinquentes Verhalten von Kindern und Jugendlichen. In: Kröber, H.-L., Dahle, K.-P. (Hrsg.): Sexualstraftaten und Gewaltdelinquenz. Heidelberg, 124–133
Lüssi, P. (2001): Grundsätze der eingreifenden sozialarbeiterischen Interventionen. In: Gumpinger (Hrsg.), 2–80
Makarenko, A. S. (1953): Der Weg in's Leben. Berlin
Margraf, J. (Hrsg.) (2000): Lehrbuch der Verhaltenstherapie. 2 Bände. Berlin
Matt, E. (2003): Vergünstigungen und Disziplinierungen – zur impliziten Pädagogik des Strafvollzugs. Neue Praxis, Heft 5, 493–504
Mauthe, K., Jandl, N., Biri-Bauer, W., Hoyler, W., Wespel, B. (2005): Die Verhaltensbewertung als Möglichkeit der Verhaltenssteuerung bei Jugendlichen in einer vollstationären Wohngruppe. Unsere Jugend, Heft 7/8, 341–345
Menk, S., Schneider, V. (2006): Warum bin ich eigentlich hier? Bewältigungsstrategien junger Menschen in geschlossener Unterbringung. Unveröffentlichtes Manuskript, Universität Koblenz. Lehrstuhl Prof. Dr. C. Schrapper, Fassung 10/2006

Meysen, T. (2005): Vormund – Heim/Pflegeperson – ASD: Wer hat hier was zu sagen? JAmt, 105–113
Mollenhauer, K., Uhlendorff, U. (1998): Sozialpädagogische Diagnosen, Band 1. München
Müller, B. (2006): Sozialpädagogisches Können. Ein Lehrbuch zur multiperspektivischen Fallarbeit. Freiburg i. Br.
Müller-Kohlenberg, H., Kammann, C. (2000): Die NutzerInnenperspektive in der Evaluationsforschung. In: Müller-Kohlenberg, H., Münstermann, K. (Hrsg.): Qualität von Humandienstleistungen. Opladen, 99–120
Niederberger, J. M., Niederberger-Bühler, D. (1988): Formenvielfalt in der Heimerziehung. Stuttgart
Oberloskamp, H., Brosch, D. (2007): Jugendhilferechtliche Fälle für Studium und Praxis. 11. Aufl., Köln
Ohliger, R., Reiser U. (2005): Integration und Migration in Berlin. Zahlen – Daten – Fakten. Berlin
Omer, H., Schlippe, von A. (2002): Autorität ohne Gewalt. Elterliche Präsenz als Systemisches Konzept. Göttingen
Pankofer, S. (1997): Freiheit hinter Mauern? Mädchen in geschlossener Unterbringung. Weinheim/München
Petermann, F., Petermann, U. (1993): Training mit aggressiven Kindern. Weinheim
Petri, H. (1989): Erziehungsgewalt. Frankfurt am Main
Redl, F., Wineman, D. (1976): Steuerung des aggressiven Verhaltens beim Kinde. München
Rotthaus, W. (1990): Stationäre systemische Kinder- und Jugendpsychiatrie. Dortmund
Roxin, C. (2004): Die strafrechtliche Beurteilung der elterlichen Züchtigung. JuS, 177–180
Rutschky, K. (Hrsg.) (1977): Schwarze Pädagogik – Quellen zur Naturgeschichte der bürgerlichen Erziehung. Frankfurt am Main
Salgo, L. (2001): Freiheitsentziehende Maßnahmen gemäß § 1631b BGB – Materiellrechtliche Voraussetzungen und gerichtliches Verfahren. In: Fegert, J. M., Späth, K., Salgo, L., 25ff
Salgo, L. (2002/2006): § 1631b RdNr. 14f. In: J. von Staudingers Kommentar zum BGB. 13. Bearbeitung 2002 (§ 1631) und Bearbeitung 2006 (§ 1688). Berlin
Schäfer, G. E. (1984): Spiel, Spielraum und Vergegenständlichung. München/Weinheim
– (1989): Spielphantasie und Spielumwelt. Weinheim/München
– (Hrsg.) (1992): Riß im Subjekt. Pädagogisch-psychoanalytische Beiträge zum Bildungsgeschehen. Würzburg
– (2005): Bildungsprozesse im Kindesalter. Selbstbildung, Erfahrung und Lernen in der frühen Kindheit. 3. Aufl., Weinheim
Scheffler, U. (2002): Der Staatsanwalt im Kinderzimmer? In: Jahrbuch für Recht und Ethik. Bd. 10, 282ff
Schlauß, S. (2007): Mehr Schutz für gefährdete Kinder. ZKJ, 9–11
Schlink, B., Schattenfroh, S. (2001): Zulässigkeit der geschlossenen Unterbringung in Heimen der öffentlichen Jugendhilfe. In: Fegert, J. M., Späth, K., Salgo, L., 73–171

Schmied, K., Ernst, K. (1983): Isolierung und Zwangsinjektion im Urteil der betroffenen Patienten und des Pflegepersonals. Archiv für Psychiatrie und Nervenkrankheiten 233, 211–222

Schütze, F. (1996): Organisationszwänge und hoheitsstaatliche Rahmenbedingungen im Sozialwesen. In: Combe, A., Helsper, W. (Hrsg.): Pädagogische Professionalität. Untersuchungen zum Typus pädagogischen Handelns. Frankfurt am Main, 183–275

Schwabe, M. (1998): Konfrontieren, Kontrollieren, Grenzen setzen: „Dirtywork" oder unverzichtbare Elemente einer alltagsorientierten Erziehungshilfe. Forum Erziehungshilfen, Nr. 4, 235–245

– (2001a): Eskalation und De-Eskalation. Konstruktiver Umgang mit Aggressionen und Gewalt in Einrichtungen der Jugendhilfe. 2. Aufl., Frankfurt am Main

– (2001b): Was tun mit den Schwierigsten? Brauchen wir neue, besondere, pädagogische Konzepte für sogenannte maßnahmeresistente Kinder und Jugendliche? Evangelische Jugendhilfe, Heft 1, 3–22

– (2001c): „Tun Sie etwas – sofort!" – Systemisch-konstruktivistische Perspektiven auf Krisen und Krisenintervention in der Sozialen Arbeit. In: Wüllenweber, E., Theunissen, G. (Hrsg.): Handbuch Krisenintervention – Hilfen für Menschen mit geistiger Behinderung. München, 167–185

– (2003): Was Heimerzieher alles leisten und bewältigen (können/müssen). In: Hast, J., Schlippert, H., Sobiech, D.: Heimerziehung im Blick. Frankfurt am Main, 260–287

– (2004): Ein Augenblick der Prüfung: Provokationen als zweifache Herausforderung zur Verständigung. In: Hörster, R., Küster, E.-U., Wolff, S.: Orte der Verständigung. Beiträge zum sozialpädagogischen Argumentieren. Freiburg, 210–230

– (2005): Methoden der Hilfeplanung. Regensburg

–, Evers, T., Vust, D. (2005): Wie erfolgreich arbeiten Settings für Systemsprenger mit Elementen von Zwang in sozialpädagogischer Absicht? Evang. Jugendhilfe, Heft 3, 159–166

Stadler, B. (2006): Therapie unter geschlossenen Bedingungen – ein Widerspruch? Dissertation zur Erlangung der Doktorwürde an der Humboldt-Universität zu Berlin, Berlin

Stiels-Glenn, M. (1997): „Ich brauch doch keinen Aufpasser". Sozialmagazin, Heft 1, 20–25

Stoppel, M. (2003): Neue Feststellungen zum Thema „Pädagogik und Freiheitsentzug". In: Henkel, J., Schnapka, M., Schrapper, C., 209–220

Thomas, J., Stelly, W., Kerner, H.-J., Weitekamp, E. (1998): Familie und Delinquenz. Empirische Untersuchungen zur Brauchbarkeit einer entwicklungsdynamisch orientierten sozialen Kontrolltheorie. Kölner Zeitschrift für Soziologie und Sozialpsychologie 50, Heft 2, 310–328

Trotter, C. (2001): Soziale Arbeit mit unfreiwilligen KlientInnen – ein Handbuch für die Praxis. In: Gumpinger, M. (Hrsg.), 97–294

Ückermann, Y., Günder, R. (2005): Statt Geschlossenheit – ein intensivpädagogisches Projekt innerhalb der stationären Erziehungshilfe. Evangelische Jugendhilfe, Heft 1, 9–17

Veit, B. (2003): § 1631 RdNr. 20a. In: Bamberger, H. G., Roth, H.: Kommentar zum BGB. München

Wagner, E., Russinger, U. (2002): Harte Wirklichkeiten. Systemisch-konstruktivistische Konzepte im Zwangskontext. In: Pfeifer-Schaupp (Hrsg.): Systemische Praxis. Modelle, Konzepte, Perspektiven. Freiburg i. Br., 136–155
Watzlawick, P. (Hrsg.) (1981): Die erfundene Realität. München
Wendt, W.-R. (1997): Behandeln unter Zwang. Sozialmagazin, Heft 1, 13–19
Wensierski, P. (2006): Schläge im Namen des Herrn – Die verdrängte Geschichte der Heimkinder in der Bundesrepublik. München
White, T., Nielsen, B., Johnson, J. (1972): Time-out-Duration. Journal of Applied Behavior Analysis, Vol. 5, 111–120
Wieland, N. (2006): „Und bist Du nicht willig, ...“ – Psychologische Überlegungen zur Ausübung und zum Erleben von Zwang. Unveröffentlichtes Vortragsmanuskript, präsentiert am 18.05.06 bei einer Fachveranstaltung des Landesjugendamtes Rheinland
Wiesner, R. (2003): Das Wächteramt des Staates und die Garantenstellung des Sozialarbeiters. In: Fabian, T., Haller, S. (Hrsg.): Gefährdete Kinder. Was tun? München, 27–48
Wiesner, R. (2003): Freiheitsentziehung in pädagogischer Verantwortung? JAmt, 109–116
Wiesner, R. (2006): § 34 RdNr. 54. In: Wiesner, R. (Hrsg.): Kommentar zum SGB VIII – Kinder- und Jugendhilfe. 3. Aufl., München
Winnicott, D. W. (1996): Aggression – Versagen der Umwelt und antisoziale Tendenz. Weinsberg
– (1974): Reifungsprozesse und förderliche Umwelt. München
– (1976): Vom Spiel zur Kreativität. München
– (1983): Von der Kinderheilkunde zur Psychoanalyse. Frankfurt am Main
Wolf, K. (1999): Machtprozesse in der Heimerziehung. Münster

Sachregister